Rick Roderick

Habermas und das F

Rick Roderick

Habermas und das Problem der Rationalität

Eine Werkmonographie

Aus dem Amerikanischen von Michael Haupt

Argument

Titel der amerikanischen Originalausgabe:
Habermas and the Foundations of Critical Theory

Published by Macmillan Publishers Ltd 1986

CIP-Titelaufnahme der Deutschen Bibliothek
Roderick, Rick:
Habermas und das Problem der Rationalität : eine Werkmonographie / Rick Roderick.
Aus d. Amerikan. von Michael Haupt. — Hamburg : Argument, 1989
Einheitssacht.: Habermas and the foundations of critical theory [dt.]
ISBN 3-88619-378-0

Argument-Verlagsbüro: Rentzelstraße 1, 2000 Hamburg 13, Tel. (040) 45 60 18
Argument-Redaktion: Onkel-Tom-Straße 64a, 1000 Berlin 37
Umschlag: Johannes Nawrath
Texterfassung durch den Übersetzer
Konvertierung: Fotosatz Barbara Steinhardt, West-Berlin
Druck: Fuldaer Verlagsanstalt
Erste Auflage 1989

Dieses Buch ist meiner Frau, Irene, gewidmet,
ohne die ich es nicht hätte schreiben können.

Inhalt

Einleitung zur deutschen Ausgabe

Ich bin äußerst erfreut darüber, daß mein Buch *Habermas and the Foundations of Critical Theory* nun für ein deutsches Publikum übersetzt worden ist. Die kritische Auseinandersetzung mit dem Werk von Habermas hat meine Erfahrungen als Bürger der Vereinigten Staaten bereichert und mir erlaubt, mein eigenes Land, unsere gemeinsame Welt und unsere unsicheren Zukunftsaussichten mit neuen Augen zu betrachten. Ich kann nur hoffen, daß die Begegnung mit Ihren Traditionen nach der Rückreise über den Atlantik wenigstens für einige Leser ähnlich gute Ergebnisse einbringt. In jedem Fall gilt Habermas mein Dank für die erneute Gelegenheit zum Dialog.

Anfänglich war dies Vorwort als eigenständiges Kapitel geplant, in dem die Entwicklung dargestellt werden sollte, die Habermas' Werk seit der ursprünglichen Veröffentlichung meines Buches genommen hat. Ich möchte diesen Plan hier insoweit verfolgen, als ich sein Buch *Der philosophische Diskurs der Moderne* diskutiere und — allerdings nur sehr kurz — die Implikationen darstelle, die sein Eingreifen in den »Historikerstreit« (i.O. dt., d.Ü.) gehabt hat. Der Versuch jedoch, dies Material in meinen Originaltext zu integrieren, hätte den Argumentationsstrang in einer solchen Weise verändert, daß eine Neufassung des ganzen Buches notwendig gewesen wäre. Von daher habe ich mich für eine kürzere Darstellung entschieden, die auch einige abschließende Bemerkungen darüber enthalten soll, wie ich heute die Stärken und Schwächen meiner kritischen Auseinandersetzung mit Habermas beurteile. In vier Jahren hat sich manches verändert, und so bin ich dankbar für die erneute Gelegenheit, meine eigene Position in den anhaltenden Diskussionen um sein bedeutendes Werk zu klären.

In diesen Jahren, die seit dem Erscheinen meiner Untersuchung vergangen sind, ist das von mir so genannte »Rationalitätsproblem« keineswegs verschwunden; im Gegenteil, es ist sowohl für Habermas als auch für seine Kritiker eher vordringlicher geworden. Insbesondere französische und amerikanische Verfechter der »Postmoderne« haben anspruchsvolle Argumente aufgeboten, um gegen alle Rationalitätsdiskurse, die sich an Habermas'schen Denklinien orientieren, gewichtige Einwände zu erheben. Habermas selbst tritt mit seinem Buch *Der philosophische Diskurs der Moderne* zu einer systematischen Verteidigung des normativen Gehalts der Moderne an, den er in seiner Theorie des kommunikativen Handelns entwickelt und dargestellt hat. Diese Verteidigung, die sich gegen einige der bedeutendsten Kritiker des Rationalismus der Moderne richtet, wird in einer

Reihe von zwölf Vorlesungen begründet und vorgetragen, in denen Habermas die geschichtliche Entwicklung des Begriffs der Moderne von Hegel über die Links- und Rechtshegelianer und Nietzsche bis zu Foucault, Bataille und Derrida verfolgt. Habermas bezeichnet Nietzsches Werk als »Drehscheibe« für den Eintritt in das, was später Postmoderne genannt werden sollte. Nietzsche hat zwei Wege für eine radikale Kritik der Moderne gebahnt, die (so Habermas) in der Folgezeit von allen bedeutenden philosophischen Richtungen begangen worden sind. Der eine Weg ist der des »skeptischen Wissenschaftlers«, welcher (wie Bataille, Lacan und Foucault) die Pervertierungen des Willens zur Macht entlarven will; der zweite Weg wird vom »eingeweihten Kritiker der Metaphysik« (wie Heidegger und Derrida) begangen. Obwohl Habermas sich der ersten Gruppe ohne Zweifel sehr viel näher fühlt als der zweiten, lautet seine Schlußfolgerung doch, daß keiner der beiden Wege eine Fluchtmöglichkeit vor der »unvollendeten Aufgabe der Moderne« bietet. Diese aber besteht darin, die von Horkheimer und Adorno analysierte Dialektik der Aufklärung zu entwirren. Horkheimer und Adorno haben die Errungenschaften der Moderne geschätzt, wollten aber zugleich auf radikale Weise die Aufklärung vor sich selber warnen. Und diese Aufgabe, die positiven und negativen Aspekte der Modernität voneinander zu trennen, ist immer ein Leitmotiv des Habermas'schen Werkes gewesen. Er hält es angesichts dieser Aufgabe für erforderlich, einen weiten Begriff kommunikativer Rationalität zu entwickeln — einer Rationalität, die im geschichtlichen Verlauf von der ständig angewachsenen Hegemonie instrumenteller Rationalität in kapitalistischen und bürokratisch-sozialistischen Gesellschaften an den Rand gedrängt worden ist.

In *Der philosophische Diskurs der Moderne* nimmt Habermas einen an Hegel erinnernden Stil der Darstellung an: in fast narrativer Weise präsentiert er die Antworten auf das Problem der Moderne als einen »philosophischen Diskurs«, der immer ausgefeiltere theoretische Entgegnungen auf die praktischen Probleme von Freiheit und Bedeutung bietet, die sich den gesellschaftlichen Handlungssubjekten in ihrem Alltagsleben (der »Lebenswelt«) stellen. Diese Probleme entstehen durch die strukturellen Zwänge sozialer Herrschaft (»Geld und Macht«), welche sich durch die »funktionalen Imperative« der modernen Ökonomie und des modernen Staates (das »System«) vermitteln. Die theoretischen Antworten darauf, mit denen Habermas sich auseinandersetzt, sind (wenigstens bis zu einem gewissen Ausmaß) politischer Natur, und er wirft seinen postmodernen Kritikern vor, sie würden keinen glaubwürdigen und gangbaren Weg aus den Sackgassen der Modernität weisen. Für Habermas liegt die Möglichkeit eines solchen

Weges nicht darin, die Moderne (im Spiel oder im Ernst) zu verwerfen; sie liegt vielmehr im normativen Gehalt der Moderne selbst. Insbesondere, so argumentiert er, enthalte die Moderne die systematisch unterdrückte Möglichkeit einer kommunikativen Rationalität, die sich aus dem Alltagsleben heraus zu einer »autonomen Öffentlichkeit« entwickelt, deren Solidarität auf wahrhaftige Rede, glaubwürdiges Handeln und genaues Zuhören sich gründet. Für Habermas ist es ein Fehler der postmodernen Positionen, diesen positiven normativen Gehalt aufzugeben, indem die grundlegenden Ausdifferenzierungen der Moderne, die in den Begriffen des Wahren, Guten und Schönen sich repräsentieren, aufgehoben werden. Denn von diesen Ausdifferenzierungen hängen die Bereiche »autonomer Öffentlichkeit« auf pragmatische Weise ab. Die postmodernen Positionen aber können, wie Habermas zu zeigen sucht, weder dem politischen noch dem theoretischen Kontext des philosophischen Diskurses der Moderne entfliehen. Sie enden entweder im politischen Defaitismus (der »quietistischen Kritik«) oder fallen dem Paradoxon einer totalisierenden Vernunftkritik zum Opfer, die ihre eigenen kritischen Maßstäbe nicht begründen kann (die »selbstbezügliche Kritik«). Vielleicht wird Habermas den jeweiligen Vertretern der beiden Richtungen nicht immer ganz gerecht, doch schafft er ein eindrucksvolles narratives Gebäude, auf dem sich die weitere Diskussion aufbauen läßt.

Erneut erweist sich Habermas als einsichtsreicher Kritiker, der, wenigstens zum Teil, die gegenwärtigen philosophischen Auseinandersetzungen um die verschiedenen Ebenen der Postmoderne in einem politischen und historischen Kontext verorten kann, welcher den äußerst vielschichtigen Begriff der »Moderne« selbst zu erhellen imstande ist. Doch unterläuft ihm in seiner Argumentation ein gravierender Fehler, der der Unterschätzung von Derrida geschuldet ist; bezieht er sich in seiner Kritik doch weniger auf das Werk von Derrida selbst, als vielmehr auf die exegetischen Arbeiten amerikanischer Dekonstruktivisten. Diese aber sind, wie jeder mit Derridas Schriften Vertraute weiß, sehr viel einfacher zu attackieren. Als vielleicht bedeutendster zeitgenössischer Rationalist scheint Habermas nicht in der Lage zu sein, sich auf den spielerisch-respektlosen Stil einzulassen, mit dem Derrida seine ausgefeilten Angriffe gegen Positionen führt, die denen von Habermas ähnlich sind. Die interpretative Großzügigkeit, zu der Habermas oft beglückwünscht wird, fehlt hier bisweilen ebenso wie seine Bereitschaft, zugunsten einer kommunikativen Haltung auf polemische Attacken zu verzichten, und das entwertet einige seiner besten Argumente. Ich denke, die philosophischen Verbindungslinien zwischen Heidegger — gegen den Habermas aus schwer von der Hand zu weisenden Gründen immer die stärkste Abneigung hegte — und Derrida lassen seinen Versuch, die radikal anti-fundamentalistischen Strategien der Dekonstruktion frontal anzugreifen, fehlschlagen. Doch genau hier müßte Habermas seinen Ansatz so überzeugend wie nur möglich darstellen und die stärksten Argumente für seine Variante eines soziologischen Rationalismus ins Feld führen. Doch ungeachtet dieser bedeutsamen Lücke in der Argumentation ist *Der philosophische Diskurs der Moderne* eine wichtige Fortsetzung seines Versuchs, einen Rationalismus zu verteidigen, der auf dem (von mir so genannten) »Kommunikationsparadigma« beruht (im Gegensatz zum marxistischen »Produktionsparadigma«, das nun endgültig aufgegeben wurde).

Wie paßt der »Historikerstreit« in das Habermas'sche Projekt? Wo kann er in seinem Werk verortet werden? Ohne daß ich mich auf die Einzelheiten der Diskussion einlassen will, sehe ich in seiner Intervention theoretische *und* politische Implikationen für das Gesamtprojekt. Die theoretische Bedeutung entspringt nicht seiner Kompetenz als Historiker, sondern als Bürger, der sich in einer öffentlich geführten Auseinandersetzung engagiert. Und immerhin geht es hier um Angelegenheiten, die keinen gleichgültig lassen können, der die Auswirkungen einer bestimmten Geschichtsepoche erlebt hat. Habermas fordert das Versprechen einer bürgerlichen Öffentlichkeit ein, mit deren Begriff er sich in einer seiner ersten Arbeiten auseinandergesetzt hat. Auch in theoretischer Hinsicht hängt seine Intervention mit einer sehr frühen und wichtigen Unterscheidung zusammen: es geht dort (in *Strukturwandel der Öffentlichkeit*, d.Ü.) darum, *technische* Gesichtspunkte, die im internen Kreis von Wissenschaftlern und Gelehrten diskutiert werden, von *praktischen* Gesichtspunkten, welche publik gemacht und der vernünftigen Diskussion der Öffentlichkeit unterworfen werden müssen, abzugrenzen. Diese Unterscheidung ist für Habermas von vorrangiger Wichtigkeit, bietet sic doch nicht nur einen Maßstab für demokratische Verhältnisse, sondern dient auch dazu, die Hoffnung auf Emanzipation lebendig zu erhalten. Die politische Bedeutung seiner Intervention scheint mir offenkundig und lobenswert zu sein. Angesichts der Auswirkungen des Bitburger Spektakels wäre Schweigen seitens oppositioneller Intellektueller wie Habermas auch dann tragisch gewesen, wenn keine revisionistisch-neokonservative Geschichtsschreibung jenem Vorgang die höheren geistigen Weihen zu geben versucht hätte. Wie immer es um die Mängel von Habermas' Theorie bestellt sein mag, in diesem (seinem eigenen) historischen und gesellschaftlichen Kontext muß seine Hingabe an das »unvollendete Projekt der Moderne« als in der Tat allen Lobes wert erscheinen. Ob seine Hoffnung auf die Herausbildung einer »postkonventionellen Identität«, die ein solches Projekt lebendig erhalten könnte, ein sicheres Fundament besitzt, ist eine andere Frage — eine Frage an eine noch nicht geschriebene Geschichte. In dieser könnte das Werk von Habermas eine nicht geringe Rolle spielen, denn es ist ebenso unvollendet wie die mit ihm verwobene Geschichte.

Bevor ich zum Schluß komme, möchte ich einige Unklarheiten beseitigen, die meine eigene kritische Haltung gegenüber Habermas betreffen. Die betreffenden Argumente habe ich vorwiegend im letzten Kapitel des vorliegenden Buches entwickelt; sie richteten (und richten) sich vor allem dagegen, daß das Marxsche Produktionsparadigma vollständig zugunsten des Kommunikationsparadigmas von Habermas aufgegeben wird. Ich war (und bin) der Überzeugung, daß Habermas' Unterfangen eine wichtige und wohl auch notwendige Ergänzung für eine umfassende und immer noch lebendige Tradition kritischer Gesellschaftstheorie darstellt. Seit der Veröffentlichung meines Buches haben die Arbeiten analytisch orientierter Marxisten (wie Jon Elster), politischer Marxisten (wie Antonio Negri) und marxistischer Literaturwissenschaftler (wie Fredric Jameson) gezeigt, daß das Produktionsparadigma keineswegs ausgeschöpft ist, wie es auch in der Wirtschafts- und Geschichtswissenschaft zunehmend verfeinert und verbessert wird. Doch trete ich an keiner Stelle meines Buches für eine »Philosophie der Praxis« ein, die sich an überholten theoretischen Positionen orientiert, und ich plädiere ebensowenig für die schlichte Rückkehr zu einem unvorstellbaren »originären« Marx oder zu den diversen Positionen eines Lukács, Korsch oder Marcuse. Wie ich damals sagte, wird die positive Alternative in einem weiteren Buch ausgearbeitet werden. Dies Buch ist noch nicht vollendet. In der Zwischenzeit sollte mein Rat, das Kind nicht mit dem Bade auszuschütten, allen Lesern von Habermas geläufig sein.

Rick Roderick
Department of Philosophy
Duke University
Mai 1989

Vorwort zur amerikanischen Ausgabe

Das vorliegende Buch ist der Versuch, den Leser in das Werk von Jürgen Habermas einzuführen, wie es sich von den frühesten Äußerungen bis zur *Theorie des kommunikativen Handelns* entwickelt hat. Doch will ich nicht als abgeschlossenes Produkt vorstellen, was noch im Fortgang begriffen ist; mein Ziel liegt darin, Auseinandersetzung und Diskussion zu stimulieren. Aus dem Umfang des Habermas'schen Projekts und der Vielfalt der theoretischen Strömungen, auf die er sich bezieht, ergab sich für mich die Notwendigkeit, einen Bereich abzustecken, innerhalb dessen die grundlegenden Ansprüche des Werkes ausgeleuchtet werden könnten, ohne daß der Leser die Stecknadel im Heuhaufen zu suchen haben würde. Um dies zu erreichen, legte ich den Schwerpunkt auf zwei Probleme, die immer wieder in Habermas' Werk auftauchen. Zum einen geht es darum, eine Begründung für die normative Dimension kritischer Gesellschaftstheorie zu entwickeln, zum anderen um die Frage, wie die Theorie mit politischer Praxis in Zusammenhang gebracht werden kann. Beide Probleme lassen sich auf Marx zurückführen und in der Entfaltung der marxistischen Tradition verfolgen. Jedoch erfahren sie ihre besondere Ausprägung in der Gesellschaftstheorie, die von der Frankfurter Schule entwickelt worden ist. Das erste Problem geht von der Frage aus, was als rationale Gesellschaftskritik gelten könne, während das zweite die praktischen Eingriffsmöglichkeiten solcher Kritik für die Errichtung einer rationaler strukturierten Gesellschaft erörtert. Der Versuch, auf diese Probleme eine Antwort zu geben, erfordert also auf mindestens zwei Ebenen eine Untersuchung von »Rationalität«: zum einen auf der formal-begrifflichen Ebene, zum anderen hinsichtlich ihrer gesellschaftlichen und historischen Einbettung in Institutionen, Produktions- und Lebensweisen. Habermas' späteres Werk läßt sich als expliziter Versuch einer solchen Untersuchung verstehen, doch ist sie implizite bereits in seinen frühen Schriften auffindbar. Dies Thema dient mir als Leitfaden meiner Untersuchung, und ich verorte Habermas' Theorie vor allem in diesem Kontext. Eine solche Vorgehensweise macht es erforderlich, daß ich gleichermaßen philosophische, soziologische und politische Gesichtspunkte in meine Betrachtungsweise einbeziehe — eine Kombination, die einen tragenden Pfeiler von Habermas' eigener Arbeit bildet, und der sich ein nicht geringer Teil des Interesses verdankt, das seinem Werk entgegengebracht wird.

Mit seinen grundlegenden Untersuchungen zur Rationalität erhofft sich Habermas nicht nur eine Antwort auf das, was er als die tiefgreifenden und vielfältigen Probleme der marxistischen Tradition begreift. Darüber hinaus nämlich geht es ihm um den Entwurf aufgeklärten und rationalen Denkens im allgemeinen, um das Projekt der Moderne. Was E.P. Thompson *Exterminismus* nennt (das rational geplante, technologisch abgesicherte und institutionell geförderte nukleare Wettrüsten), ist das vielleicht anschaulichste Beispiel — obwohl es genug andere gibt, wie etwa die Gefährdung ökologischer Systeme, globale Hungersnöte, völkervernichtende Kriege. In diesem Licht sind die historischen und theoretischen Entwicklungen, die ich unter dem Aspekt des »Rationalitätsproblems« untersuche, nicht nur für Habermas und die marxistische Tradition von Bedeutung, sondern erweisen ihre Wichtigkeit für jeden Entwurf einer modernen Gesellschaftstheorie, die mehr beabsichtigt als die Ratifizierung des Status quo. Habermas' Antwort auf die Politik dieser konkreten Verkörperungen von »Rationalität« ist, wiewohl theoretisch sehr ausgearbeitet, zu schwach. Wenn ich also Habermas im Kontext der marxistischen Tradition diskutiere, so beabsichtige ich nicht einfach eine Einführung in sein Werk, sondern möchte zugleich Vorbereitungen für eine grundlegende Kritik seines Projekts treffen. Diese Kritik wird aus einer (in gewisser Hinsicht unorthodoxen) marxistischen Perspektive heraus entwickelt, die sicherlich besser befestigt und verteidigt werden muß, als ich dies im vorliegenden Buch zu leisten vermag. Ich hoffe, solches bei einer späteren Gelegenheit nachholen zu können. Hier jedenfalls versuche ich, Habermas' kommunikativ begründete Gesellschaftstheorie gegen die von Marx abzugrenzen. Mein Ziel dabei ist, die Grenzen des Kommunikationsparadigmas aufzuzeigen, und zwar nicht nur in der Version, die Habermas ihm gibt, sondern indirekt für die ganze Ausrichtung kritischer Gesellschaftstheorie auf dies Paradigma. Ich bin der Ansicht, daß die Quelle des Marxschen Produktionsparadigmas noch lange nicht versiegt ist (ein Punkt, auf den ich am Schluß des Buches zu sprechen komme). Mag ich nun in dieser Hinsicht Recht haben oder nicht, so hoffe ich doch wenigstens auf die Bedeutsamkeit der von mir gestellten Fragen.

Danksagungen

Ich möchte Douglas Kellner, Paul Woodruff, Louis Mackey, Harry Cleaver und Charles Guignon für die vielen Verbesserungen danken, die diese Arbeit durch sie erfahren hat. Vor allem Douglas Kellner war nicht nur in dieser Beziehung von großer Hilfe, sondern hat mich in dem ganzen Unterfangen bestärkt und ermutigt. Schließlich möchte ich den Angehörigen meiner Generation danken, die nicht von dem Gedanken ablassen, daß »die Verhältnisse anders sein könnten«. Einige von ihnen sind meine Freunde: Tom und Frank Zigal, Turner und Holt Williamson, Joan und Tom Burditt, und Jim Bogard. Ohne das, was ich von ihnen gelernt habe, hätte ich dies Werk nicht begonnen.

Ich möchte auch Suhrkamp/Insel Publishers, Boston, Inc. für die Abdruckgenehmigung von Passagen aus Habermas' *Theorie des kommunikativen Handelns* danken.

Rick Roderick
Department of Philosophy
Duke University
Mai 1985

Erstes Kapitel: Habermas, eine einführende Lektüre

»Die Philosophie bleibt ihrer großen Tradition treu, indem sie ihr entsagt.« Jürgen Habermas

Die Aufgabe, das Werk von Jürgen Habermas im angelsächsischen Bereich bekannt zu machen, wird schon seit einiger Zeit in Angriff genommen. So hat Thomas McCarthy (1980) Habermas' Arbeiten in klärender Weise systematisiert, indem er sie als ein kohärentes Ganzes zeichnete, das imstande sei, ein breites Spektrum aktueller Probleme in Sprachphilosophie, Soziologie und Politologie, Ethik und Erkenntnistheorie abzudecken. David Held (1980) setzt Habermas auf überzeugende Weise in Bezug zur Tradition der Frankfurter Schule und erhebt zugleich eine Reihe von zwingenden Einwänden gegen Habermas wie auch gegen die Kritische Theorie insgesamt.[1] Raymond Geuss (1981) analysiert grundlegende Auffassungen in Habermas' Position und macht sie so den angloamerikanischen Philosophen zugänglicher, während Garbis Kortian (1980) Habermas in der deutschen philosophischen Traditionslinie von Kant über Hegel zu Marx ansiedelt. Richard Bernstein (1979) beleuchtet Habermas' Beitrag zur Gesellschaftstheorie und zieht die Verbindungslinie zwischen seinem Werk und der klassischen Philosophie nach. Von diesen grundsätzlichen Arbeiten abgesehen wird die jüngste Phase der Rezeption seines Werks im angelsächsischen Raum durch eine ständig anschwellende Flut von Rezensionen und Artikeln gekennzeichnet, die Habermas' Position ausweiten, verbessern, verteidigen oder einfach interpretieren.[2] Diese Sekundärliteratur ist sicher nur in geringem Umfang völlig unkritisch, repräsentiert im Grunde aber das, was Habermas »ein kooperatives Bemühen um die Erweiterung der Argumentationsbasis« nannte (Thompson/Held 1982, 219).[3]

Diese sympathisierenden Kritiker, die eine Vielzahl von theoretischen Perspektiven und akademischen Fächern repräsentieren, unternehmen den Versuch, Habermas' Position zu klären, auszuweiten, zu überarbeiten oder zu verwenden, um die grundlegenden Absichten seines Projekts weiterzuführen.

Ein solches positiv bestimmtes Interesse muß in mehrfacher Hinsicht erstaunen. Zum einen sind Habermas' Schriften schwierig und anspruchsvoll und beziehen sich auf eine verwirrende Vielfalt augenscheinlich verschiedener Ansätze und Perspektiven. Habermas stellt zentrale Bausteine seiner Position in der Form offener Forschungsprogramme und vorläufiger, thesenhafter Skizzen vor. Und indem er seine Theorie in der kritischen Auseinandersetzung mit anderen Positionen entwickelt, ergeben sich im Übergang von einer Stufe zur nächsten tiefgreifende Veränderungen. Von daher ist es wichtig, seine Werke im Zusammenhang zu lesen, während es zugleich schwierig wird, einzelne Elemente seiner Theorie zu verteidigen oder anzugreifen. Ferner sind seine Arbeiten in einem sehr dichten und eher technischen Stil geschrieben, der dem Leser wenig von jener immanenten Genugtuung verschafft, die die dramatische Sprache solcher Vorgänger wie Adorno und Benjamin vermittelt. Deren hochpolemische Schreibweise wird zugunsten einer offeneren und versöhnlicheren Haltung gegenüber konkurrierenden Sichtweisen und Traditionen fallengelassen. Aufgrund dieser Verschiebung neigt Habermas dazu, sich die idiomatischen Wendungen jener Positionen anzueignen, deren Stärken er in seine eigene Systematik einbauen möchte. Das scheint häufig nicht nur die Positionen zu verzerren, deren Assimilierung er betreibt, sondern färbt auch auf seinen eigenen Ansatz ab. Und schließlich riskiert Habermas durch diese Aneignung rivalisierender und augenscheinlich unvereinbarer theoretischer Ansätze, es mit allen und jedem zu verderben, ohne sich Freunde zu schaffen. In der Tat ist sein Werk von den verschiedensten Seiten her angegriffen worden: von Marxisten, Vertretern der Kritischen Theorie, Konservativen, Liberalen, »Mainstream«-Soziologen, Linguisten und Philosophen europäischer wie auch angloamerikanischer Provenienz.

Im Unterschied zu denen, die »die Argumentationsbasis erweitern« wollen, führen die Opponenten Argumente ins Feld, welche Habermas' gesamtes Werk (oder doch den größten Teil desselben) in Frage stellen. Ihre kritischen Ansätze sind fast ebenso zahlreich und vielfältig wie die von kooperativer Absicht geprägten Arbeiten. Von einem orthodox marxistischen Standpunkt aus hat Göran Therborn Habermas vorgeworfen, vom »Weg der wahren Wissenschaft« abzuweichen. Statt dessen habe er eine rein »spekulative« Theorie entwickelt, die auf Schlüsselbegriffe des Marxismus verzichte. Der amerikanische Soziologe Axel van den Berg hält Habermas' Position für unvereinbar mit »empirischer Forschung und gewöhnlicher Logik«, zudem enthalte sie gefährliche politische Implikationen. Von analytisch orientierten Philosophen wie Popper, Bar-Hillel und Quentin Skinner wird Habermas »mangelnde Klarheit«, »Konfusion« und fehlende theoretische »Rigorosität« vorgeworfen. Die unabhängige Linke in Gestalt von Murray Bookchin lehnt Habermas und die ganze »Habermas-Industrie« wegen ihres »verdinglichten Jargons« und ihrer politischen Bedeutungslosigkeit ab. Europäische Philosophen wie Rüdiger Bubner klagen Habermas an, der »Gefahr der Sophistik« und den damit verbundenen politischen Fallstricken zu erliegen, wodurch er unfähig sei, den Grundproblemen der klassischen Philosophie Gerechtigkeit angedeihen zu lassen.[4] Die zunehmende Anzahl dieser ablehnenden Kritiken ist ebenfalls ein Zeichen für den bedeutsamen Einfluß, den das Werk von Habermas ausübt.

Meine Habermas-Lektüre ist im Kontext dieser aktuellen Auseinandersetzungen angesiedelt; nicht nur, weil sie einen bestimmten Wert besitzen, sondern auch, weil Habermas' Arbeiten in enger Verbindung damit entstanden sind. Dabei wird meine eigene Lesweise sicher eher »kooperativ« und wohlwollend sein und die »Argumentationsbasis erweitern«. Dabei behalte ich mir vor, jene konstitutiven Elemente seiner Position in Frage zu stellen, die der von seinem Werk erzeugten Polemik zugrundeliegen.

Meiner Ansicht nach sind die bisherigen Auseinandersetzungen mit Habermas (seien sie zustimmender oder ablehnender Art) in verschiedener Hinsicht und auf gravierende Weise fehlerhaft. Einige Kritiker tendieren dazu, die tatsächlichen Spannungen in seinem Werk, die durch Einflüsse Kants, Hegels und Marx' erzeugt werden, zu eliminieren. Das gilt vor allem für freundlich gesonnene Kritiker, die (wie Geuss) von der analytischen Tradition beeinflußt sind. Sie versuchen, Habermas' Position verständlicher zu machen, indem sie deren Zweideutigkeiten tilgen. Dergestalt läuft die »Klärung« im Endeffekt auf eine Verzerrung hinaus oder, schlimmer noch, die Theorie wird ihrer wahrhaft interessanten Charakterzüge beraubt. Tatsächlich nämlich sind, wie ich hoffe zeigen zu können, alle drei Pole (Kant, Hegel, Marx) gleichermaßen Teile des Habermas'schen Projekts und die davon ausgehenden Spannungen kein Produkt der Einbildung. Überdies können sie sich als produktiv und nützlich erweisen. Man braucht nur an Marx oder Freud zu denken, um zu begreifen, daß wirkungsmächtige und bedeutende Theorien nicht immer das Resultat einfacher und in sich geschlossener Anschauungen sein müssen. Von daher besteht ein Prinzip meiner Lektüre darin, den tatsächlichen Spannungen in Habermas' Theorie gerecht zu werden.

Einige Habermas-Interpreten übersehen die vielfältige Entwicklung seiner Position und die bedeutsamen Veränderungen, die sie von Stufe zu Stufe durchgemacht hat. So verfahren z.B. ablehnende Kritiker wie van den Berg und Skinner. Auch solche Lesweisen verzerren Habermas und führen zu fehlgeleiteter Polemik gegen Positionen, die verändert oder gar aufgegeben wurden. In anderen Fällen wurde die

Verbindungslinie zur Frankfurter Schule gekappt. Damit verkennt man die Bedeutung der marxistischen Tradition, ohne die Habermas überhaupt nicht adäquat begriffen werden kann. Ohne den Versuch, gesellschaftliche Praxis nicht nur zu verstehen, sondern auch zu kritisieren und zu verändern — ohne diesen praktisch-emanzipatorischen Anspruch der Theorie also — besäßen Habermas' Arbeiten nur geringen Erkenntniswert. Das bedeutet zugleich, daß der Wert seiner theoretischen Ausführungen nicht nur vor dem Bedeutungshintergrund »reiner Theorie« zu bemessen ist, sondern daß auch die politischen Gehalte jener auf Praxis orientierten Intention, die die Theorie für sich reklamiert, berücksichtigt werden müssen. Mein zweites Interpretationsprinzip wird folglich darin bestehen, die Texte im Zusammenhang der diskontinuierlichen Entwicklung des Habermas'schen Projekts zu verorten, ohne den praktisch-politischen roten Faden aus den Augen zu verlieren, der sich quer durch alle seine Versuche, eine kritische Gesellschaftstheorie zu entwickeln, hindurchzieht.

Schließlich gibt es noch den Versuch, Habermas mitsamt der weitgespannten positiven Aufnahme, die sein Projekt gefunden hat, auf das Klassen-»Interesse« einer bestimmten Intellektuellenschicht oder auf andere ideologische Motivationen zu reduzieren. Ironischerweise finden sich solche Lesarten eher bei Nicht-Marxisten wie Disco, van den Berg und Skinner, während der Marxist Therborn andere Deutungsmuster vorschlägt. Natürlich kann das Interesse an Habermas nicht völlig von den Intentionen jener radikalen Schicht, die Gouldner die »neue Klasse« der Intellektuellen genannt hat, abgetrennt werden, und auch der Kampf um gesellschaftliche Veränderung innerhalb und außerhalb der Universitäten spielt eine nicht zu unterschätzende Rolle.[5] Jedoch erlaubt eine in sich schlüssige, marxistisch inspirierte Erkenntnis dieser Zusammenhänge keine reduktive Lesweise der relevanten Arbeiten, und ebenso verbietet sich die einfache Zurückweisung der dort entwickelten Argumentation. Vielmehr sollte Habermas' Werk als Beitrag zu wichtigen Strömungen der Gegenwartsphilosophie ernstgenommen werden. So wird mein drittes Lektüreprinzip die Texte im jeweiligen gesellschaftlichen Zusammenhang verorten, ohne sie auf dessen bloße »Widerspiegelung« zu reduzieren.

Meine Alternative zu den bisherigen Auseinandersetzungen werde ich in den ersten vier Kapiteln entwickeln. Im ersten Kapitel möchte ich die Bedeutung von Habermas' Werk für gegenwärtige philosophische Strömungen aufzeigen und einen weitgespannten Rahmen für die detaillierte Ausarbeitung seiner Position entwickeln. Das zweite Kapitel verortet Habermas' Projekt im Kontext der Entwicklung einer kritischen Gesellschaftstheorie, die von Marx zur späten Frankfurter Schule führt. Dabei gehe ich davon aus, daß Habermas' Werk eine Antwort auf die beiden grundlegenden Probleme kritischer Theorie darstellt, nämlich a): Wie kann die normative Dimension der Theorie begründet werden? und b): Wie verhält sich die Theorie zur Praxis? Ferner möchte ich zeigen, daß und wie diese beiden Probleme ihre Wurzel in der Ausarbeitung des Rationalitätsbegriffs haben. Die verschiedenen Antworten, die Habermas auf diese Probleme gibt, verfolge ich von seinen frühen Schriften bis zum opus magnum der »Theorie des kommunikativen Handelns« (Kapitel 3), das ich im vierten Kapitel ausführlich diskutiere. Das abschließende fünfte Kapitel wird eine Kritik an dem (von mir so genannten) »Paradigmenwechsel« entwickeln, der sich in der kritischen Gesellschaftstheorie vollzogen und vom *Produktions*- zum *Kommunikations*begriff geführt hat. Mit Hilfe dieser Kritik will ich die Schwächen und Stärken der Position von Habermas beleuchten. Zum Schluß schlage ich der zeitgenössischen radikalkritischen Gesellschaftstheorie eine Orientierung vor, die eher auf der Linie der originären Vorstellungen von Marx liegt. Natürlich kann ich bei einem so komplexen Werk wie dem von Habermas nicht darauf abzielen, alle Aspekte zu berücksichtigen und alle Unebenheiten zu begradigen. Aber ich hoffe, zumindest die grundlegenden theoretischen und praktischen Probleme aufzuweisen, die Habermas in neuer und fruchtbarer Weise zum Gegenstand seines Denkens macht.

Ich will nun anhand von zwei Beispielen skizzieren, was Habermas' Theorie zur Entwicklung der gegenwärtigen Philosophie leisten kann, und ich beziehe mich dabei auf das, was sich in der aktuellen Diskussion seines Werkes herauskristallisiert hat.

Habermas und die Philosophie der Gegenwart: Gesellschaftliche Praxis als Explanandum

Daß die Beschäftigung mit Problemen der Sprache in der Philosophie des zwanzigsten Jahrhunderts eine zentrale Rolle spielt, ist schon fast ein Gemeinplatz. Dabei war insbesondere dem »linguistic turn« der angloamerikanischen Philosophie beträchtlicher Erfolg beschieden, der aus der Kritik an der traditionellen Analyse mentaler Repräsentationen des individuellen Bewußtseins herrührt (vgl. Rorty 1967). Untersuchungen über die Intersubjektivität sprachlicher Strukturen machten den abstrakten und einseitigen Ansatz des Kartesianismus deutlich, der sich vorwiegend mit der Beschaffenheit des isolierten, denkenden Subjekts befaßte. Nunmehr bediente man sich bei dem

Versuch, überkommene philosophische Probleme zu lösen oder aufzulösen, beeindruckender neuer Techniken, die in Logik und Linguistik entwickelt wurden. Der augenscheinliche Erfolg dieses Versuches trug seinen Teil dazu bei, daß der »linguistic turn« den philosophischen Schauplatz in England und den Vereinigten Staaten weiterhin beherrscht. Jedoch haben die jüngsten Entwicklungen in der Analytischen Philosophie selbst jene Grenzen aufgezeigt, in deren Bann sie immer schon stand.

Die allgemeine Richtung dieser Entwicklungen kann an einer ganzen Reihe neu veröffentlichter Studien abgelesen werden. So argumentiert etwa Frederick Will dahingehend, daß das kartesianische Problem der Begründung von Erkenntnisansprüchen — ein Thema, von dem analytische Philosophen geradezu besessen sind — nicht gelöst werden kann, wenn man nicht »die materiellen Lebensbedingungen« in die Betrachtung miteinbezieht und Sprache als komplexe »gesellschaftliche Institution« auffaßt (Will 1974). Richard Rorty hat diese Argumentation noch ausgeweitet, indem er unterstellt, daß »jegliche Legitimierung, sei sie auf erkenntnistheoretische oder moralische Gegenstände bezogen, sich entweder auf gesellschaftliche Praxen oder auf illusionäre Grundlagen beruft«.[6] Beide weisen darauf hin, daß die Suche nach einer Lösung für das Begründungsproblem, für das Auffinden sicherer »Grundlagen« unseres Wissens vermittels einer linguistischen Analyse (der normalen oder idealen Sprache) die gesellschaftliche Dimension einer von allen geteilten sprachlichen Praxis unberücksichtigt läßt und so in die Irre führt.

Natürlich war Sprechakt- und anderen Theoretikern, die von den Arbeiten des späten Wittgenstein beeinflußt worden sind, diese gesellschaftliche Dimension der Sprache schon immer bewußt. Doch bleibt, wie John Searle einmal bemerkt, eine Theorie gesellschaftlichen Handelns, die dieser Erkenntnis die notwendige Substanz verleihen könnte, ein wünschenswertes Projekt, das noch der Ausführung harrt (vgl. Searle 1981, 720). Allerdings kann mit Fug und Recht bezweifelt werden, daß dergleichen innerhalb der Beschränkungen, denen die Analytische Philosophie unterliegt, überhaupt realisierbar ist. Obwohl ihre Vertreter die Bedeutung der gesellschaftlichen Dimension von Sprache durchaus anerkennen, sprechen sie doch weiterhin von »gesellschaftlicher Praxis« und »gesellschaftlichem Handeln«, ohne den umfassenden Kontext von Institutionen, politischen Verhältnissen und kulturellen Traditionen in Betracht zu ziehen. In genau diesen Kontext aber sind die »Praxen« und »Handlungen« eingebunden, von ihnen werden sie ge- und verformt. Was als »Erteilen eines Befehls« oder als

»Veröffentlichen eines Berichts« gilt, hängt offensichtlich ebenso von diesem umfassenderen und verschwiegenen Kontext ab, wie die Bedingungen, unter denen man von uns erwartet, für etwas »zuständig« oder »verantwortlich« zu sein. Und natürlich wird auch das, was als »gerechtfertigte Überzeugung« (*justified belief*) oder »Moral« gilt, von diesem Kontext bestimmt.

Diese vielschichtigen Probleme, auf die ich weiter oben kurz hingewiesen habe, bringen eine bedeutende Beschränkung der Analytischen Philosophie ans Tageslicht — sie ist nie zu einem angemessenen Verständnis der gesellschaftlichen Dimension des Wissens oder Handelns vorgedrungen.[7] Bei all ihrer Klarheit und Gründlichkeit, für die sie gerühmt wurde, ließ sie den Bereich des Gesellschaftlichen unanalysiert und berief sich höchstens auf so verschwommene Begriffe wie »Lebensformen« oder »gesellschaftliche Praxen« *(social practices)*. Hier nun liegt der erste Beitrag, den Habermas und die Tradition, der er angehört, zur gegenwärtigen philosophischen Entwicklung leisten können. Die unbezweifelbaren Errungenschaften auf dem Feld begrifflicher Klarheit, die dem »linguistic turn« zu verdanken sind, rechtfertigen nicht die Vernachlässigung von Hegel und Marx. Das wiedererwachte Interesse, das ihrem Werk im angloamerikanischen Bereich entgegengebracht wird, zeigt, daß man sich dieser Problematik bewußt ist. Aber das ist nicht genug. Wenn man wissen möchte, was »gesellschaftliche Praxis« *ist*, und diesen Begriff nicht einfach als selbst-verständliches Ende der Untersuchung betrachtet, sollte man diejenigen ernstnehmen, die das Problem mit allem theoretischem Nachdruck angegangen sind. Kein Philosoph kann sich fortwährend auf »Praxis« oder »Handeln« berufen, ohne die bedeutende Tradition einer Gesellschaftstheorie zu berücksichtigen, die durch Simmel, Weber, Durkheim, Lukács und die Frankfurter Schule repräsentiert wird. Wenn die Fixierung auf die Handlungen und Errungenschaften des isolierten, individuellen Bewußtseins im Lichte gesellschaftlich verbindenden sprachlichen Handelns abstrakt und einseitig erscheint, dann setzt sich die Beschränkung auf dieses Handeln dem gleichen Vorwurf aus, da sie den umfassenden gesellschaftlichen Kontext, in dem es sich vollzieht, unberücksichtigt läßt. Auf diese Weise führt der »linguistic turn« zur Notwendigkeit eines »social turn«. Und dafür bietet Habermas' Werk nicht nur ein überzeugendes Beispiel, sondern es nimmt auch die schwierige Aufgabe in Angriff, sich jene Tradition anzueignen, ohne die ein »social turn« Gefahr liefe, abstrakt und einseitig zu bleiben.

Für Habermas bedeutet der Begriff der »gesellschaftlichen Praxis« nicht (wie für viele andere Philosophen) das augenscheinlich selbstverständliche Ende der Untersuchung, sondern vielmehr deren Ausgangspunkt. »Gesellschaftliche Praxis« ist erklärungsbedürftig und kann nicht als Grundlage für die Erklärung von Erkenntnisansprüchen oder moralischen Begründungen dienen; sie ist *Explanandum*, nicht *Explanans*.

Habermas beginnt mit einer Erörterung dieses Begriffs, den er in zwei Kategorien unterteilt: »gesellschaftliche Praxis« ist einerseits *Arbeit* (zweckrationales Handeln), andererseits *Interaktion* (kommunikatives Handeln). *Arbeit* im weitesten Sinne ist der Bereich, in dem Menschen ihr Leben re-/produzieren, indem sie mit Hilfe technischer Regeln und Verfahrensweisen die Natur transformieren. Dagegen ist *Interaktion* der Bereich, in welchem Menschen im Kontext regelgeleiteter Institutionen ihre Bedürfnisse und Interessen durch Kommunikation re-/produzieren. Indem Habermas den Komplex der »gesellschaftlichen Praxis« in diese beiden Bestandteile zerlegt, kann er wichtige soziologische Einsichten von Weber, Durkheim und Marx in seine Erörterung miteinbeziehen und auf diese Weise die einseitigen begrifflichen Auffassungen, die in der Analytischen Philosophie vorherrschten, überwinden. Aus dieser Perspektive muß der Versuch, von den gesellschaftlichen Bedingungen und Funktionen philosophischer Begriffe und Erkenntnisansprüche zu abstrahieren, als ebenso fehlerhaft und verzerrt erscheinen wie der Versuch, diese Begriffe und Ansprüche von (idealen oder normalen) sprachlichen Handlungsformen abzulösen. Und weil das Verständnis von »gesellschaftlicher Praxis« als Arbeit und Sprache von zentraler Bedeutung ist, können für Habermas die erkenntnistheoretischen und systematischen Ansprüche der Philosophie nur als Gesellschaftstheorie verwirklicht werden. Des weiteren kann eine so geartete Theorie nicht an der Tatsache vorbeisehen, daß der selbstbestimmte Dialog, als den Philosophie sich versteht, immer schon durch gesellschaftliche Beschränkungen und Formen sozialer Herrschaft verzerrt worden ist. Das ist für Habermas einer der Gründe, aus denen Gesellschaftstheorie als »kritische« sich verstehen muß. Eine »kritische« Gesellschaftstheorie beschreibt nicht nur die gesellschaftliche Wirklichkeit, sondern kritisiert sie auch und zielt darauf ab, sie zu verändern. Auf diese Weise ist es eine Theorie mit einem »praktischen Interesse«.[8]

Relativismus vs. Fundamentalismus

Habermas' zweiter Beitrag zur philosophischen Diskussion resultiert aus seinem Versuch, die »Grundlagen« für eine kritische Gesellschaftstheorie bereitzustellen. Damit steht er in scharfem Gegensatz zum »Anti-Fundamentalismus«, der seit einiger Zeit Hochkonjunktur hat (vgl. Rorty 1981, Will 1974). Für die Anti-Fundamentalisten ist das Problem der Begründung unserer Erkenntnisansprüche mittels ihrer »Grundlegung« völlig falsch gestellt; das gilt für die »harten« Erkenntnisbereiche (die Wissenschaften) ebenso wie für Ethik und Ästhetik. Aus diesem Blickwinkel sind »Fundamentalisten« (der analytischen oder der kontinentaleuropäischen Tradition) all jene, die sich, was Wissen und Erkenntnis angeht, auf die von Descartes über Kant führende Traditionslinie berufen. Wo möglich, soll Erkenntnis begründet werden, und kritisiert, wo Begründung nicht möglich ist. Auf diese Weise kann unsere gesamte Erkenntnis auf eine unbezweifelbare und unerschütterliche Basis gestellt werden. Für die Fundamentalisten ist Erkenntnistheorie *(epistemology)* die hauptsächliche, wo nicht einzige philosophische Disziplin. Ihre Aufgabe besteht darin, uns in zeitlos wahrer Weise darüber zu unterrichten, wo im Gebäude der menschlichen Erkenntnis die echten Stützpfeiler zu finden sind und wo nicht.

Das aber ist, den Anti-Fundamentalisten zufolge, ein unerfüllbarer Wunschtraum; die bereits skizzierten Entwicklungen in der Analytischen Philosophie deuten es an. Die Wendung von den unbezweifelbaren mentalen Repräsentationen des denkenden Individualsubjekts zum intersubjektiven Gebrauch sprachlicher Strukturen scheint uns jeglicher »Grundlage« außerhalb oder jenseits der sich verändernden und kontingenten gesellschaftlichen Praxen, in die der tatsächliche Sprachgebrauch eingelassen ist, zu berauben. Aus dieser Einsicht heraus haben die Anti-Fundamentalisten ein beeindruckendes Tableau von Einwänden gegen den überkommenen Fundamentalismus zusammengestellt. Es gebe, so argumentieren sie, weder theorie-neutrale »Tatsachen« noch absolute Differenzierungskriterien, weder unvermittelte »Gegebenheiten« noch eine zeitlos gültige Struktur der Vernunft und mithin keinen absolut neutralen Forschungsstandpunkt außerhalb der jeweils aktuellen Interpretationen, Wertungen und Interessen der Forschungsgemeinschaft, die ihre Arbeit im zeitgenössischen gesellschaftlichen Zusammenhang verrichtet. Dieser Sichtweise zufolge kann die Forschung sich auf nichts Dauerhafteres stützen als auf die bescheidenen und gesellschaftlich wechselnden Beschränkungen des »Gesprächs«. Fehlgeleitet aber wäre es, Erkenntnistheorie als Suche nach einem Weg aufzufassen, dieses Gespräch durch die Entwicklung von Methoden endgültiger Wahrheitsfindung zu beenden. Dabei spielt es keine Rolle, ob die Erkenntnistheorie sich mit der Analyse von »mentalen Repräsentationen«, »Vorstellungen«, »eidetischen Wesenheiten« oder »Sprache« beschäftigt (vgl. Rorty 1981).

Der Fundamentalist andererseits sieht dies alles wahrscheinlich als einen neuen Angriff verschiedener altbekannter (wirklicher oder imaginärer) Gegner; er sieht sich als Opfer des Skeptizismus oder Relativismus, die in einer ihrer zahlreichen Verkleidungen auftreten. Für ihn ist der Anti-Fundamentalist jemand, der den Irrationalismus befördert, indem er die Existenz *wirklicher* Beschreibungen dessen, was gesagt werden kann, leugnet. Solche Beschränkungen finden sich entweder in der Natur der *Wirklichkeit selbst* oder in der *zeitlosen* Struktur des Bewußtseins und ergeben sich nicht einfach aus menschlichen Sitten und Gebräuchen. So wie Plato die rhetorischen und moralischen Exzesse der Sophisten beklagte, die sich der Worte ohne Rücksicht auf das zeitlos Wahre bedienten, so beklagt der Fundamentalist den kognitiven und moralischen Verfall, der aus den Übertreibungen der Anti-Fundamentalisten resultiert. Diese Fehde zwischen den beiden Lagern wird so mit einer bemerkenswerten moralischen Intensität ausgefochten, die der gegenwärtigen philosophischen Diskussion ansonsten eher fremd ist. Anti-Fundamentalisten wie Rorty versuchen, diese moralischen Bedenken zu zerstreuen, indem sie sich den sokratischen Tugenden (der Bereitschaft zum Dialog, zum Zuhören, zur Reflexion etc.) verbunden erklären und die Kampflinie aus der unmittelbaren Gefechtszone zurückverlegen, um den gefährlichen Implikationen des »Relativismus« zu entgehen. So heißt es bei Rorty: »Es geht nicht um den Gegensatz zwischen Menschen, die einen Gesichtspunkt für ebenso gut halten wie einen anderen, und Menschen, die nicht dieser Auffassung sind. Es geht um den Gegensatz zwischen denen, die denken, unsere Kultur, unsere Zielsetzungen und Vorstellungen könnten nur durch das Gespräch aufrechterhalten werden und denen, die immer noch auf andere Möglichkeiten für diese Aufrechterhaltung hoffen.« (Rorty 1980, 728) Aber reicht es aus, sich den sokratischen Tugenden für verbunden zu erklären, wenn man (wie Rorty) zugibt, daß sie sich nur einer kulturell motivierten Präferenzentscheidung verdanken, die letztlich nicht durch strikte Argumentation verteidigt werden kann? An diesem Punkt scheint nicht nur der Fundamentalist stutzig zu werden.

Das angedeutete Dilemma sei hier nur grob skizziert. Die Argumentationslinien laufen in viele Richtungen, von den diversen Ansätzen des (historischen, kulturellen, ethischen, ästhetischen etc.) Relativismus bis zur Auseinandersetzung über den Status der Humanwissenschaften. Die weitgespannte Bedeutung, mit der ich den Anti-Fundamentalismus auffasse, überdeckt den schicksalsträchtigen Graben zwischen analytischer und kontinental-europäischer Philosophie, und es scheint so, als würden Wittgenstein (II, natürlich), Heidegger, Gadamer, Derrida und Rorty zum Schulterschluß gegen Husserl, Frege, Russell, Dummett und Popper antreten. Ich möchte in diesem Rahmen weder die verschiedenen Ausformungen und Verbindungen noch die vielschichtigen Antworten, die Habermas darauf gegeben hat, untersuchen. Mir geht es nur darum, zu zeigen, daß Habermas' Ansatz einen Ausweg aus der Sackgasse anbietet. Obwohl Habermas bisweilen des Hyper-Rationalismus verdächtigt wird, der die Kraft und das Vermögen der menschlichen Vernunft überschätzt, während er zugleich ihre begrenzte und determinierte Natur übersieht, so akzeptiert sein Programm doch die Grundelemente der Kritik am Fundamentalismus. Auch Habermas kennt keine uninterpretierten »Gegebenheiten«, keine theorie-neutralen »Tatsachen«, keine zeitlosen und absolut neutralen Forschungsstandpunkte. In Übereinstimmung mit den Anti-Fundamentalisten erklärt Habermas, daß »der schwankende Boden des rational motivierten Einverständnisses unter Argumentationsteilnehmern unser einziges Fundament ist — in Fragen der Physik nicht weniger als in Fragen der Moral« (VET, 504). Doch die Schlußfolgerung, die von vielen Anti-Fundamentalisten aus dieser Kritik gezogen wird, lehnt Habermas ab. Die Suche nach Legitimationsverfahren und Möglichkeiten theoretischer Grundlegung sollte nicht völlig aufgegeben werden. Und nicht alles an der Erkenntnistheorie ist einfach zu verwerfen. Innerhalb des keineswegs fehlerfreien Forschungskontextes können »Grundlagen« in einem engeren, beschränkten Sinn aufgewiesen werden, und zwar in den intersubjektiven Arbeitszusammenhängen der Forschergemeinschaft selbst, wenn man diese Zusammenhänge verstehen und angemessen rekonstruieren kann. Sicher muß die Suche nach endgültig gesicherten Grundlagen aufgegeben werden, was Horkheimer bereits der von ihm so bezeichneten »Traditionellen Theorie« vorgehalten hat (wie überhaupt die Kritische Theorie lange vor den heutigen Auseinandersetzungen fundamentalistischen Positionen reserviert gegenüberstand). Dennoch sind ethische und kognitive Positionen immer noch »theoretisch legitimierbar«.

Für Habermas können diese »Grundlagen« in der Untersuchung der Voraussetzungen von Kommunikation verortet werden. Diese notwendigen und unvermeidlichen Voraussetzungen enthüllen eine rationale Dimension innerhalb des »Gesprächs« selbst, die Habermas im Anschluß an Kants transzendentale Fragestellung zu rekonstruieren versucht. In Analogie zu Kant will Habermas die Frage beantworten:

»Welche Bedingungen gibt es für die Möglichkeit, in der normalen Sprache zu einem gegenseitigen Verständnis zu kommen?« Es ist hauptsächlich diese kantianische Dimension in Habermas' Denken, die ihm von anti-fundamentalistischer Seite den Vorwurf des Hyper-Rationalismus eingetragen hat. Jüngste Stellungnahmen zur Position von Habermas zeigen, daß diese Vorwürfe unberechtigt sind. So erklärt etwa Whitebook:

»Habermas will offensichtlich zwei gleichermaßen unannehmbaren Alternativen aus dem Wege gehen. Er ist nicht der Auffassung, daß die Gültigkeit grundlegender Normen mit der Schärfe aufgewiesen werden kann, die die 'traditionelle Theorie' für notwendig hielt. Zugleich opponiert er gegen die skeptische Auffassung, diese Begriffe seien in dem Sinne beliebig, daß sie entweder auf bloßer Konvention oder auf biologischer Anpassung im einfachen Sinne beruhten. Wenn auch die Gültigkeit dieser Prinzipien nicht unwiderleglich bewiesen werden kann, so gibt es nichtsdestotrotz 'gute Gründe' für ihre Annahme.« (Whitebook 1979, 48)

Diese grundlegende Absicht läßt sich in Habermas' »Erkenntnis und Interesse« ebenso finden wie in seinem Werk über die Theorie kommunikativen Handelns. Daß er in gewisser Weise einen transzendentalen Standpunkt einnimmt, führt jedoch nicht zur Übernahme der Verfahrensweise oder möglichen Ergebnisse herkömmlicher kantianischer Transzendentalphilosophie. Noch einmal Whitebook:

»Es mutet ironisch an, daß Habermas, der oft des Hyperrationalismus bezichtigt wird, ... bei der Grundlegung seines Verfahrens ein so umfangreiches Moment der Beurteilung benötigt. Die Art und Weise, auf die man mit dem Transzendentalismus 'handelseinig' wird, ähnelt eher dem ästhetischen Geschmacksurteil oder der aristotelischen *phrónesis* als einem in emphatischem Sinne philosophischen Beweis. Während Habermas' transzendentales Schema die theoretische Funktion der Begründung von Erkenntnis erfüllen soll, ... wird das Schema selbst nicht in jener emphatischen Weise begründet, die man gemeinhin in der *prima philosophia* findet.« (Ebd., 51)

In der »Theorie des kommunikativen Handelns« will Habermas mit dem Begriff der »kommunikativen Rationalität« (den ich später genauer untersuchen werde) die Grundlage für eine Kritik entwickeln, welche als »normatives Fundament« einer kritischen Theorie im oben bezeichneten Sinne dienen kann. Gesellschaftstheorie muß also auch in dieser zweiten Hinsicht kritisch sein — sie muß die grundlegenden Normen rekonstruieren, die ihren Gang bestimmen. Um dies zu leisten, untersucht Habermas die Universalpragmatik, die kommunikative Kompetenz und das kommunikative Handeln.[9] Zu den Stärken dieses Ansatzes gehört eine (wie immer vorläufige) Antwort auf die Frage, wodurch ein »rationaler« Konsensus konstituiert wird. Wenn die Übereinstimmung *innerhalb des Gesprächs* das Entscheidende ist und nicht die Übereinstimmung mit den »Tatsachen«, woher können wir dann wissen, daß eine solche Übereinstimmung *selbst* rational ist?

Für Habermas ist ein rationaler Konsensus das Ergebnis einer freien Diskussion gleichberechtigter Teilnehmer, die im Rahmen einer »idealen Sprechsituation« stattfindet (auch diesen Begriff werde ich noch detailliert untersuchen). Da nur ein rationaler Konsensus als ultimative Basis für Wahrheitsansprüche dienen kann, bringt seine Argumentation (wenigstens in den frühen Formen dieses Konzepts) eine Reihe wechselseitiger Beziehungen zwischen den Begriffen von Wahrheit, Freiheit und Gerechtigkeit hervor. Diese Begriffe, insonderheit der der Wahrheit, sind bereits vorausgesetzt, wenn wir in eine Diskussion eintreten. Wenn es uns nicht um die Wahrheit geht, dann ist die rationale Diskussion selbst in Frage gestellt. Und wenn es uns um Wahrheit geht, dann müssen wir ebenso auf Freiheit und Gerechtigkeit abzielen, da wir ohne sie nicht zur Wahrheit gelangen können. Und indem wir diese Begriffe in der Diskussion voraussetzen, antizipieren wir eine »Lebensform«, die von unnötiger Herrschaft befreit ist. Vermittels dieser Argumentation versucht Habermas, die Grundlage legitimer Autorität begrifflich zu entfalten. Diese Legitimität basiert auf dem Anspruch, im »rationalen Konsensus« gerechtfertigt werden zu können. Der Anschein, daß politische Entscheidungen solch einen Konsens repräsentieren, während tatsächlich das Gegenteil der Fall ist, wird zur habermasianischen Version des »gesellschaftlich notwendigen Scheins«. Habermas' Version einer kritischen Theorie bezieht sich somit zugleich auf die Marxsche wie auf die Kantsche Bedeutungsdimension von »Kritik«.

Es ist zu einem gewissen Teil die von Marx übernommene Betonung der Eingeschränktheit gesellschaftlicher Praxis, die Habermas dazu veranlaßt, den Anschein eines abstrakten linguistischen Utopismus zu überwinden. So verknüpft er seine Konsensustheorie mit evolutionstheoretischen Erwägungen, die die wachsenden objektiven Möglichkeiten aufzeigen, kommunikative Rationalität in die gesellschaftlichen Strukturen einzubetten und ihren Geltungsbereich in den realen Lebensformen zu vergrößern. Hierbei untersucht Habermas vor allem die Prozesse gesellschaftlicher Rationalisierung. Insgesamt ist seine Erörterung kommunikativer Rationalität ein origineller und wichtiger Versuch, jene Aporien zu überwinden, denen sich eine Gesellschaftstheorie mit praktischem Interesse ausgesetzt sieht. Darüber hinaus liegt hier die Bedeutung von Habermas' Ansatz für die marxistische Tradition (doch davon später).

Nicht daß es mit Habermas' Ansatz keine Probleme gäbe. Die hauptsächlichen Punkte will ich kurz andeuten. Habermas' Kommunikationstheorie ist z.T. auch als Antwort auf die Herausforderung durch

Gadamers Hermeneutik gedacht: »Wie kann die Kritische Theorie behaupten, frei von den Verzerrungen zu sein, die sie bei anderen entdeckt, ohne sich aus der Rolle des Gesprächspartners im Dialog zu lösen?« Da Habermas Letztbegründungen kritischer oder philosophischer Provenienz ebenso ablehnt wie rein negative Antworten à la Adorno, muß gefragt werden, was ihm noch an positiven Bestimmungen bleibt. Die Kommunikationstheorie vermittelt eine solche Bestimmung: die Basiskategorien der Kritischen Theorie sind in der Kommunikation vorausgesetzt.

Doch ist diese Theorie der hermeneutischen Herausforderung am Ende vielleicht nicht gewachsen. Die Kommunikationstheorie, wie sie vor allem in Habermas' Arbeit zur Universalpragmatik entwickelt wurde, kann die Kontextabhängigkeit der Kritischen Theorie nicht eliminieren. Wie McCarthy gezeigt hat, kann die Lücke zwischen dem »universalpragmatischen Rahmen« und den »konkreten Ausdrucksformen des soziokulturellen Lebens« nur durch den Einsatz hermeneutischer Verfahrensweisen geschlossen werden. Die Notwendigkeit einer Interpretation bleibt ebenso erhalten wie die Abwesenheit einer endgültigen und allumfassenden Perspektive, von der aus interpretiert werden kann. Das heißt: »Auch ein mit dieser Theorie ausgestatteter kritischer Theoretiker kann keinen Monopolanspruch auf Wahrheit erheben.« (McCarthy 1980, 407) Ferner muß Habermas, um dem Vorwurf zu entgehen, seine Kommunikationstheorie sei unheilbar abstrakt und ahistorisch, diese auf überzeugende Weise mit einer Theorie gesellschaftlicher Evolution verknüpfen, die die aufeinander folgenden Entwicklungsstadien der gesellschaftlichen Strukturen in den Begriffen von Sprache und Handlung rekonstruiert. Wie ich später noch zeigen werde, zieht sich die Spannung zwischen der transzendentalen Dimension (der synchronen Betrachtung der Kommunikationsstruktur) und der historischen Dimension (der diachronen Betrachtung der Entwicklung dieser Struktur) durch das gesamte Projekt von Habermas. Diese Spannung ist Ausdruck der Schwierigkeiten, die mit dem Versuch vermacht sind, die kritische Theorie mit einem »normativen Fundament« zu unterfüttern, das der Herausforderung durch die Hermeneutik standhalten kann, selbst wenn es sich in nur sehr eingeschränkter Bedeutung um ein »Fundament« handelt.

Der derzeitige philosophische Anti-Fundamentalismus scheint seitens Gadamers Hermeneutik insofern Unterstützung zu erfahren, als diese die gesellschaftlich und historisch verankerte Bedingung menschlicher Erkenntnis betont. Allerdings opponieren sowohl Habermas als auch Gadamer gegen die in ihrer Sicht zerstörerischen und irrationalen Schlußfolgerungen, die einige Anti-Fundamentalisten aus einer solchen Auffassung ziehen. Während Gadamer sich indes damit begnügt, dieser Herausforderung durch den Rückgriff auf die positive Funktion der Tradition zu begegnen, möchte Habermas ihr eine zukunftsorientierte Perspektive entgegensetzen: die Möglichkeit, konkrete Strukturen kommunikativer Rationalität in eine transformierte Gesellschaft einzubinden.[10] Sich der hermeneutischen Herausforderung zu stellen, bedeutet für Habermas, eine theoretische Rechtfertigung für diese gleichermaßen normative wie zukünftige Dimension zu formulieren, ohne in jenen ahistorischen Hyper-Rationalismus zurückzufallen, der von Gadamer und den Anti-Fundamentalisten so erfolgreich kritisiert worden ist. Dieser Versuch, einen dritten Weg zu finden, ist der zweite Beitrag von Habermas zur gegenwärtigen philosophischen Diskussion. Der Frage, ob diesem Ansatz Erfolg beschieden ist oder nicht, werde ich mich erst nach einer detaillierten Erörterung von Habermas' Position zuwenden.

Habermas und die kontinental-europäische Tradition

Um den Kontext der Lektüre von Habermas' Werk noch genauer zu bestimmen, kann es von Nutzen sein, ein Licht auf jene Einflüsse zu werfen, die sein Denken mit bestimmt haben. Das Interesse an Habermas verdankt sich zum Teil auch der Art und Weise, auf die er bedeutende Linien und Zusammenhänge der kontinentaleuropäischen philosophischen Tradition rekonstruiert. Dabei verdient zumindest die Beziehung auf Hegel Aufmerksamkeit. Eine kurze Erörterung dieser Relation kann uns auch behilflich sein, die Spannung zwischen der transzendentalen und der historischen Dimension in Habermas' Werk aufzuhellen.

Der Einfluß Hegels

Vor nicht allzu langer Zeit hat Habermas sein Verhältnis zu Hegels Philosophie in erhellender Weise kommentiert und dabei vier Themen unterschieden, die von Hegel als Momente eines einzigen Prozesses entwickelt werden:

1. die rationale Rekonstruktion universeller Voraussetzungen von Erkenntnis und Kommunikation; ... das kantische Vorhaben der Transzendentalanalyse und ihre Integration in die Philosophie Hegels;

2. die rationale Rekonstruktion von Entwicklungsmustern für die Genese transzendentaler Universalien; hierin besteht Hegels ureigenes Verfahren für die Entdeckung einer Entwicklungslogik;
3. die phänomenologische Analyse der Erfahrung, die im Prozeß der Selbstreflexion entsteht und die auf kritische Weise Schritt für Schritt die objektiven Täuschungen zerstört, welche von verschiedenen Arten und Ebenen des falschen Bewußtseins erzeugt werden; ein Verfahren, das nach Hegel von Feuerbach, Marx und Freud weiterentwickelt wird;
4. die Konstruktion einer rationalen Geschichte, welche die aus Beobachtung und Narration entspringende Evidenz empirischer Regelmäßigkeiten erklären und in Begriffen der internen Genese fundamentaler Begriffsstrukturen fassen kann; das ist das Vorhaben, welches Hegel in seiner *Realphilosophie* verfolgte. (Vgl. Habermas 1980, 247f.)

Obwohl Habermas einräumt, daß wir heute nicht mehr sicher sein können, ob diese »vier Analysetypen nur verschiedene Aspekte eines einheitlichen Prozesses darstellen«, kann sein Projekt doch als Versuch verstanden werden, das Hegelsche Vorhaben in möglichst umfassendem Maße zu rekonstruieren. Meiner Ansicht nach hat Habermas den Unterschied zwischen (1) und (3) erst nach *Erkenntnis und Interesse* ausgearbeitet, und zwar in Form eines Gegensatzes zwischen »rationaler Rekonstruktion« und »Selbstreflexion«. »Rationale Rekonstruktion« bedeutet die begriffliche Entfaltung allgemeiner Regeln menschlicher Kompetenz in einem gegebenen Bereich wie etwa Kommunikation oder Erkenntnis; die Basis ist das Modell von Chomskys rationaler Rekonstruktion grammatischer Kompetenz. »Selbstreflexion« bedeutet die Reflexion, die unbewußte Elemente auf eine Weise bewußt macht, welche praktisch-emanzipatorische Konsequenzen hat: hier ist die Basis Marx' Ideologiekritik und Freuds Psychoanalyse. Seitdem er diese Unterscheidung traf, hat Habermas (1) in der Form einer Theorie der Universalpragmatik weiterentwickelt, während er (3) in seinen Arbeiten nach 1970 weniger Beachtung geschenkt hat. Von (1) und (3) grenzt Habermas nun »Entwicklungslogik« (2) und »rationale Geschichte« (4) ab, wobei erstere die rationale Rekonstruktion der verschiedenen Entwicklungsstufen menschlicher Sprach- und Handlungskompetenzen ist, die auf Piagets Modell einer Entwicklungspsychologie beruht, während letztere die Erläuterung *(explication)* der gegenwärtigen historischen Entwicklung ist, die sich auf die Begrifflichkeiten der Rekonstruktion der Entwicklungslogik stützt. Für diesen Theorietyp gibt es kein angemessenes zeitgenössisches Beispiel; vielleicht ermöglichen die an Kuhn orientierten Diskussionen in der Wissenschaftstheorie einen gewissen Zugang. In jüngster Zeit hat Habermas (2) in seinen Theorien zur Ich-Entwicklung und zum moralischen Bewußtsein weiter verfolgt; und auch in der *Theorie des kommunikativen Handelns* spielt dieser Komplex eine Rolle (nämlich in der Entwicklung von Rationalitätsstrukturen und Weltanschauungen). (4) ist in seine Theorie der gesellschaftlichen Evolution, der Rekonstruktion des Historischen Materialismus und (in der *Theorie des kommunkativen Handelns*) in die Theorien von Modernisierung und Rationalisierung eingegangen.[11] (1) repräsentiert die transzendentale Dimension in Habermas' Projekt, (2), (3) und (4) dagegen die historische. In (2) und (4) sieht Habermas die zentralen Elemente von Hegels Ansatz, die er aktualisieren und verteidigen möchte.

Ich werde diese Unterscheidungen samt ihrer Konsequenzen später en détail untersuchen. Hier und jetzt geht es mir nur um die Verbindungen zwischen diesen Unterscheidungen und der Richtung, in die Habermas' Projekt sich entwickelt. Das allgemeine Bild, das die angloamerikanische Literatur von dieser Entwicklung entwirft, zeichnet eine Bewegung nach, die von einem frühen hegelianisch inspirierten Marxismus zu einer eher kantischen Position verläuft, wobei jedoch die frühen Elemente nicht einfach verschwunden sind, sondern verfeinert und weiterentwickelt wurden. Viele Interpreten messen der fortwährenden Bezugnahme auf die hegelianische Tradition zu wenig Gewicht bei. Auf der anderen Seite fehlt jenen, die den Hegelianismus bei Habermas betonen, das Verständnis für die Bedeutung der rationalrekonstruktiven Ebene seines Projekts.[12] So kann die Einseitigkeit der bisherigen Interpretationen nur überwunden werden, wenn man den Einfluß der hegelianischen Tradition auf Habermas ebenso berücksichtigt wie seinen Versuch, die wesentlichen Gehalte dieser Tradition in sein Denken ein- und damit auch umzubauen — das betrifft sein Verhältnis zum Marxismus ebenso wie die gegenwärtigen Entwicklungen in den oben unterschiedenen Analysetypen.

Ein Gedankenaustausch zwischen Richard Bernstein, Kenley Dove und Habermas trägt ebenfalls zur Klärung der Frage bei, wie denn das Verhältnis des Hegelschen zum Habermas'schen Denken beschaffen sei (vgl. Bernstein/Dove 1980, 233ff.). Gestützt auf Interpretationen von Bubner und Henrich zeigen Bernstein und Dove, wie Habermas (z.B. in *Erkenntnis und Interesse, Zur Logik der Sozialwissenschaften, Theorie der Gesellschaft oder Sozialtechnologie*) Hegels dialektische Argumentationsstrategie für seine Zwecke verfügbar macht. Wie Hegel expliziert Habermas Positionen oder Argumentationsweisen, enthüllt ihre Widersprüche und Aporien und geht über die gegebene Position hinaus zu einer Synthese, in der die vormaligen Widersprüche oder Fehlerhaftigkeiten überwunden sind, während die Wahrheit der »aufgehobenen« *(sublated)* Position bewahrt bleibt. Daraufhin arbeitet Habermas sich völlig in die neue Position ein, prüft sie von innen heraus auf ihre Stärken und Schwächen und erreicht so eine neue Position. Auf diese Weise gelangt Habermas zu einer fast vollständigen Synthese und zu äußerst weitgespannten Theorien.

Obwohl Habermas diese Hegelsche Strategie benutzt, verwirft er doch den Anspruch, Logik und Geschichte in einem totalen und finalen System zusammenzufassen, das von einer einheitlichen, absoluten und allumfassenden »Vernunft« *(substantial reason)* durchwaltet wird. Habermas sieht keine Möglichkeit, die Theorie aus ihrer durch Kants *Kritiken* bewirkten Differenzierung in Wissenschaft, Moral und Kunst erneut zu einem Hegelschen Vernunftbegriff zusammenzuführen. Für Habermas ist diese Ausdifferenzierung ein Charakteristikum der Moderne, das nicht einfach durch den Rückgriff auf traditionelle philosophische Begrifflichkeiten überwunden werden kann. Die Differenzierung zwischen den vier Analysetypen, die er bei Hegel findet, zeigt an, daß Habermas diese Unterscheidung akzeptiert, zumal dadurch Spannungen erzeugt werden, die für seinen eigenen Versuch einer immer umfassenderen Theorie-Synthese kennzeichnend sind. Hervorstechendstes Beispiel ist die Spannung zwischen der transzendentalen und der historischen, zwischen der universal-pragmatischen und der gesellschaftlich-evolutionären Dimension. Hier wird in entschiedener Weise nicht nur die Voraussetzung einer Einheit von Logik und Geschichte aufgegeben, sondern auch allen hegelianisch-marxistischen Versuchen, die Logik der Geschichte im Handeln des Proletariats zu restituieren, eine Absage erteilt. Indem Habermas dergestalt Logik und Geschichte trennt, stellt sich ihm das Problem der Handlungstheorie — das fehlende Glied zwischen Theorie und Praxis, ohne das das praktische Interesse der Theorie, an der rationalen Transformation von Gesellschaft mitzuwirken, den Schatten des Zweifels auf sich zieht. Um diese Spannung zwischen dem Transzendentalen und dem Historischen zu überwinden, hält Habermas es für notwendig, jedes der erwähnten Projekte weiterzuentwickeln, um ein Verständnis von gesellschaftlichem Handeln zu erzeugen, das den Weg für eine Lösung des Problems bereiten könnte.

Doch bevor eine solche Lösung in erfolgversprechender Weise angegangen werden kann, müssen — so Habermas — drei theoretische Probleme in Angriff genommen werden:

1. die Entwicklung eines »Rationalitätsbegriffs, der umfassend genug ist, um sowohl kognitive als auch kommunikative Prozesse und ihre Einbettung in die gesellschaftliche Interaktion abzudecken«;
2. die Entfaltung von »Entwicklungsmustern von Rationalität, die in kognitiven und moralischen Systemen wie auch in juridischen und fundamentalen Institutionen gesellschaftlicher Integration aufgefunden werden können«;
3. die Verbindung der »rationalen Rekonstruktion aller dieser internen Strukturen mit empirischen Vermutungen hinsichtlich der Bedingungen, unter denen Gesellschaften lernen (und lernen können), indem sie verfügbare kognitive Strukturen in evolutionär neue Institutionen und Mechanismen einbinden.« (Habermas 1980, 250).

Alle diese Probleme werden in der *Theorie des kommunikativen Handelns* in Angriff genommen. Der Versuch, (2) und (3) zu lösen, kennzeichnet die hegelianisch-historische Seite des Habermas'schen Denkens. Doch bricht er mit Hegel, indem er dessen holistischen Begriff der Vernunft und den damit einhergehenden »emphatischen Wahrheitsbegriff« verwirft. Der Versuch, Problem (1) zu lösen, erfordert, wie auch seine Aufarbeitung der hegelianischen Tradition, eine Erörterung der kantianisch-transzendentalistischen Seite seines Denkens.

Der Einfluß Kants

Die transzendentale Dimension des Habermas'schen Projekts, seine Aufarbeitung der kantianischen Tradition, läßt sich in verschiedenen wichtigen Denklinien seines theoretischen Programms nachweisen. Die Theorien der Universalpragmatik und der kommunikativen Kompetenz, die die Frage nach den »Ermöglichungsbedingungen« für Verstehen und Kommunizieren stellen, stehen in direkter Abkunft von Kants Frage nach den Ermöglichungsbedingungen menschlicher Erkenntnis und Erfahrung. Das gleiche gilt für seine Erörterung der Bedingungen von Erkennen und Handeln. Des weiteren ist auch sein Begriff der »idealen Sprechsituation«, die auf den allgemeinen und formalen Bedingungen beruht, welche für alle Sprechakte gültig sind, von einem sehr kantianischen Argumentationsstil geprägt.

Noch wichtiger aber ist wohl Habermas' Übernahme der kantischen Unterscheidung zwischen Wissenschaft, Moral und Kunst. Dieser Punkt ist von vielen übersehen worden (vgl. etwa Schroyer 1973 und Kortian 1980). Habermas' Versuch, eine umfassende Theorie der Rationalität zu konstruieren, darf nicht als moderne Rechtfertigung von

Hegels Vernunftbegriff aufgefaßt werden. Es handelt sich vielmehr um einen Versuch, den kognitiven Status der einzelnen Bereiche gegen die Inbesitznahme durch die wissenschaftlich-technologische Sphäre zu verteidigen. Das hat mit einer Verwechslung von »Sein« und »Sollen« oder mit dem »ästhetischen Urteilsvermögen« nichts zu tun. Für Habermas ist die Rechtfertigung dieser verschiedenen Wertbereiche in letzter Hinsicht nur unter Berufung auf den Kontext der Argumentation und der Forschergemeinschaft möglich. Jeder Bereich genießt als solcher gleiches Recht gegenüber den anderen und kann durch seine eigenen Argumentationsverfahren gestützt werden, wenn diese in ihrer Formalität aus »guten Gründen« den Anspruch auf Anerkennung anmelden. In diesem Licht muß Habermas' Verteidigung einer verfahrenstechnisch ausgerichteten kommunikativen Ethik, die sich an kognitivistischen Leitlinien orientiert, gesehen werden. Und hierhin gehört auch die Kritik an wissenschaftlich-technischer Rationalität — und nicht in den hegelianisch geprägten Kontext des Angriffs der Frankfurter Schule auf die »instrumentelle Vernunft«.

Genau hier nämlich, hinsichtlich des Vernunftbegriffs, steht Habermas im Gegensatz zu Anti-Fundamentalisten wie Rorty und Hermeneutikern wie Gadamer. Beide möchten mit ihren Differenzierungen das kantische Netzwerk der Vernunft aufknüpfen — Gadamer, indem er auf jene Zeiten blickt, in denen es noch nicht installiert war, Rorty, indem er die vergangene Zukunft dieser Vernunft ins Auge faßt. Ebenso stellt sich Habermas der älteren Generation der Frankfurter Schule entgegen, deren Mitglieder die von ihnen konstatierte Entfremdung und Aufspaltung der Vernunft durch einen expliziten oder impliziten Rückgriff auf den hegelisch motivierten Vernunftbegriff und dessen historische Möglichkeiten zu überwinden gedachten. Für Habermas ist die Ausdifferenzierung der Vernunft, wie sie Kant und in der Nachfolge Max Weber geleistet haben, ein Charakterzug der Moderne, deren Projekt — die Menschheit aufzuklären und zu befreien — zugleich mit diesem aufgegeben werden müßte. Aus dieser Perspektive können wir uns über die Welt nur auf Kosten ihrer »Wieder-Verzauberung« erheben.

Doch darf diese kantianische Denklinie, so bedeutsam sie auch sein mag, nicht überbewertet werden. Habermas verwirft Kants Theorie des transzendentalen Ich und hält mit Hegel daran fest, daß Erkenntnis, Sprache, Handeln und Gesellschaft nur aus ihrer Entwicklung heraus verstanden werden können. Hierfür spricht vor allem sein Interesse an Lernprozessen, an gesellschaftlicher Entwicklung und Rationalisierung. Zudem akzeptiert er die Beschränkungen, die sich aus der

Fehlbarkeit des individuellen Theoretikers ergeben und verwirft Vorgehensweise wie Ergebnisse der überkommenen Transzendentalphilosophie. Dies fordert, zusammen mit der Ablehnung des Hegelschen Vernunftbegriffs, ein neues Modell theoretischer Konstruktion, welches ungeachtet seiner Berufung auf hegelische Argumentationsverfahren ganz offensichtlich nicht mehr auf traditionelle Wahrheitsbegriffe oder Letztbegründungen sich verlassen kann. Habermas erklärt:

»Der Verzicht auf Letztbegründungen traditioneller oder kritischer Art erfordert einen Preis, der mir gelegentlich den Vorwurf des Eklektizismus einträgt; ich meine die Nötigung, an verschiedene rekonstruktive Ansätze und entsprechende empirische Forschungsrichtungen mit dem Ziel anzuknüpfen, festzustellen, ob die einzelwissenschaftlichen Resultate unter den mich interessierenden, übergreifenden theoretischen Gesichtspunkten *zusammenpassen*. ... Die Kohärenztheorie der Wahrheit ist zwar zu schwach, um den Begriff der propositionalen Wahrheit zu erklären, aber sie kommt auf einer anderen, der metatheoretischen Ebene, wo wir einzelne Theoriestücke wie ein Puzzle zusammenlegen, zu ihrem Recht.« (VET, 506)

Indem er sowohl empirische als auch apriorische Theorien benutzt, die in verschiedenen und voneinander getrennten Bereichen entwickelt wurden, kann Habermas sie gegeneinander abwägen, um ihre Kohärenz zu prüfen. Er kann dann sondieren, verwerfen, auswählen und, nach Maßgabe der wechselnden Synthesen, neue Kohärenzprüfungen vornehmen. Auf diese Weise wird die Theorie immer umfassender und stärker. Darin besteht der theoretische Vorteil seines synthetischen Ansatzes methodischer Konstruktion, der Hegel mehr verdankt als Kant. Der Nachteil scheint darin zu liegen, daß die Verbindung mit gesellschaftlicher Praxis, die das Erkenntnisinteresse der Theorie darstellt, immer schwächer wird. Und das wiederum führt uns zum marxistischen Einfluß und Ansatz im Denken von Habermas.

Der Einfluß von Marx

Habermas folgt Marx in der Betonung der materiellen Bedingungen, der gesellschaftlichen Praxis, der Bedeutung von Ideologiekritik und weiteren Themen, die sich durch sein Werk ziehen. In seiner Schrift *Legitimitätsprobleme im Spätkapitalismus* zielt Habermas darauf ab, die marxistische Krisentheorie zu rekonstruieren, und in verschiedenen Studien geht es ihm um eine Rekonstruktion des Historischen Materialismus selbst. Von daher bedürfte Bernsteins Behauptung, in Habermas' jüngsten Werken würden »die marxistischen Elemente mehr und mehr an den Rand gedrängt« der Überprüfung (Bernstein/Dove 1980, 238). Habermas bezieht sich ständig auf den Marxismus, und in vielen letzthin erschienenen Artikeln und Interviews herrschen marxistische Themen vor. Darüber hinaus läßt sich seit Mitte der siebziger Jahre eine wachsende Tendenz zur Kapitalismuskritik beobachten, während zugleich die Forschungen auf politische Fragen und Tageskämpfe ausgerichtet werden. Doch hinsichtlich der für die frühe Frankfurter Schule entscheidenden Frage nach der Verbindung von Theorie und Praxis ist Habermas' Position sicherlich nachgiebiger geworden. Seiner Ansicht nach ist unter dem Einfluß historischer und theoretischer Entwicklungen das Vertrauen in den revolutionären Klassenkampf wie auch das damit verbundene theoretische Selbstvertrauen geschwunden. Ohne die Gewißheit jedoch, daß die Theorie die Praxis anleitet, wächst die Entfernung zwischen beiden. Gleichwohl hat Habermas es *nicht* völlig aufgegeben, für dies alte Problem der Frankfurter Schule einen neuen Ansatz zu entwickeln, der nur im Zusammenhang mit einer ganzen Reihe von Ansichten angemessen begriffen werden kann, die in der Frankfurter Schule entwickelt worden sind. Dazu zählen der Niedergang des orthodoxen Marxismus, der zu einer »Legitimationswissenschaft« verkam, die Unfähigkeit des modernen Proletariats, die ihm von Marx ursprünglich zugedachte Rolle auszufüllen und das weltweite Vordringen technologisch und bürokratisch bestimmter Herrschaftsformen.

So wird Habermas am ehesten vor dem Hintergrund der Kritischen Theorie verständlich, die auf ihre Weise Kant und Hegel wie auch Weber, Freud und andere sich zu Nutzen machte, um den Marxismus in der Entwicklung einer kritischen Gesellschaftstheorie mit praktischem Interesse zu erneuern. So sind etwa Horkheimer, Adorno, Marcuse und Benjamin für die Interpretation von Habermas' Denken von großer Bedeutung. Selbst McCarthy berücksichtigt nicht in angemessener Weise Habermas' Verhältnis zur Kritischen Theorie, während andere erkennen, wie wichtig diese Verbindungslinie ist. Allerdings ist Habermas im Vergleich zu seinen Vorgängern der klassischen philosophischen Tradition (und namentlich der Aufklärung) enger verbunden. Die *Theorie des kommunikativen Handelns* konzentriert sich auf die »Dialektik der Moderne«, deren Produkt, die Charaktere von »Aufklärung« und »Emanzipation« eher hervorzuheben sind als die Elemente von Unterdrückung und Unmenschlichkeit. Wo Adorno und Horkheimer Herrschaft und Mangel an Freiheit als Resultat der »Dialektik der Aufklärung« kennzeichneten, glaubt Habermas, daß die »kulturelle Ausdifferenzierung« (in die Wertbereiche von Wissenschaft, Moral und Kunst) Freiheit, Autonomie und gesellschaftliche Rationalität befördert habe. Habermas ist fortwährend auf der Suche nach Möglichkeiten, das »unvollendete Projekt der Moderne« durch die

Institutionalisierung emanzipatorischer Lernprozesse als Vorbedingung einer rationaleren Gesellschaft zu verwirklichen. Dies Projekt wird theoretisch unterfüttert durch seinen Versuch, eine umfassendere Theorie der Rationalität zu entwickeln.

Und mit diesem Projekt kehrt Habermas in gewisser Hinsicht zu jener Problematik zurück, mit der sich die Kritische Theorie Anfang der dreißiger Jahre auseinandersetzte. Habermas möchte sich der empirischen Wissenschaften bedienen, um die Existenz von Entwicklungsmustern der Rationalität, der Moral, der Kultur und des gesellschaftlichen Lebens im allgemeinen herauszuarbeiten und zu bestätigen. Er weiß um die Bedrohungen, denen die gesellschaftliche Rationalität in allen diesen Bereichen ausgesetzt ist, doch er möchte auch die positiven Errungenschaften der Aufklärung, der Moderne und der westlichen Rationalität verteidigen. Hier liegt der entscheidende Bruch mit dem historischen Pessimismus der späten Theorie von Adorno und Horkheimer, die in der Entwicklung der westlichen Rationalität die Vollendung von Verdinglichung, Herrschaft und Unterdrückung erblickten.

Der Bewältigung dieser Aufgaben ist Habermas' *Theorie des kommunikativen Handelns* gewidmet, die sich mit der Moderne, der Theorie gesellschaftlicher Evolution, der kommunikativen Rationalität und dem kommunikativen Handeln auseinandersetzt. Hier untersucht er auch, auf welche Weise soziale Bewegungen ein Faktor für gesellschaftliche Veränderung sein können, obwohl dieser Bezug zur gesellschaftlichen Praxis einen eher vorläufigen Charakter besitzt. Doch setzt Habermas unbeirrt seinen von Hegel und Marx sich herleitenden Versuch fort, die Begriffe der kritischen Vernunft und Emanzipation gegen konservative Angriffe ebenso zu verteidigen wie gegen den aus seiner Sichtweise nihilistischen Relativismus der destruktiven Anti-Fundamentalisten. Schließlich rekonstruiert Habermas bedeutsame Themen der philosophischen Tradition und führt zugleich, unter veränderten historischen Bedingungen, das von der Kritischen Theorie übernommene emanzipatorische Projekt fort: die Bewahrung des Befreiungspotentials, das der marxistischen Tradition einbeschrieben ist.

Zweites Kapitel: Das Erbe der Kritischen Theorie

> »Was uns heute von Marx trennt, sind historische Evidenzen, beispielsweise die Einsicht, daß es in den entwickelten kapitalistischen Gesellschaften keine identifizierbare Klasse, keine klar umschriebene soziale Gruppe gibt, die sich umstandslos als Repräsentant eines verletzten Allgemeininteresses auszeichnen ließe. ... Sowohl das *revolutionäre Selbstvertrauen* wie die *theoretische Selbstgewißheit* sind dahin ...«
> Jürgen Habermas

Der Überblick, den ich im vorigen Kapitel gegeben habe, bezeichnet den allgemeinen theoretischen Bereich von Habermas' Projekt und fixiert den Brennpunkt meiner Interpretation. Ich gehe, kurz gesagt, davon aus, daß Habermas daran interessiert ist, die Intentionen der Frankfurter Schule weiterzuverfolgen, um eine kritische Gesellschaftstheorie zu entwickeln, die die Fähigkeit besitzt, das »praktische Interesse« an einer guten und gerechten Gesellschaft aufrechtzuerhalten. Dies Interesse ist für Habermas der zentrale Bezugspunkt zur Marxschen Theorie. Jedoch stellt sich ihm die grundlegende Frage, ob eine kritische Gesellschaftstheorie, die das praktische Interesse von Marx teilt, in den gegenwärtigen Zeitläuften überhaupt noch möglich ist. Habermas faßt diese Frage direkt, ohne Zögern und vor dem Hintergrund eines breiten Spektrums von theoretischen und politischen Gesichtspunkten ins Auge. Viele positive oder negative Stellungnahmen zu seinem Werk sind durch die Antwort bedingt, die er zu geben sucht. Der Einsatz, um den es geht, ist äußerst hoch.

Im Mittelpunkt seiner Bemühungen steht die Entwicklung und Verteidigung eines umfassenden Rationalitätsbegriffs, der praktische Erwägungen über Normen, Interessen und Verpflichtungen keineswegs ausschließt. Von diesem Begriff nämlich hängt sowohl der *»social turn«* in der Philosophie ab, für den Habermas eintritt, als auch die Konstruktion einer theoretischen Rechtfertigung kritischer Gesellschaftstheorie. Denn nur die Entwicklung eines erweiterten Rationalitätsbegriffs kann zwei grundlegende Probleme lösen, auf die man in den Arbeiten der Frankfurter Schule immer wieder trifft.

Das erste Problem ergibt sich aus dem besonderen theoretischen Status, den kritische Gesellschaftstheorie für sich beansprucht: sie will nicht mit »reiner« Wissenschaft identifiziert werden (was der »orthodoxe Marxismus« zu sein behauptete), noch mit »reiner« Philosophie im

Sinne der klassischen Tradition. Mit Habermas gesprochen ist kritische Theorie »zwischen Philosophie und Wissenschaft« angesiedelt (TP, 244). Aus dieser schwierigen Position heraus nimmt sie nicht nur die Beschreibung, sondern auch die radikale Kritik und die substantielle Umwandlung der gesellschaftlichen Wirklichkeit in Angriff, ohne auf die Grundbegriffe der klassischen Philosophie (wie Vernunft, Freiheit, Wahrheit) oder das wertfreie Modell der Wissenschaft zurückzugreifen. Der Vorwurf, der sich an jene Philosophie und Wissenschaft richtet, die im Begriff der »traditionellen Theorie« kritisiert werden, ist dreifacher Provenienz: Zum einen verdunkeln sie die fundamentalen menschlichen Interessen und materiellen Lebensbedingungen, die ihrer »reinen« Forschung zugrundeliegen; zum zweiten akzeptieren sie durch ihre »kontemplative« Haltung stillschweigend den Status quo, und schließlich sind sie unfähig, ihre eigene Eingebundenheit in Geschichte und Gesellschaft zu erkennen. Auf diese Weise macht die Kritische Theorie dingfest, was sie als Ideologie bezeichnet: eine allgemeine und systematische Verzerrung, an der die vorherrschenden Denkweisen kranken. Und diese Verzerrung, diese Ideologie wird zum Gegenstand radikaler Kritik. Diese Kritik ist kantisch, insofern sie die Ermöglichungsbedingungen und die notwendigen Grenzen dieser Denkweisen bestimmt; sie ist marxisch, insofern sie den »verborgenen Kern« der materiellen gesellschaftlichen Bedingungen enthüllt, um darin Hinweise für den Umsturz ebendieser Bedingungen zu entdecken.

Aber muß kritische Theorie, um Verzerrungen in anderen Denkweisen aufspüren und als Ideologie verdammen zu können, nicht selbst von solchen Verzerrungen frei sein? Worauf kann sie sich bei der Begründung ihrer eigenen kritischen Grundnormen und praktischen Verpflichtungen berufen, sobald die sozialhistorische Bedingtheit allen Denkens erkannt ist? Diese Probleme finden ihre Parallele in den aktuellen Auseinandersetzungen um den »Relativismus«, die wir bereits diskutiert haben. Aber für die kritische Theorie stellt sich das Problem in besonderer Schärfe, denn ihr spezieller theoretischer Status erfordert ein Fundament für die Kritik dergestalt, daß sie, wie David Held sagt, »Teil der geschichtlichen Wirklichkeit und doch zugleich nicht mit dem Status quo identifizierbar ist« (Held 1980, 398). Ein solches Fundament ist unverzichtbar, denn die Möglichkeit zur Kritik anderer Denkweisen impliziert die Fähigkeit zur Unterscheidung von verzerrtem und unverzerrtem Denken, was Kriterien zur Bestimmung von Erkenntnis und Wahrheit mit einschließt. Dies grundlegende theoretische Problem — die Begründung eines normativen Fundaments der Kritik — kann in letzter Hinsicht nur eine umfassende Theorie der Rationalität lösen.

Das zweite grundsätzliche Problem, dem Habermas sich widmet, hängt mit der Beziehung der Kritischen Theorie zur Praxis zusammen. Worauf gründet sich ihre Hoffnung, eine revolutionäre Veränderung der Gesellschaft zu befördern, die auf der Linie des mit Marx' Ansatz geteilten praktischen Interesses liegt, wenn sie nach eigenem Vernehmen in einer und für eine Periode entwickelt wurde, die kein zentrales revolutionäres Subjekt kennt? Wie kann die Kritische Theorie eine Verbindung zur Praxis herstellen, die doch notwendig ist, um dem Vorwurf der Kontemplation zu entgehen, wenn die Theorie selbst die Unmöglichkeit einer solchen Verbindung unterstellt? Für Marx muß Rationalität als gesellschaftlich-historisch konkretisierte Vernunft aufgewiesen werden können, die tatsächliche geschichtliche Handlungssubjekte bezeichnet. Arbeiterbewegung und Proletariat konnten durch ihr klassenübergreifendes Interesse Marx als Grundlage der Kritik und als Bindeglied zwischen Theorie und Praxis dienen, und zwar insofern, als das Proletariat Teil der geschichtlichen Wirklichkeit war, ohne mit dem Status quo identifiziert werden zu können. Was aber kann an die Stelle des handelnden Subjekts »Proletariat« treten, wenn dies nicht mehr als Verkörperung historisch-gesellschaftlicher Rationalität oder politischer Opposition angesehen wird? Zudem kann das Problem eines Handlungssubjekts nicht umgangen werden, ohne daß die Kritische Theorie jenen rein »kontemplativen« Charakter annimmt, den sie an anderen Denkweisen und Theorien »traditioneller« Provenienz kritisiert. So sieht sich die gegenwärtige Kritische Theorie ebenfalls dem Theorie-Praxis-Problem konfrontiert, wobei es um eine Praxis geht, die sie unterstützen möchte und von der sie letztlich abhängt.

Beide Probleme werfen Fragen auf, die die Möglichkeit einer kritischen Gesellschaftstheorie zutiefst berühren, und sie können aus Habermas' Sicht nur dann angemessen beantwortet werden, wenn man den Begriff der Rationalität in die Betrachtung miteinbezieht. Und eine solche Vorgehensweise kann sich nicht nur auf dem Terrain der Philosophie allein vollziehen, sondern muß ebenso zur Erforschung der Geschichte des Rationalitätsproblems führen, die von der soziologischen Tradition aufgearbeitet worden ist. Dabei geht es vor allem um jene Ansätze, die die unverwechselbaren Charakterzüge westlicher Rationalität hervorgehoben und die Entwicklung der modernen Form bürokratisch-technologischer Rationalität erklärt haben. Ich hoffe, auf diese Programmatik einiges Licht werfen zu können, indem ich Habermas' Entwicklung einer Theorie der Rationalität von den frühen Ansätzen bis zu den späten Ausarbeitungen verfolge. Doch bevor diese Fragestellung angegangen werden kann, wird es notwendig sein, die

Entwicklung des Rationalitätsbegriffs und die damit zusammenhängenden Probleme von Marx bis zur Frankfurter Schule zu rekonstruieren.

Gesellschaftliche Rationalität I: Marx

Karl Marx entwickelte seine kritische Gesellschaftstheorie in Auseinandersetzung mit jenen drei theoretischen Strömungen des 19. Jahrhunderts, die am weitesten entwickelt und fortgeschritten waren: dem deutschen Idealismus, der englischen Politischen Ökonomie und dem revolutionären Sozialismus französischer Prägung. Er wollte alle diese theoretischen Traditionen in eine Theorie einmünden lassen, die die Totalität menschlicher Interaktion mit der Welt auf der begrifflichen Grundlage gesellschaftlicher Beziehungen und gesellschaftlicher Produktion zu erklären imstande wäre. Dabei bediente er sich eines Begriffs gesellschaftlicher Rationalität, den er niemals explizit entwickelte oder systematisierte. Der praktisch-revolutionäre Charakter seines Projekts trieb ihn aber dazu, die Verkörperungen der Unvernunft (d.h. die sozialen Bedingungen von Unterdrückung und Herrschaft) zu analysieren und auf ihre Beseitigung hinzuwirken. Doch hat Marx' Kritik, wie Habermas anmerkt, niemals »die Kraft eines Appelles an Vernunft verloren«, anderenfalls wäre sie »zum Lamento oder zu schierer Agitation heruntergekommen«. Vielmehr war Marx' theoretischer Ansatz immer von der Absicht geleitet, »ein in den Formen der gesellschaftlichen Reproduktion selbst eingekapseltes Potential der Vernunft zu reklamieren« (VET, 479). Im folgenden möchte ich eine Interpretation entwickeln, die Marx' Begriff gesellschaftlicher Rationalität von seinem impliziten Charakter befreit. Desgleichen werde ich einige der weitreichenden Implikationen und Konsequenzen dieses Begriffes diskutieren.

Wie György Márkus gezeigt hat, beruht Marx' Gesellschaftstheorie im allgemeinen und sein Begriff gesellschaftlicher Rationalität im besonderen auf einer umfassenden und fundamentalen Voraussetzung, nämlich auf dem »paradigmatischen Charakter materieller Produktion für das Verstehen aller gesellschaftlichen Lebensäußerungen« (Márkus 1979, 257; viele Einsichten meiner Marx-Interpretation verdanken sich diesem ausgezeichneten Aufsatz). Für Marx sind »Religion, Familie, Staat, Recht, Moral, Wissenschaft, Kunst etc. nur besondere Produktionsweisen, die unter das allgemeine Gesetz der Produktion fallen« (MEW EB I, 537). Und weiter: »Wie die Individuen ihr Leben äußern, so sind sie. Was sie sind, fällt also zusammen mit ihrer

Produktion, sowohl damit, *was* sie produzieren, als auch damit, *wie* sie produzieren. Was die Individuen also sind, das hängt ab von den materiellen Bedingungen ihrer Produktion.« (MEW 3, 21) Natürlich wollen wir auch den *locus classicus* des Marxismus hier nicht übergehen:

»In der gesellschaftlichen Produktion ihres Lebens gehen die Menschen bestimmte, notwendige, von ihrem Willen unabhängige Verhältnisse ein, Produktionsverhältnisse, die einer bestimmten Entwicklungsstufe ihrer materiellen Produktivkräfte entsprechen. Die Gesamtheit dieser Produktionsverhältnisse bildet die ökonomische Struktur der Gesellschaft, die reale Basis, worauf sich ein juristischer und politischer Überbau erhebt, und welcher bestimmte gesellschaftliche Bewußtseinsformen entsprechen. Die Produktionsweise des materiellen Lebens bedingt den sozialen, politischen und geistigen Lebensprozeß überhaupt.« (MEW 13, 7)

Marxens »Produktionsparadigma«, d.h. seine Behauptung, der materiellen Produktion gebühre der Primat für das Verstehen der gesellschaftlichen Lebensformen (was unter der Bezeichnung »Materialismus« firmiert) war kein Versuch, die philosophischen Probleme der Geist-Körper-Relation zu lösen oder den ontologischen Status von Materie zu erhellen. Vielmehr schloß Marx' »Materialismus« eine Kritik der »Philosophie insgesamt« ein, die im Namen jener »materiellen Bedingungen des gesellschaftlichen Lebens« statthatte, welche der philosophischen Reflexion ihre Grenzen zeigten, während sie selbst unreflektiert blieben. Dieser Materialismus stellte eine gnadenlose Kritik am privilegierten Status der »Ideen« als absolut unabhängiger gesellschaftlicher Kräfte dar und sprach ihnen jegliche Autonomie und eigenständige Macht ab. »Ideen« sind für Marx keine Repräsentationen von Tatsachen oder autonomen Handlungssubjekten, sondern *»Ausdruck«* des wirklichen materiellen Lebensprozesses der Menschen. »Ausdruck« bezieht sich hier nicht auf eine passive »Reflexion« oder auf ein »Epiphänomen«, sondern auf die aktiven Äußerungsformen dieser Lebensprozesse in Kommunikation und Selbstverständigung (Márkus 1979, 256). »Bewußtsein« ist in letzter Hinsicht immer Bewußtsein der vorherrschenden gesellschaftlichen Praxisformen, die der philosophische Gedanke zugleich verhüllt (wie etwa Herrschaft) und aufdeckt.

Andererseits war Marx' »Materialismus« auch keine strikt ökonomische Theorie der gesellschaftlichen Wirklichkeit im engen Sinn einer eigenständigen wissenschaftlichen Disziplin. Marx entwickelte auch die »Kritik der Politischen Ökonomie« im Namen der Verwirklichung jener philosophischen Ideale, die durch die vorherrschenden »materiellen Bedingungen« verzerrt und in den Staub getreten worden waren, während die politischen Ökonomen diese Bedingungen lediglich beschrieben und als »Naturgesetze« gerechtfertigt hatten. Auf diese Weise besaß Marx' »Materialismus« vor allem einen praktisch-revolutionären Charakter, der durch das Interesse an der Überwindung der damaligen gesellschaftlichen Probleme bedingt und zum großen Teil determiniert war. Das gilt nicht nur für den motivationalen Hintergrund der Theorie, sondern betrifft auch ihre Konstitution selbst. Marx setzt die »materiellen Lebensbedingungen« nicht als philosophische Konstruktion oder als zentrale Behauptung einer ökonomischen Wissenschaft, sondern eher als das eigentliche Schlachtfeld, auf dem die entscheidenden Kämpfe ausgefochten werden. Diese »materiellen Bedingungen« sind nicht einfach Gegenstand der Kontemplation, sondern ein Handlungsfeld. Kurz gesagt liegt die Bedeutung von Marx' »Materialismus« nicht darin, eine philosophische oder ökonomische Lehre darzustellen, sondern zieht sein Gewicht aus der möglichen sozialistischen Umwälzung der existierenden Gesellschaft. Und dieser praktische Kontext bildet den Hintergrund für den Rechtfertigungsanspruch der Theorie, wenn sie sich darauf beruft, Ausdruck jener gesellschaftlichen Kräfte zu sein, die zu einer solchen Umwälzung fähig sind.

Auf diese Weise entwickelt Marx' Gesellschaftstheorie eine Kritik der Philosophie und der Politischen Ökonomie, die mit einem praktischen Engagement für den revolutionären Sozialismus verbunden ist. Aber auf welche Rationalitätskriterien kann eine solche Theorie sich berufen, wenn die philosophischen wie ökonomischen Maßstäbe der Argumentation vom »Produktionsparadigma« abhängig gemacht werden? Die Antwort auf diese Frage scheint ein neues Kriterium für Rationalität erforderlich zu machen, und in der Tat versuchte Marx genau dies, als er die Beschränkungen des Vernunftbegriffs im deutschen Idealismus zu überwinden trachtete. Marx' Begriff von gesellschaftlicher Rationalität, der im »Produktionsparadigma« gründet, bleibt ohne die Berücksichtigung dieses Hintergrundes unverständlich.

Die Entwicklungsgeschichte des deutschen Idealismus von Kant bis Hegel kann ebenfalls als Suche nach einem neuen Rationalitätsprinzip charakterisiert werden, mit dessen Hilfe die Probleme des aufklärerischen Vernunftbegriffs bewältigt werden sollten. Kants Kritizismus war bereits eine Antwort auf die von Hume und Rousseau gestellten Herausforderungen. Humes Angriff auf die Kräfte der Vernunft und seine Unterminierung des isolierten »Ich« *(self)* stellten den grundlegenden Glauben an das vernünftig denkende Subjekt in Frage, das für die Aufklärung den Dreh- und Angelpunkt der theoretischen und moralischen Interpretation der Welt bildete. Rousseaus Urteilsspruch über die Unfreiheit und Entfremdetheit des gesellschaftlichen Lebens nährte den Zweifel am Entwurf einer auf Vernunft, Freiheit und allgemeine Interessen gegründeten Gesellschaft. Hier liegt der Ursprung für die kantische Suche nach einem neuen Rationalitätsprinzip, das diesen Herausforderungen standhalten könnte; hier wird das Programm des späteren deutschen Idealismus entworfen, der den Versuch unternimmt, zwischen der Reduktion der Vernunft auf ihren rein empirischen Gebrauch und dem romantischen Ideal einer organisch-unmittelbaren Expressivität jenseits der Vernunft einen mittleren Weg zu finden (vgl. Márkus 1979, 258). Beide Entwürfe, der empirische ebenso wie der romantische, ließen dem von Kant so glänzend formulierten aufklärerischen Konzept eines rationalen Subjekts keine Gerechtigkeit widerfahren. Kant entwarf dieses Subjekt als ein autonomes und unabhängig handelndes, das — unbelastet von Tradition und Autorität — alles durch den couragierten Einsatz der Vernunft untersuchen und beurteilen würde.[1] Ein solches Subjekt war der Idee nach frei, in Übereinstimmung mit vernunftgeleiteter Einsicht zu handeln.

Hegel dehnte diesen Begriff von Vernunft qua Freiheit bis an seine Grenzen aus. Wird die Vernunft erweitert, so mit ihr auch der Bereich, innerhalb dessen wir verantwortlich handeln können, und die Erweiterung der Freiheit geht mit der Ausweitung unserer Erkenntnis einher. Auf diese Weise verbindet Hegel die beiden Begriffe, um zu erweisen, daß Freiheit zum Wesen der Menschen gehöre, »nicht als etwas, das sie besitzen, sondern welches sie, als Menschen, sind« (MacIntyre 1966, 211). Hegel war vielleicht der erste, der die Bedingungen auf den Nenner brachte, die das neue Rationalitätskonzept zu erfüllen hatte: 1. mußte der Grundsatz autonomer, vernünftiger Subjektivität gewahrt bleiben, 2. war die substantielle Freiheit der Menschen zu berücksichtigen, ihr Leben in einer Gemeinschaft aufeinander abgestimmter Interessen zu führen. Um es anders auszudrücken: Der neue Vernunftbegriff hatte die Ansprüche des Individuellen (der vernünftigen Subjektivität) und des Allgemeinen (des Lebens [in] der Gemeinschaft) miteinander zu vermitteln.

Dieses neue Rationalitätsprinzip findet seinen Ausdruck in den zwei Verschiebungen, die in der Entwicklung des deutschen Idealismus vorgenommen werden: die eine besteht im Übergang vom Primat der Theorie zum Primat der Praxis, die zweite im Übergang vom individuell-empirischen zum überindividuellen (zum Gattungs- oder transzendentalen) Bewußtsein. Die aus dieser Konstruktion sich ergebenden Probleme können jedoch nicht innerhalb des philosophischen

Horizonts selbst gelöst werden. Die grundlegende Annahme des deutschen Idealismus bestand darin, die konkrete und praktische Intersubjektivität menschlichen Denkens, Sprechens und Handelns mit der Vernunft selbst als überindividuellem Subjekt gleichzusetzen. Und diese Annahme bleibt konstant, unabhängig davon, wie die Beziehung der überindividuellen Vernunft zu ihrem individuellen empirischen Gebrauch vorgestellt werden mag — unabhängig davon also, ob die erste (kantianisch) als abstrakter Bedingungsrahmen für die zweite verstanden wird oder ob die erste (hegelianisch) als tatsächliche, historisch sich entfaltende Verkörperung der zweiten zu denken ist. Und diese Annahme ist nicht einfach eine idealistische »Übertreibung«, sondern begriffliche Erfordernis, um das Individuelle auf notwendige Weise mit dem Allgemeinen vermitteln zu können.

Im »Produktionsparadigma« verwirft Marx diese ganze Konstruktion. Für ihn ist die innere Aufspaltung des Subjekts als Repräsentant des Allgemeinen wie als Träger einer isolierten, egoistischen Individualität nur der Ausdruck des realen Bruchs zwischen dem Arbeiter, seinem Produkt und seinesgleichen. Der Ausgangspunkt für diese radikale Kritik ist die Annahme, daß die materiellen, konkreten Individuen die einzigen erkennenden Subjekte oder geschichtlichen Handlungsträger sind. Die Menschen können nicht mit den Begriffsschemata vernünftiger Subjektivität verstanden, nicht mit den aufklärerischen Illusionen absoluter Autonomie begriffen werden. Der Mensch ist ein naturverhaftetes und letztlich »ein *leidendes*, bedingtes und beschränktes Wesen, ... das ... seine Natur außer sich hat« (MEW EB I, 578). Dieses »Außerhalb« ist die natürliche Welt, die fortwährend durch menschliche Arbeit umgewandelt wird; tatsächlich ist sie ein gesellschaftliches und geschichtliches Produkt: »das Produkt der Industrie und des Gesellschaftszustandes« (MEW 3, 43). So ist »das menschliche Wesen« in Wirklichkeit »das Ensemble der gesellschaftlichen Verhältnisse« (MEW 3, 6; 6. Feuerbachthese).

Marx zerstört in kritischer Absicht die Vorstellung von einem überindividuellen Subjekt, indem er es vermittels des »Produktionsparadigmas« in den Begriff der gesellschaftlichen Intersubjektivität umformt. Hegels »Geist« und die »Substanz« der klassischen Philosophie werden zur »Summe von Produktionskräften, Kapitalien und sozialen Verkehrsformen, die jedes Individuum und jede Generation als etwas Gegebenes vorfindet« (MEW 3, 38). Dabei wird Intersubjektivität als Größe aufgefaßt, die durch das gesellschaftliche Leben im allgemeinen bedingt ist. »Bedingt« heißt hier nicht »kausal determiniert«, da Marx' Betonung der empirischen, wirklichen Individuen die

Vorstellung mit einbegreift, daß diese ihre eigene Geschichte machen, wenn auch unter bestimmten objektiven gesellschaftlichen Bedingungen. Diese sind das geschichtliche Resultat menschlicher Handlungen, die nur dadurch »Objektivität« erlangen, daß sie von Menschen durch Reproduktion und Veränderung angeeignet werden. Auf diese Weise treten die Menschen mit den von ihnen objektivierten Kräften in einen Interaktionszusammenhang, wodurch in den realiter existierenden Menschen als gesellschaftlich handelnden Wesen neue Bedürfnisse, Fähigkeiten und Funktionen hervorgebracht werden. Dies aber kann nur in der gesellschaftlichen Interaktion der konkreten Individuen selbst geschehen.

Natürlich wird dadurch die Bedeutung des »Subjekt«-Begriffs verändert. Autonomie, Schöpferkraft, Fähigkeit zur Selbstdarstellung und Freiheit werden — als Eigenschaften des vernünftigen Subjekts — nicht länger metaphysisch begriffen und begründet, sondern als geschichtliche Möglichkeiten gesehen, die auf konkrete Weise hinsichtlich der natürlichen Grenzen und der tatsächlich gegebenen, gesellschaftlich bedingten Bedürfnisse und Interessen der Individuen selbst neu definiert werden müssen. Alle diese Eigenschaften (wie Autonomie, Freiheit etc.) können nur auf reale Möglichkeiten verweisen, deren Verwirklichung von der Kontrolle, die die Individuen über ihre gesellschaftlichen Lebensprozesse ausüben, ebenso abhängt wie von ihrer Fähigkeit, ihre Aktivitäten bewußt zu gestalten.

Diese Repräsentation des Subjekts ist der Schlüssel für Marx' Überwindung des philosophischen Vernunftbegriffs durch den Begriff gesellschaftlicher Rationalität. Die bekannten Antithesen von Subjekt und Objekt, Essenz und Existenz, Individuellem und Allgemeinem werden nicht als »Probleme der Sprache« oder als ewige metaphysische Kategorien aufgefaßt; vielmehr begreift Marx sie als Ausdruck einer geschichtlichen Situation, die unter bestimmten Bedingungen mittels des kollektiven Handelns der Individuen auf praktische Weise überwunden werden kann. Gesellschaftliche Rationalität ist weder die abstrakt *über*historische Vernunft noch die Vernunft *in* der Geschichte, derer sich das Individuum durch die äußerste Anstrengung der dialektischen Reflexion auf seinen eigenen Bildungsprozeß versichern kann. Es ist lediglich die geschichtliche Vernunft, die sich in der Arbeiterbewegung »verkörpert«, d.h. in jener »praxisorientierten Aktivität der Assoziation gesellschaftlich determinierter (Klassen-)Individuen, die damit die Widersprüche ihrer unmittelbaren materiellen Existenz ganz konkret beseitigen, um so ihrem eigenen Leben einen Sinn zu geben (statt diesen einfach vorzufinden)« (Márkus 1979, 259). Nur der Erfolg, den diese wirkliche Bewegung bei der Beseitigung der gesellschaftlichen Beschränkungen von Autonomie, Freiheit, Schöpferkraft und Selbstdarstellung erzielt, kann Marx' Begriff der gesellschaftlichen Rationalität letztlich rechtfertigen und ihm ein Fundament verschaffen. Der Kampf gegen diese gesellschaftlich gesetzten Grenzen ist rational. Aber auch Rationalität selbst ist kein Transzendentale vor oder Metaphysicum in der Geschichte; vielmehr ist sie gesellschaftlich-historisch konkretisierte Vernunft, die von den Kämpfen und Auseinandersetzungen der Menschen abhängt.

Dem »Idealismus« der philosophischen Tradition wie auch dem »rohen Materialismus« (selbst dem Feuerbachschen) hält Marx entgegen, daß »die Konstitution einer gemeinsamen und sinntragenden Welt menschlicher Erfahrungen ... nicht als Errungenschaft des (individuellen oder transzendentalen) Bewußtseins aufscheint, sondern als geschichtlich-gesellschaftliches Resultat materiell-praktischer Betätigung« (Márkus 1979, 259). Indem Marx über den philosophischen Vernunftbegriff hinaus zum Begriff gesellschaftlicher Rationalität gelangt, kann er zeigen, wie die Konstitution unserer Erkenntnis, die Struktur unserer Bedürfnisse und Interessen, unserer Taten und Werke vom Niveau unserer »materiell-praktischen Betätigung« zugleich abhängen und durch dieses begrenzt werden, wobei die Betätigung ihrerseits Ergebnis der historischen Entwicklung ist. »Gesellschaftliche Praxisformen« *(social practices)* werden nicht als einfach gegeben hingenommen, sondern als aus dem geschichtlichen Prozeß resultierend verstanden. Marx erklärt diese geschichtliche Entwicklung aus der »Dialektik« von »Produktionsverhältnissen« und »Produktivkräften«. Erstere konstituieren eine Form von Macht, die die Kontrolle über die Produktivkräfte, die gesellschaftlichen Institutionen und insbesondere die Besitzverhältnisse garantiert. Zu letzteren gehört das, was »der Herstellung materieller Gebrauchswerte dient oder dienen kann«, alles, was menschliche Bedürfnisse befriedigt, insgesamt die technisch-produktive Leistungsfähigkeit einer Gesellschaft.[2] Diese Dialektik schreitet in dem Maße fort, in dem die Produktionsverhältnisse — die sich zunehmend als Hemmschuhe für die Entwicklung von Rationalität erweisen — durch solche Tendenzen in den Produktivkräften bedroht werden, vermittels derer sich die objektive Möglichkeit für eine rationale gesellschaftliche Planung eröffnet.

Während Hegels Dialektik historische Entwicklung als ideativen Prozeß faßt, der in zugleich »logischen« und »realen« Widersprüchen sich vollzieht, bleibt Marx' Dialektik auf die historische Ebene beschränkt. Marx verwirft »Ideen« als Prinzipien historischer Entwicklung und konzentriert sich nur auf die »realen Widersprüche«, die in den Klassenkämpfen zu Tage treten. Für Hegel bilden logische und reale Widersprüche eine Einheit, während Marx das Prinzip der »logischen« Entwicklung mitsamt dem Primat der Idee über Bord wirft. Was für ihn zählt, sind die realen Widersprüche, die sich in den gesellschaftlichen Beziehungen verorten lassen. Diese »Widersprüche« sind kein Gegenstand logischer Analyse oder philosophischer Spekulation, sondern müssen konkret-historisch erforscht werden. Bei Hegel sind — wie das Negationsmodell von These und Antithese zeigt — Widersprüche einfach (d.h. durch einen einzigen Faktor) determiniert, bei Marx dagegen auf komplexe Weise, wobei viele Faktoren unterschiedlichen Gewichts in den Entwicklungsprozeß eingehen.[3] Für Marx ist Geschichte keine metaphysische Konstruktion, die streng logischen Gesetzen folgt; denn nicht die logischen Beziehungen zwischen Ideen sind das Substrat der Historie, sondern die Produktionsbeziehungen zwischen Menschen. Ideen, Vernunftdiskurse, logische und philosophische Spekulationen sind selbst geschichtliche Erscheinungen, die auf der »materiell-praktischen Betätigung« von Menschen beruhen. Hegels Dialektik fortschreitender Entwicklung ist ihrer inneren Struktur nach finalistisch, sie endet im »absoluten Wissen«. Marx' Dialektik dagegen, wiewohl ebenfalls vom Fortschrittsgedanken affiziert, ist prinzipiell unabgeschlossen, denn die menschliche Geschichte ist zum allermindesten mit den Unwägbarkeiten der gesellschaftlichen Auseinandersetzungen konfrontiert — zu schweigen von den ständig sich erweiternden Grenzen der Natur. Dergestalt ist Marx' Begriff gesellschaftlicher Rationalität seinem Wesen und seiner Struktur nach historischer Provenienz.

Wie Marcuse zeigt, ist der Übergang von Hegel zu Marx »der Übergang zu einer wesentlich anderen Gestalt von Wahrheit, die in den Begriffen der Philosophie nicht interpretiert werden kann«. Es ist der Übergang von Philosophie in Gesellschaftstheorie: »... alle philosophischen Begriffe der Marxschen Theorie [sind] gesellschaftliche und ökonomische Kategorien ..., während Hegels gesellschaftliche und ökonomische Kategorien allesamt philosophische Begriffe sind« (Marcuse 1962, 229). Für Hegel ist die Wahrheit das Ganze, das in jedem seiner Momente und Gestalten gegenwärtig sein muß. Wenn eine einzige materiale Tatsache nicht durch die Vernunft versöhnt werden kann, ist die Wahrheit des Ganzen zerstört. Für Marx ist die Existenz des Proletariats jene materiale Tatsache, die der unterstellten Wirklichkeit der Vernunft in der bürgerlichen Gesellschaft widerspricht und somit konsequenterweise auch Hegels Philosophie in dem Maße widerlegt, in dem diese sich mit der bürgerlichen Gesellschaft ausgesöhnt hat.

Allerdings ist Marx mit Hegel der Auffassung, daß die Menschen sich durch produktives Handeln verwirklichen. Wenn nun eine Produktionsweise ihre Mitglieder erniedrigt und ins Elend treibt, dann ist damit das Verdammungsurteil über die gesamte Gesellschaftsordnung gesprochen. Marcuse zieht aus dem Übergang von Hegels Vernunftbegriff zu Marx' Begriff gesellschaftlicher Rationalität die praktisch-revolutionäre Konsequenz:

»Die Existenz des Proletariats legt also lebendiges Zeugnis für die Tatsache ab, daß die Wahrheit nicht verwirklicht worden ist. Geschichte und soziale Wirklichkeit 'negieren' von sich aus die Philosophie. Die Kritik der Gesellschaft kann nicht von einer philosophischen Lehre bewerkstelligt werden, sondern wird zur Aufgabe historisch-sozialer Praxis.« (Ebd., 232)

So ist der im »Produktionsparadigma« fundierte Begriff gesellschaftlicher Rationalität nicht nur ein theoretisches Werkzeug, um menschliches Handeln und gesellschaftliches Leben zu verstehen und zu erklären, sondern notwendigerweise auch eine Waffe, geschmiedet für die Hände derer, die zur radikalen gesellschaftlichen Veränderung befähigt sind. Das ist die grundlegende Bedeutung, die der Begriff der »Kritik« bei Marx besitzt. Aus dieser Perspektive können die Probleme der Philosophie nur durch tatsächlichen Kampf um die Verwirklichung der höchsten Begriffe, zu denen philosophisches Denken fähig ist, gelöst werden: Vernunft, begriffen als Freiheit, Autonomie, Selbstverwirklichung, Schöpfertum. Diese Aufgaben kann Spekulation allein nicht bewältigen, es sei denn, sie überspringt die materiellen Bedingungen, deren Ausdruck sie ist. Doch kann Geschichte nicht übersprungen werden, diese Aufgabe bleibt der revolutionären Praxis vorbehalten. Nur das historische Resultat dieser Praxis kann in letzter Hinsicht für (oder gegen) die Wahrheit einer Theorie sprechen. Die Frage nach der Wahrheit menschlichen Denkens ist für Marx »keine Frage der Theorie, sondern eine *praktische* Frage«. Marx hat seine Kritik der Philosophie in der zu Recht berühmten elften Feuerbachthese auf den Nenner gebracht: »Die Philosophen haben die Welt nur verschieden *interpretiert*, es kömmt drauf an, sie zu verändern.« (MEW 3, 5-7)

Gesellschaftliche Rationalität II: Von Weber zur Frankfurter Schule

Marx' Gesellschaftstheorie war von Anfang an mit begrifflichen Spannungen behaftet. Obwohl sie, wie ich gezeigt habe, im wesentlichen in kritischer Absicht entwickelt worden war, ließ Marx zugleich nicht davon ab, die Wissenschaftskriterien der damaligen Zeit für die Rechtfertigung seiner Theorie zu benutzen. Zwischen dem Appell an die revolutionäre Freiheit, »die ehernen Gesetze der Ökonomie« außer Kraft zu setzen und der deterministischen Behauptung, daß diese »Gesetze« selbst automatisch den Umsturz hervorbringen würden, blieb eine Spannung, die Marx niemals imstande war aufzulösen. Er begriff seine Theorie als Wissenschaft, und dies Selbstverständnis steht im Kontrast zum kritisch-politischen Charakter seiner konkreten gesellschaftlichen Untersuchungen.

Die Zweite Internationale beseitigte diese Spannung, indem sie den wissenschaftlichen Status der Theorie hervorhob; dieser »orthodoxe« Marxismus wurde später im »Diamat« als Universalwissenschaft kodifiziert. Das Versagen der Zweiten Internationale fand seinen deutlichsten Ausdruck im Ereignis des Ersten Weltkriegs und — in dessen Gefolge — in der Niederwerfung der revolutionären Erhebungen in Ungarn, Italien und Frankreich. Dadurch geriet der orthodoxe Marxismus in große Schwierigkeiten, hatte er doch behauptet, daß die objektiven ökonomischen Bedingungen mehr oder weniger automatisch zur Revolution führen würden, die ihrerseits nur ein Resultat der krisenhaften Dynamik des Kapitalismus sein sollte. Die »subjektiven Bedingungen« für den Umsturz — Wille und Bewußtsein — wurden vernachlässigt. So schienen denn auch die fehlgeschlagenen Revolutionen jener Epoche weniger an den objektiven als an den subjektiven Bedingungen gescheitert zu sein. Die Vorläufer der Frankfurter Schule, die so genannten »westlichen Marxisten« (Lukács, Korsch, Gramsci) versuchten dies Scheitern aus einem Mangel an »revolutionärem Bewußtsein« zu erklären. Man müsse sich in Zukunft stärker auf das Problem der Herausbildung eines revolutionären Subjekts, das zur Errichtung des wirklichen Sozialismus fähig sei, konzentrieren — ein Prozeß, der nicht einfach als automatisch verlaufender verstanden werden könne.[4] Von daher war auch die Beziehung zwischen Philosophie (insonderheit der Hegels) und Marxismus neu zu überdenken.

Die Frankfurter Schule (wir beziehen uns hier vorwiegend auf Marcuse, Horkheimer und Adorno) nahm sich dieser Problematik in einer Situation an, als sie mit weiteren fehlgeschlagenen Revolutionen sich konfrontiert sah, wie sie später den Aufstieg des Faschismus und die Entwicklung des Marxismus zur Stalins Verbrechen rechtfertigenden »Legitimationswissenschaft« beobachtete (vgl. Negt in Bucharin et al. 1969). Die Frankfurter setzten das Werk ihrer Vorgänger, der »westlichen Marxisten« fort: Sie versuchten den Marxismus zu erneuern, indem sie seine Rolle als kritische Gesellschaftstheorie betonten, die nicht auf eine ökonomische Wissenschaft oder ein philosophisches System reduzierbar sei. Erneut wurden die Fehler und Versäumnisse der Theorie einer kritischen Betrachtung unterzogen. Und wieder konzentrierte man sich auf die subjektiven Bedingungen für die Revolution und auf die Rolle der Philosophie bei Marx. Die Frankfurter Schule, Horkheimer an erster Stelle, befaßte sich mit dem Problem dessen, was ich gesellschaftliche Rationalität nenne.[5] Die dem »orthodoxen Marxismus« wie dem »Positivismus« gemeinsame Tendenz, Marx' Begriff der gesellschaftlichen Rationalität auf wissenschaftlich-technologische Aspekte zu reduzieren, die ihrerseits rein instrumentell-funktionalen Charakter besitzen, hat, so die Frankfurter, theoretische Irrtümer und praktische Fehler zur Folge. Grundlage der Frankfurter »Kritischen Theorie« ist die Auffassung, gesellschaftliche Rationalität sei zugleich in Geschichte eingelassen und objektiv, und dennoch zur Selbsttranszendenz (d.h. zur Überwindung der eigenen Beschränkungen) befähigt.[6] Die Entwicklung der Frankfurter Schule führt von dem Versuch, einen solchen Begriff gesellschaftlicher Rationalität zu formulieren, bis zur Verzweiflung an der Möglichkeit dieses Begriffes selbst. Es wird notwendig sein, dem Verlauf dieser Entwicklung nachzuspüren, um die Problematik zu verstehen, die Habermas im Versuch, einen umfassenden Rationalitätsbegriff zu entwerfen, aufgriff. Ich werde dabei zunächst die Herausforderung untersuchen, die Max Weber für den Marxismus darstellte; eine Herausforderung, die für die Frankfurter Schule und Habermas von entscheidender Bedeutung ist.

Webers Arbeiten zur fortschreitenden Rationalisierung des modernen Lebens machten auf Lukács und andere »westliche Marxisten« einen nicht zu unterschätzenden Eindruck (vgl. TKH 1, 453-489). Webers Rationalisierungsbegriff war der Versuch, die Auswirkungen des wissenschaftlich-technischen Fortschritts auf die institutionelle und kulturelle Struktur der traditionellen Gesellschaft in einer Reihe von Tendenzen zusammenzufassen. Zu diesen Auswirkungen gehörten der Fortschritt der Industrialisierung, die Urbanisierung des gesellschaftlichen Lebens, die Zunahme rationaler Entwicklungsstrukturen in allen sozialen Bereichen (Privatrecht, ökonomische Aktivitäten, bürokratische Kontrolle), die Bürokratisierung der Verwaltung und die Ausdehnung bürokratischer Autorität, die radikale Abwertung der Tradition und die Zerstörung traditionaler Lebensformen, die zunehmende Verweltlichung kultureller Überlieferung und die konsequente »Entzauberung« der Welt (vgl. Gerth/Mills 1946). Weber unterschied dabei »formale« von »substantieller« Rationalität; erstere bezeichnet das Ausmaß, in dem Handlungen sich an rational berechenbaren Regeln orientieren, letztere die Anwendung rationaler Berechnung, um bestimmte Ziele oder Werte anzustreben. Höchst problematisch war für Weber das Verhältnis, in dem sich die formale im Vergleich zur substantiellen Rationalität ausbreitete. Auf der einen Seite repräsentierte die kapitalistische Rationalisierung einen substantiellen Zuwachs an Produktivität und Effektivität. Auf der anderen gingen traditionelle Werte verloren. Webers Analyse dieses Prozesses lief darauf hinaus, ihn für unumkehrbar zu halten; Freiheits- und Sinnverlust wären die unvermeidliche Folge. Die Differenzierung der Kultur in verschiedene Wertsphären (Wissenschaft, Religion, Moral, Kunst), die Weber »kulturellen Relativismus« nannte, führte zu unaufhebbaren Konflikten zwischen diesen Bereichen und legte nunmehr dem modernen Individuum die Bürde der Sinnerzeugung auf. Mit wachsender »gesellschaftlicher Rationalisierung« (dem Prozeß der Zunahme formal-kalkulatorischer Verfahrensweisen in Wirtschaft und Staat) würde jedoch das moderne Individuum in steigendem Maße unfähig, an die Stelle des schwindenden Sinngehalts entwerteter Tradition eigene, autonome Sinnstrukturen zu setzen. Das kollektive gesellschaftliche Leben wird zum rationalisierten hierarchischen Expertenapparat, der von Menschen mit begrenztem Können und diszipliniertem Gehorsam getragen wird. Der moderne Mensch war dazu verurteilt, in einem »eisernen Käfig« zu leben — selbst eine sozialistische Revolution könnte diesen Rationalisierungsprozeß nicht überwinden, würde ihn vielmehr, so Weber, nur beschleunigen, und zwar durch die Ausweitung bürokratischer Wirtschaftskontrolle.

Webers Analyse stand insofern im Gegensatz zu Marx' Theorie, als Weber keine Möglichkeit sah, dem »eisernen Käfig« der modernen Gesellschaft zu entkommen (Weber 1920, 203ff.). Lukács suchte dieser Herausforderung zu begegnen, indem er Webers Theorie der Rationalisierung in Marx' Kritik der Politischen Ökonomie einbettete. Lukács verband den Begriff der Rationalisierung mit dem der Verdinglichung, d.h. mit einem Phänomen, in dem eine »bestimmte gesellschaftliche Beziehung zwischen Menschen« in der Form einer »Beziehung zwischen Sachen« erscheint. Durch die Verdinglichung gewinnen konkrete gesellschaftliche Beziehungen den Anschein einer »zweiten Natur«, in der Webers Rationalisierung als naturhafter Prozeß erscheint, der sich menschlicher Kontrolle entzieht. Lukács baute die Implikationen der Marxschen Analyse des Warenfetischismus aus, um in ihm den Grund für die Verdinglichung zu entdecken, die so eine Folge der Universalisierung der Warenform in der kapitalistischen Gesellschaft darstellte.[7] Webers Pessimismus war mithin ungerechtfertigt, da der Zusammenbruch des Kapitalismus die »objektive Möglichkeit« zur Überwindung der Verdinglichung bieten und die Chance eröffnen würde, aus dem »eisernen Käfig« auszubrechen.

Gegen Webers Theorie der Rationalisierung, der der Logik formaler Rationalität ein Privileg einräumt, rekurriert Lukács auf Marx' umfassenden Begriff einer geschichtlich sich entwickelnden gesellschaftlichen Rationalität. Für Weber bezog sich formale Rationalität auf wissenschaftlich zu lösende Probleme im Bereich von Tatsachen, während substantielle Rationalität mit Fragen befaßt war, die die Wissenschaft erhellen, aber nicht endgültig entscheiden konnte, weil es um Werte ging. Diese Trennung von Tatsachen und Werten hielten sowohl Marx als auch Lukács für einen Ausdruck der kapitalistischen Gesellschaft und von daher für nicht »endgültig«. Indem Lukács den Begriff der »gesellschaftlichen Totalität« in den Mittelpunkt seiner Marx-Interpretation stellte, ging er davon aus, daß die gesellschaftliche Wahrheit nur aus der Perspektive des Proletariats als einer potentiell übergreifenden Klasse sich enthüllen kann. Des weiteren setzte Lukács das Proletariat als das identische Subjekt-Objekt der Geschichte (d.h. als jenes »Objekt« des Geschichtsprozesses, welches seiner selbst als »Subjekt« bewußt werden kann, indem es durch die Errichtung einer wahrhaft vernünftigen Gesellschaft den Sinn der Geschichte verwirklicht). Diesen Gedanken würde Lukács später als »Versuch, Hegel zu überhegeln« bezeichnen (Lukács 1968, 25). Aus dieser Perspektive nun konnte Lukács Webers Beschreibung der Rationalisierung gesellschaftlicher Subsysteme mit der »relativen Irrationalität des Ganzen« kontrastieren; genauer: mit der Irrationalität ungeplanter Wirtschaftsabläufe, deren unvermeidliche Krisenhaftigkeit durch die katastrophalen Folgen für die Gesellschaft die Rationalität des Gesellschaftsganzen in Frage stellen und die »objektive Möglichkeit« für eine Revolution schaffen würde (Lukács 1968, 287-330). Wie Marx hob Lukács die geschichtliche Rolle der konkreten gesellschaftlichen Handlungssubjekte selbst hervor: Das Proletariat bildete die wirkliche Verkörperung der Vernunft, durch die der Begriff gesellschaftlicher Rationalität begründet werden konnte. In dessen Licht aber erscheint Webers »Rationalisierung« als selbst irrational.

Obwohl Lukács Analyse der »Verdinglichung« als eines Charakterzugs kapitalistischer Gesellschaft von manchen Vertretern der Frankfurter Schule geteilt wurde, war ihr Vertrauen auf den Zusammenbruch dieser Gesellschaft sehr viel geringer. Allmählich begannen sie an der Vorstellung zu zweifeln, daß der interne Fortschritt des Kapitalismus nicht nur die objektiven, sondern auch die subjektiven Bedingungen für einen radikalen gesellschaftlichen Wandel erzeugen würde. Während die Frankfurter Schule die geschichtliche Gültigkeit von Marx' Kritik der Politischen Ökonomie unangetastet ließ, versuchte sie zugleich, das Band zwischen der Kritik und der Revolutionstheorie fester zu knüpfen, indem sie die vom orthodoxen Marxismus vernachlässigten sozio-kulturellen Bereiche in die Reflexion miteinbezog. Unterdessen hatte der von Weber in seinem Ausgang aus der traditonalen Gesellschaft analysierte Rationalisierungsprozeß auf alle Bereiche des gesellschaftlichen Lebens übergegriffen. Weber hatte die Herausbildung dieses Prozesses beschrieben, während die Frankfurter Schule dessen entwickelte und verfestigte Resultate vor Augen sah. Was Horkheimer »instrumentelle Vernunft« nannte, bezog sich auf die fast vollständige politische und institutionelle Beherrschung des gesellschaftlichen Lebens durch zunehmend effizienter und vorhersagbarer werdende Techniken, wie sie etwa von militärischen, bürokratischen, schulischen und wirtschaftlichen Institutionen entwickelt und gefördert wurden, wobei der »Kulturindustrie« ein besonderer Anteil zukam.[8] In allen diesen Bereichen ermöglichte die ständig sich ausweitende Anwendung (zunehmend interdependenter) wissenschaftlich-technologischer Verfahrensweisen nicht nur die Beherrschung der äußeren Natur, sondern auch der Gesellschaft und der inneren Natur der Individuen. In dieser Situation wurde die geschichtliche Mission des Proletariats (auf die Lukács noch setzte) in dem Maße fragwürdig, in dem seine Integration ins gesellschaftliche System zunahm. Diese allgemeine Wendung vom liberalen Kapitalismus des 19. Jahrhunderts hin zum (wie Pollock es nannte) »Staatskapitalismus« bzw. zum »autoritären Staat« (mit Horkheimer zu sprechen) schrie geradezu nach einem grundsätzlichen Überdenken von Marx' Gesellschaftstheorie, was insbesondere für seinen Begriff gesellschaftlicher Rationalität galt.

Eine von Horkheimer und Adorno geforderte zentrale Umformung der Marxschen Gesellschaftstheorie hat McCarthy klar benannt: »Für Marx war die Überwindung der Philosophie als Philosophie die Voraussetzung für den Aufbau einer als wissenschaftlich geltenden Kritik. Für Horkheimer und Adorno hingegen war dic Überwindung des Szientismus die Voraussetzung für die Wiederherstellung der marxistischen Theorie als Kritik.« (McCarthy 1980, 32) Der von Marx angegriffene Idealismus der philosophischen Tradition war wenigstens durch einen Vernunftbegriff geprägt, der — wenn auch in abstrakter und verzerrter Form — die kritischen Ideale von Freiheit und Autonomie einschloß. Unter den Bedingungen der modernen Gesellschaft schienen diese Ideale, weit davon entfernt, verwirklicht zu werden, unwiederbringlich verloren zu gehen. So wurde die Kritik des philosophischen Idealismus durch die »Kritik der instrumentellen Vernunft« ersetzt, d.h. durch die Kritik an der wissenschaftlich-technologischen Rationalität, die sich in gesellschaftlichen Rationalisierungsprozessen niederschlägt und ihren philosophischen Ausdruck im Positivismus findet, der nunmehr zum hauptsächlichen Gegner der Kritischen Theorie wird.

»Vernunft«, sagte Marcuse, »ist die Grundkategorie philosophischen Denkens, die einzige, wodurch es sich mit dem Schicksal der Menschheit verbunden hält. ... Vernunft, Geist, Moralität, Erkenntnis, Glückseligkeit sind nicht nur Kategorien bürgerlicher Philosophie, sondern Angelegenheiten der Menschheit.« (Marcuse 1965a, 103, 115) Auf diese Weise nahm die Frankfurter Schule in den dreißiger Jahren eine eher affirmative Haltung zur philosophischen Tradition ein, um aus ihr einen tieferen Begriff von Vernunft zu gewinnen, mit dem ihrer Reduktion auf instrumentelle Vernunft zu begegnen wäre. Die Frankfurter unternahmen den Versuch, einen Begriff von »kritischer« (oder substantieller) Vernunft zu entwickeln, d.h. eine Form des Denkens, die den Zugang zu universalen Begriffen, Werten, Möglichkeiten und objektiv-kritischen Maßstäben ermöglichte, mittels derer die Einseitigkeit einer bloß formalen Rationalität kritisiert werden konnte. Diese Unterscheidung von formaler vs. substantieller Vernunft basierte auf der Hegelschen Differenz von *Verstand* und *Vernunft*.

In einem programmatischen Aufsatz plädierte Horkheimer für eine Theorie, die die kritischen Potentiale philosophischen Denkens freisetzen würde, indem sie deren aktuelle gesellschaftliche Verzerrungen entlarvte. Indem diese Methode die geschichtlich-gesellschaftliche Kontextualität des Denkens anerkannte, sollte sie immanente Kritik sein, die »das Bestehende in seinem historischen Zusammenhang mit dem Anspruch seiner begrifflichen Prinzipien (konfrontiert), um die Beziehung zwischen beiden zu kritisieren und so über sie hinauszugehen« (Horkheimer 1967, 170). Marxens Ideologiebegriff folgend war Horkheimers Modell kritischer Theorie darauf angelegt, den Widerspruch zwischen bürgerlichen Idealen (Gerechtigkeit, Gleichheit, Freiheit) und gesellschaftlicher Wirklichkeit herauszuarbeiten. Zu diesem Zweck müßte die kritische Theorie sich der Ergebnisse der verschiedenen Wissenschaftsbereiche versichern, um sich der »gesellschaftlichen Totalität« zu nähern und zugleich einen Begriff kritischer Vernunft zu entwickeln, der die Einseitigkeit und Vereinzelung aller Bereiche aufzudecken in der Lage wäre. Wie Lukács, so betonte auch Horkheimer den praktisch-revolutionären Charakter der Marxschen Theorie, indem er sich auf »Klassen-Subjekte« als die wahren Adressaten der Theorie berief. Für Horkheimer ist die kritische Theorie die »Entfaltung eines einzigen Existenzialurteils«, in dem die Irrationalität kapitalistischer Rationalisierung verurteilt und der krisengeschüttelte

Verlauf der Warengesellschaft und der daraus resultierende Verlust von Freiheit und Autonomie auf die Anklagebank gesetzt wird. Die Kritische Theorie ist der Ausdruck dieser »bitteren Wirklichkeit«.[9] Die Begriffe der Kritischen Theorie wenden sich an jene gesellschaftlichen Subjekte, die dieser »bitteren Wirklichkeit« unterworfen sind; und sie sind dem Kampf dieser Subjekte verbunden. Die mögliche Konvergenz von Vernunft und Freiheit ist den Menschen und ihren Kämpfen immanent. Die »objektiven Bedingungen« für eine solche Konvergenz liegen vor, nur die »subjektiven Bedingungen« hinken hinterher. Die Kritik der instrumentellen Vernunft richtet sich auf die Überwindung der subjektiven Schranken (d.h. der Verdinglichung des Bewußtseins), die der Errichtung einer wahrhaft vernünftigen Gesellschaft im Wege stehen. In letzter Hinsicht hängt die Wahrheit der Theorie von der Fähigkeit ab, ihre Adressaten über deren wahre Lebensbedingungen und ihre geschichtliche Rolle aufzuklären, um die gesellschaftliche Transformation zu unterstützen.

Während der vierziger Jahre wurde diese auf einem positiven und substantiellen Begriff einer historisch sich entwickelnden gesellschaftlichen Rationalität basierende Theorie, deren Gehalt sich gleichermaßen von Marx und der philosophischen Tradition herleitete, aufgegeben. Das in Faschismus und Stalinismus sich manifestierende Versagen der Arbeiterbewegung führte, im Zusammenhang mit dem Wiedererstarken des Kapitalismus und dem Zweiten Weltkrieg, die Frankfurter Schule zur Überzeugung, daß die Produktivkräfte nicht mehr die entscheidende Sprengkraft für die Befreiung der Gesellschaft besaßen. Auch stellte der wachsende Fortschritt der instrumentellen Vernunft in den bürokratisierten Gesellschaften von Ost und West Marx' Geschichtstheorie zunehmend in Frage. Die Position der Frankfurter Schule verlagerte sich unter dem Einfluß Adornos von der Ausarbeitung eines positiven Vernunftbegriffs und Horkheimers Methode der immanenten Kritik auf eine durchaus andere methodische Vorgehensweise.

Sowohl Horkheimer als auch Adorno hielten es für unmöglich, der Kritik ein transzendentales oder metaphysisches Fundament zu verschaffen; Kritik mußte immanent verfahren. Das bedeutete für Horkheimer, die Sozialwissenschaften in Verbindung mit kritischer Vernunft zur Entlarvung der bürgerlichen Ideale einzusetzen, indem diese der gesellschaftlichen Wirklichkeit gegenübergestellt wurden. Bei diesem Konzept verschwindet die Philosophie als eigenständige Disziplin. Für Adorno bedeutete demgegenüber die immanente Kritik eine interne Erforschung der philosophischen Logik selbst. Gesellschaftliche

Widersprüche tauchten in der Philosophie in vermittelter Form auf und mußten philosophisch überwunden werden, indem man sie bis zu dem Punkt vorantrieb, an dem der »Idealismus« überwunden werden konnte. Susan Buck-Morss faßt diese Vorgehensweise folgendermaßen zusammen: »Adorno verstand unter immanenter Kritik die Argumentation von innen heraus, die auf der Grundlage der der Philosophie eigenen, historisch sich entwickelnden Logik vollzogen wurde. Das Ziel bestand darin, den bürgerlichen Idealismus aufzubrechen und zum revolutionären Materialismus vorzustoßen.« (Buck-Morss 1977, 66) Die Verfahrensweise dieser Kritik besteht in einer wechselseitigen kritischen Untersuchung des Allgemeinen und des Besonderen, um aufzuweisen, »ob der Begriff dem darin Befaßten Gerechtigkeit widerfahren läßt und ob das Besondere seinen Begriff auch erfüllt« (Adorno 1966, 147). Begriffe besitzen, wiewohl sie Ausdruck gesellschaftlicher Realität sind, eine relative Autonomie, die der Identifikation mit jener Realität widersteht. Die immanente Kritik erfordert keine »Grundlegung«, sie erkennt, daß sie mit historisch und gesellschaftlich bedingten Begriffen arbeiten muß. Dennoch gewinnt sie die Möglichkeit, eine bestimmte Zeit, eine bestimmte Gesellschaft zu kritisieren, weil diese unfähig sind, ihren eigenen Begriffen gerecht zu werden und ihren eigenen Werten gemäß zu leben. So läuft diese Methode denn auch nicht auf einen rein historischen Relativismus hinaus, da die in den Begriffen enthaltenen Möglichkeiten immer noch der objektiven geschichtlichen Entwicklung bedürfen, um verwirklicht zu werden. Und das wiederum bedeutet den zunächst impliziten Bezug auf eine marxistische Geschichtstheorie. Ohne diesen Bezug würden die Resultate einer solchen Kritik auf reine Negativität hinauslaufen, weil sie nur noch dazu befähigt wäre, die historischen Verkörperungen der Unvernunft an den Pranger zu stellen. Für die spätere Frankfurter Schule war das der Anlaß zur gnadenlosen Kritik der instrumentellen Vernunft, da diese zur Rechtfertigung einer irrationalen Wirklichkeit diente. Dieser Kritik möchte ich mich nun im einzelnen zuwenden.

Der Frankfurter Schule zufolge besteht die von der instrumentellen Vernunft erzeugte erkenntnistheoretische Illusion darin, daß Herrschaft mit zunehmender Verwissenschaftlichung, Effizienz und Unmittelbarkeit als immer unpersönlicher und anonymer erscheint. Wohl koppeln Horkheimer, Adorno und Marcuse weiterhin Rationalisierung mit Lukács' Begriff der Verdinglichung zusammen, doch verändern sie die Gewichtung der Elemente. Lukács betont die »geisterhafte Objektivität« *(phantom objectivity)* der gesellschaftlichen Welt, die ihren Charakter, Produkt der gesellschaftlich handelnden Individuen selbst zu sein, verbirgt. Demgegenüber heben die Frankfurter Theoretiker die »totalisierende Anonymität« *(totalising anonymity)* der Herrschaft hervor, die auf diese Weise überhaupt nicht mehr (als Phänomen) in Erscheinung tritt (vgl. Benhabib 1981, 40). Was als Resultat aus der instrumentellen Vernunft und aus den Rationalisierungs- und Verdinglichungsprozessen sich ergibt, ist der Verlust von Freiheit und Autonomie. Weber hatte den gesellschaftlichen Rationalisierungsprozeß vom modernen kulturellen Relativismus per se unterschieden (vgl. TKH 1, 225ff.). Horkheimer, Adorno und (in geringerem Maße) Marcuse tendierten — nach Maßgabe ihrer zunehmend pessimistischeren (oder realistischeren) Prämissen — dazu, beide Prozesse als Ausdruck der Struktur westlicher Vernunft selbst zu betrachten. In diesem Endstadium wird Kritik total und gänzlich negativ. Sie markiert den Punkt, an dem die Frankfurter Schule angesichts der »total verwalteten Gesellschaft« die letzten Spuren des Glaubens an die Marxsche Geschichtstheorie und die gesellschaftliche Rationalität verwischt hat.

In dieser äußersten Konsequenz wird die Kritik der instrumentellen Vernunft in der von Horkheimer und Adorno verfaßten »Dialektik der Aufklärung« vorgetragen. Instrumentelle Vernunft wird nun nicht mehr mit einer besonderen Klasse, Gesellschaft oder geschichtlichen Epoche identifiziert. Die Analyse der Rationalisierung geht von der soziohistorisch spezifizierten auf eine globale Ebene über und richtet ihr Augenmerk weniger auf gesellschaftlich verortete Handlungsträger, sondern vielmehr auf die menschliche Gattung im allgemeinen. Kritisiert wird nicht mehr eine besondere Vernunft*form*, sondern die strukturelle Verfaßtheit westlicher Vernunft überhaupt. Horkheimer und Adorno gehen davon aus, daß das aufklärerische Projekt, die Menschheit vom Mythos und vom Unbekannten schlechthin zu befreien, zum Selbstzweck wurde und ins Gegenteil umschlug — in eine neue und effektivere Form von Herrschaft. Der alte Schrecken vor dem Unbekannten wird nun zur Furcht vor allem, was nicht berechenbar, standardisierbar, manipulierbar oder instrumentalisierbar erscheint. Der aus der Aufklärung resultierende Fortschritt wissenschaftlich-technologischer Erkenntnis (= Macht) schafft zwar die objektive Möglichkeit einer wahrhaft befreiten Gesellschaft, führt tatsächlich aber zur Herrschaft über äußere Natur, Gesellschaft und innere Natur. Was Lukács als Verdinglichung des Bewußtseins analysierte, war der Preis, den die potentiellen Subjekte der Befreiung für die fortschreitende Überwindung materieller Not zu zahlen hatten. Der ganze Fortgang der westlichen Zivilisation enthüllt in der Rationalität des Mythos die zerstörerische Kraft der okzidentalen Vernunft. Nichts anderes gilt für die Aufklärung, die den Mythos durch die Vernunft ersetzte, nur um selber zu einem Mythos zu werden. Die

Vernunft abstrahiert, schafft Begriffe und versucht so, das Nicht-Identische auf Identität zu reduzieren, die Andersheit des Anderen zu zerstören. Horkheimer und Adorno spüren die Irrationalität dessen, was Weber als Rationalisierung analysierte, an seiner verborgensten Quelle auf: an der Identitätslogik als grundlegender Struktur westlicher Vernunft. Die Befreiung des Menschen kann, wenn überhaupt, nur als vollständiger Bruch mit bloß formaler Rationalität und instrumenteller Vernunft begriffen werden.

Gerade weil Horkheimer und Adorno an der Verbindung zwischen aufklärerischem Denken und einer freien Gesellschaft festhielten, versuchten sie, die Aufklärung vor sich selbst zu warnen. Anders als die Fortschrittskritiker wollten sie die Aufklärung vor ihren negativen Folgen bewahren und am Ziel moralischer Befreiung festhalten. Im gleichen Geist greift auch Marcuse die vorherrschenden Formen wissenschaftlich-technologischer Rationalität und instrumenteller Vernunft an. Er konzentriert sich dabei auf die konkreten politischen Implikationen dessen, was er das »eindimensionale Denken« nennt (Marcuse 1967, 159-184). Als »technische Vernunft« zeitigt das Denken spezifische substantielle Ergebnisse; seine eigene Struktur beschränkt es auf mögliche Kontrollmechanismen:

»Der Begriff der technischen Vernunft ist vielleicht selbst Ideologie. Nicht erst ihre Verwendung, sondern schon die Technik ist Herrschaft (über die Natur und über den Menschen), methodische, wissenschaftliche, berechnende und berechnete Herrschaft. Bestimmte Zwecke und Interessen der Herrschaft ... gehen schon in die Kostruktion des technischen Apparats selbst ein; in ihr ist projektiert, was eine Gesellschaft und die sie beherrschenden Interessen mit den Menschen und mit den Dingen zu machen gedenken. Ein solcher 'Zweck' der Herrschaft ... gehört ... zur Form selbst der technischen Vernunft.« (Marcuse 1965b, 127)

Für Marcuse verwirklicht — mit Habermas zu sprechen — was Weber Rationalisierung nennt, »nicht 'Rationalität' als solche, sondern im Namen der Rationalität eine bestimmte Form uneingestandener politischer Herrschaft ...« (TWI, 49). »Uneingestanden« bleibt sie, weil, wie Marcuse argumentiert, das vom wissenschaftlich-technologischen Fortschritt angetriebene Wachstum der Produktivkräfte zur grundlegenden und entscheidenden Legitimation des Gesellschaftssystems wird. Die Produktionsverhältnisse erscheinen als den technischen Notwendigkeiten und Imperativen einer total »durchrationalisierten« Gesellschaft unterworfen. Freiheit und Autonomie des Individuums nehmen allmählich den Anschein »technischer« Möglichkeiten an. Vernunft wird auf ein rein instrumentelles Residuum reduziert. Auf diese Weise verliert die Vernunft ihre Funktion als kritischer Maßstab, an dem die gegenwärtige Gesellschaft gemessen werden kann. Statt dessen beschreibt sie nur noch, was der Fall ist — und wird so zu dessen Rechtfertigung. Auch für Marcuse kann Befreiung nur als radikaler Bruch mit dem »eindimensionalen Denken« begriffen werden.

Der frühe Habermas und die Kritische Theorie

Habermas geht es hauptsächlich darum, eine Antwort auf die vielschichtigen Entwicklungen des oben skizzierten Rationalitätsproblems zu formulieren. Die von der späten Frankfurter Schule bis an die Grenzen getriebene Kritik der instrumentellen Vernunft ist dabei insofern besonders wichtig, als sie eine Herausforderung an Habermas' Versuch bedeutet, die verzerrten Züge der Aufklärung von ihren wirklichen Errungenschaften zu scheiden, damit das Ziel der Befreiung bewahrt werden könne. Für Habermas besteht das bleibende Verdienst dieser Kritik (wie sie vorrangig in der »Dialektik der Aufklärung« entwickelt wurde) darin, im begründeten Mißtrauen gegenüber »Aufklärung« warnend auf die großen Schwierigkeiten hingewiesen zu haben, die — um der Bewahrung der aufklärerischen Ziele willen — mit der Entwicklung eines umfassenden und positiven Vernunftbegriffs vermacht sind. Dessen theoretische Notwendigkeit wurde Habermas erst nach und nach deutlich, wobei die Schwierigkeiten, die sich aus seinen eigenen frühen Schriften ergeben, eine wesentliche Rolle spielen.

Habermas' erstes Buch *Strukturwandel der Öffentlichkeit* (1962) ist eine detaillierte Untersuchung über die Veränderungen in der bürgerlichen Öffentlichkeit seit ihrem Entstehen im 18. Jahrhundert. Obwohl (als Habilitationsschrift) nur für einen kleinen akademischen Leserkreis verfaßt, wurde das Buch bald ein wichtiges Werk, vor allem für die sich herausbildende Neue Linke in den sechziger Jahren. Sein Einfluß dauerte auch nach 1968 noch fort, als viele linke Studenten mit Habermas brachen.

In *Strukturwandel der Öffentlichkeit* benutzte Habermas eine von der Frankfurter Schule beeinflußte Methode der immanenten Kritik, um den Begriff »Öffentlichkeit« mit seinen begrenzten und ungenügenden geschichtlichen Ausformungen zu vergleichen. »Öffentlichkeit« bezieht sich auf einen Bereich des gesellschaftlichen Lebens, in dem die »öffentliche Meinung« ausgebildet werden kann. Die Bürger bilden einen Teil dieser Öffentlichkeit, wenn sie nicht als Staats-Subjekte oder privatwirtschaftliche Betreiber ihrer eigenen Interessen sich zusammenfinden, sondern wenn sie ein freies und offenes Gemeinwesen bilden, um über Gegenstände von allgemeinem Interesse zu diskutieren.

»Öffentliche Meinung« bezieht sich auf jene Aufgaben, die ein solches Gemeinwesen in Form von Kritik, Einflußnahme, Beaufsichtigung und Kontrolle dem Staat gegenüber wahrnimmt; wobei dieser Zusammenhang, abgesehen von periodischen Wahlen, informeller Provenienz ist. Als das hauptsächliche Prinzip der Öffentlichkeit bezeichnet Habermas die »diskursive Willensbildung« — unreglementierte, gleiche und offene Diskussion. Innerhalb der Öffentlichkeit sollte das »räsonnierende Publikum« versuchen, einen Konsens bezüglich politischer Fragen unter den Bedingungen freier und offener Diskussion aller Einzelheiten herzustellen, ohne sich dogmatisch auf Autorität oder Tradition zu berufen. Unter solchen Bedingungen besäße die »öffentliche Meinung« als Ausdruck von »Vernunftherrschaft« gerechtfertigte Autorität und wäre somit im Prinzip dazu befähigt, das allgemeine Interesse wahrhaft zu artikulieren.

Wie Habermas' historische Aufarbeitung jedoch zeigte, war schon die gesellschaftliche Basis der Öffentlichkeit nicht dazu angetan, die »rationale öffentliche Willensbildung« je zu verwirklichen, weil diese Basis im Endeffekt auf das Besitzbürgertum beschränkt blieb. Zudem wuchs mit der Entfaltung der kapitalistischen Wirtschaft die Kluft zwischen dem Begriff und seiner historischen Ausformung weiter an. Die Kommerzialisierung der öffentlichen Medien, die zunehmende wirtschaftliche Interventionstätigkeit des Staats, das Anwachsen von Großunternehmen und der sich ausweitende Einfluß von Wissenschaft und Technologie — all dies beschleunigte den Prozeß der »Entpolitisierung der Öffentlichkeit«. Öffentliche Meinung wurde in zunehmendem Maße zur technisch fortgeschrittenen Manipulation des Publikums und führte zum Verlust der praktisch-politischen Funktion. Obwohl Habermas in der zeitgenössischen Gesellschaft Gegentendenzen zu dieser Entwicklung sah (wie etwa die Forderung nach freier Information über alle die Öffentlichkeit betreffenden Gegenstände), zog er doch den Schluß, daß unter dem Einfluß eines »technokratischen Bewußtseins« und der dieses Bewußtsein tragenden Institutionen eine »Repolitisierung« der Öffentlichkeit unwahrscheinlich sei.

Dieser Argumentationszusammenhang ist wichtig, denn er verweist einmal auf die zentrale (Habermas' gesamtes Werk durchziehende) Vorstellung einer kommunikativ erzeugten Rationalität und deutet zum zweiten auf jene Methode der immanenten Kritik, die von der frühen Frankfurter Schule entwickelt wurde. In den Aufsätzen des Bandes *Theorie und Praxis* (1963) fährt Habermas fort, diese Methode der Konfrontation bürgerlicher Ideale mit ihren konkreten geschichtlichen Ausformungen zu verwenden, wie etwa seine Analyse des Naturrechts (in »Naturrecht und Revolution«) zeigt (TP, 89ff.). Sein erster Beitrag zum »Positivismusstreit« in der deutschen Soziologie (»Analytische Wissenschaftstheorie und Dialektik«, 1963) verteidigt diese Methode mittels des direkten Rückgriffs auf die hegelianisch-marxistische Dialektik. Die Grundlage dafür bildet Habermas' Interpretation der Marxschen Theorie als »Geschichtsphilosophie mit praktischem Interesse« (vgl. Adorno et al. 1969, 155ff.). In seinem zweiten Beitrag zu dieser Auseinandersetzung (»Gegen einen positivistisch halbierten Rationalismus«, 1964) ist Habermas sich seiner Sache nicht mehr so sicher und versucht seine Position mit Argumenten zu stützen, die er dem amerikanischen Pragmatismus und der analytischen Wissenschaftsphilosophie entlehnt (vgl. ebd., 235ff.). Diese Unsicherheit hängt damit zusammen, daß Habermas die relativistischen Implikationen der immanenten Kritik wahrzunehmen begann. Diese nämlich konnte sich nur auf Wahrheiten oder Werte berufen, die für eine bestimmte Gesellschaft in einer bestimmten geschichtlichen Epoche Geltung besitzen. Die immanente Kritik kann dem Relativismus nur dann entkommen, wenn sie — wie verschwiegen auch immer — auf eine Geschichtstheorie sich stützt, die »zwischen dem, was der Mensch und die Dinge sein können und dem, was sie faktisch sind« objektiv unterscheiden kann (VET, 494f.). Die Methode verliert ihren kritischen Impetus, wenn eine Gesellschaft sich weigert, jene Werte und Wahrheiten als die ihren anzuerkennen, und die Geschichtstheorie bietet keinen objektiven Rückhalt für die Annahme, sie könne es jemals tun. Habermas gelangt so zur Ansicht, daß die Methode der immanenten Kritik hinsichtlich ihrer theoretischen Begründbarkeit von Marx' Geschichtstheorie abhing. Um zu entscheiden, ob diese Abhängigkeit selbst gerechtfertigt war, wandte sich Habermas den im Marxschen Werk liegenden Ursprüngen der kritischen Gesellschaftstheorie zu. Eine Diskussion seiner entscheidenden Konfrontation mit Marx und dem Erbe der Frankfurter Schule wird zeigen, auf welche Weise Habermas in *Erkenntnis und Interesse* (1968) die Kritische Theorie reformuliert.

Habermas' erster Beitrag zur Auseinandersetzung um Marx war ein 1957 erschienener Literaturüberblick (»Literaturbericht zur philosophischen Diskussion um Marx und den Marxismus«, in TP, 387ff.). Er verfocht dabei die These, daß die ganze Diskussion in gewisser Weise fehlgeleitet wäre, weil Marx kein Philosoph im strengen Sinne gewesen sei, sondern ein Gesellschaftstheoretiker, der die Philosophie durch ihre »Verwirklichung« aufheben wollte. Die traditionelle Philosophie müsse durch eine »Philosophie der Geschichte« ersetzt werden, die nicht mehr *sensu stricto* philosophisch wäre, weil sie nicht auf metaphysischen oder ontologischen Grundlagen beruhe. Marx' Geschichtstheorie sei am besten als »kritischer Prolog zur Praxis« zu begreifen. Habermas faßte seine Ansicht dahingehend zusammen, daß der Marxismus »eine Geschichtsphilosophie mit praktischem Interesse« sei (TP, 425-28). Diese Interpretation blieb im Rahmen der Arbeiten von Lukács und der frühen Frankfurter Schule. Habermas' nächste Beschäftigung mit Marx verließ diesen Rahmen auf entscheidende Weise: Marx wurde nun mit der zeitgenössischen gesellschaftlichen Wirklichkeit in Zusammenhang gebracht.

In seinem Aufsatz »Zwischen Philosophie und Wissenschaft: Marxismus als Kritik« geht Habermas davon aus, daß die moderne Gesellschaft mit »vier Tatsachen gegen Marx« aufwarte, angesichts derer die »Geschichtstheorie in praktischer Absicht« nicht länger auf die grundlegende Sicherheit der theoretischen Rahmenbedingungen des Marxschen Werkes bauen könne (TP, 228ff.).[10] Diese vier Tatsachen sind folgende: 1. Im Unterschied zum liberalen Kapitalismus ist dessen fortgeschrittene oder »organisierte« Form durch die unauflösliche Verschränkung und politische Vermitteltheit von Staat und Wirtschaft gekennzeichnet. Dadurch läßt sich die einfache Beziehung von ökonomischer Basis und politischem Überbau nicht länger aufrechterhalten. 2. Im fortgeschrittenen Kapitalismus führt die reale Erhöhung des Lebensstandards für breite Schichten der Bevölkerung dazu, daß Emanzipationsbestrebungen nicht mehr in unmittelbar ökonomischen Ausdrücken artikuliert werden können. 3. Unter diesen Bedingungen hat sich »das Proletariat *als* Proletariat aufgelöst« — es spielt nicht mehr die Rolle des hauptsächlichen Trägers der Revolution. 4. In der Sowjetunion ist der Marxismus zu einer »Legitimationswissenschaft« degeneriert (TP, 228-31). Wohl war die Marxsche Theorie dem liberalen Kapitalismus angemessen, doch muß sie für dessen entwickelte Variante reformuliert werden. Von daher hält Habermas die Erneuerung der »Geschichtsphilosophie in praktischer Absicht« auf einer anderen Grundlage für notwendig, wenn die »praktischen Interessen« der Theorie bewahrt werden sollen.

Eine solche Erneuerung kann sich jedoch nicht mehr problemlos auf die Methode der immanenten Kritik stützen, da die Adressaten dieser Gestalt kritischer Theorie deren Wahrheiten und Werte als ihre eigenen anzuerkennen außerstande waren. Unter dem Einfluß von »Szientismus« und »technokratischem Bewußtsein« schienen frühere Wahrheiten und Werte sich überlebt zu haben, waren technisch gesehen überholt und nicht zu verwirklichen. »Das bürgerliche Bewußtsein ist« — um einen späteren Ausdruck von Habermas aufzugreifen — »zynisch geworden« (RHM, 52). In dieser Situation (und angesichts des schwindenden Vertrauens in Marx' Theorie einer soziohistorisch sich entwickelnden Rationalität) wurde die immanente zur »totalen Kritik«. Doch sind deren Implikationen noch unbefriedigender, und zwar in theoretischer wie praktischer Hinsicht. In theoretischer Hinsicht, weil eine Kritik der Totalität westlicher Vernunft nur auf der Grundlage eben dieser Vernunft möglich ist. Damit aber würde der der Vernunft zugeschriebene Herrschaftscharakter reproduziert. Durch die Identifikation von okzidentaler ratio mit Herrschaft aber würde auch die Methode der immanenten Kritik (mit Adorno zu sprechen) »von ihrem Gegenstand in den Abgrund gezogen«. McCarthy hat gezeigt, daß keine positive Rechtfertigung dieser kritischen Unternehmung möglich ist, denn »unter der Voraussetzung universeller Verzerrung wäre aber jede positive Bestimmung dieser Art selbst schon verdächtig. Ebenso wie der radikale Skeptiker scheint der radikale Kritiker zum Schweigen verurteilt zu sein« (McCarthy 1980, 128).[11] Darüber hinaus ist die »totale Kritik« praktisch-politisch machtlos. Sie muß sich selbst die Möglichkeit versagen, jene Klassen zum Handeln zu bewegen, die zur Überwindung des Status quo fähig sind. Was übrigbleibt, ist der Appell an das »ganz Andere« und die Entdeckung von Spuren befreiten Denkens in esoterischer Kunst.

Auch Marcuse bleibt, obwohl in geringerem Ausmaß als Horkheimer und Adorno, im Netz der »totalen Kritik« gefangen. In »Technik und Wissenschaft als 'Ideologie'« wirft Habermas Marcuse vor, er könne, indem er die moderne »*Verschmelzung von Technik und Herrschaft*, Rationalität und Unterdrückung« als »Weltenentwurf« deute, »eine Emanzipation nicht ... denken ohne eine Revolutionierung von Technik und Wissenschaft selber« (TWI, 54). Marcuse schwebt (so Habermas) eine Neue Wissenschaft vor, in der technische Kontrolle ersetzt würde durch eine »Potentiale der Natur freisetzende Hege und Pflege«. Dem hält Habermas entgegen, daß »die neuzeitliche Wissenschaft als ein historisch einmaliges Projekt nur aufgefaßt werden könnte, wenn mindestens *ein* alternativer Entwurf denkbar wäre«. Des weiteren machte eine Neue Wissenschaft eine Neue Technik erforderlich; ein Gedanke, den Habermas nicht teilt, »weil Technik, wenn sie überhaupt auf einen Entwurf zurückgeht, offenbar nur auf ein »Projekt« der Menschengattung *insgesamt* zurückgeführt werden kann und nicht auf ein historisch überholbares« (ebd., 55). Solange die menschliche Gattung die Selbsterhaltung durch Arbeit betreibt, »ist nicht zu sehen, wie wir je ... auf Technik, und zwar auf *unsere* Technik, zugunsten einer qualitativ anderen sollten verzichten können« (ebd., 56f.). Diese explizit gegen Marcuse (und implizit gegen die Position der späten

Frankfurter Schule insgesamt) gerichteten Argumente weisen auf ein wichtiges Merkmal in Habermas' Denken, auf das ich gleich zu sprechen komme. Es handelt sich dabei um die Konstruktion einer differenzierten und umfassenden Auffassung von Vernunft.

Für Habermas beraubt das Stadium der »totalen Kritik« die kritische Theorie jeglicher normativen Begründung und versagt ihr die Antwort auf das praktische Problem gesellschaftlichen Handelns. Das Dilemma der späten Frankfurter Schule hat Benhabib überzeugend zusammengefaßt: »Entweder muß die empirische Diagnose der Eindämmungsarbeit gesellschaftlicher und kultureller Rationalisierungsprozesse einer Überprüfung unterzogen werden, oder die kritische Theorie muß zugeben, daß sie selbst geschichtlich nicht haltbar ist« (vgl. Benhabib 1981, 49). Der frühe Habermas, dem dieser Zwiespalt in zunehmendem Maße bewußt wurde, versuchte der »Geschichtsphilosophie in praktischer Absicht« eine neue Grundlage zu verschaffen; ein Bemühen, das seine allmähliche Rückkehr zur Frankfurter Schule der dreißiger Jahre und ihrer damaligen Ausarbeitung eines positiv bestimmten Vernunftbegriffs bezeichnete. Diesen Versuch nimmt Habermas in *Erkenntnis und Interesse* erneut auf, hier liegt der Beginn einer Neubestimmung dessen, was kritische Theorie zu leisten vermag. Zugleich beschäftigt er sich erneut mit Marxens Gesellschaftstheorie, indem er deren Grundlagen und ihre unaufgelöste Spannung untersucht: den Widerspruch zwischen »Kritik« und »Wissenschaft«. Dieser Widerspruch entspringt dem Begriff einer geschichtlich-gesellschaftlichen Rationalität, die in gesellschaftlicher Praxis verankert ist (das von mir so genannte »Produktionsparadigma«). Indem er Marx' Auffassung von gesellschaftlicher Praxis erneut überdenkt, will Habermas den Zwiespalt erklären, wobei es ihm um die daraus entstandenen Probleme wie auch die Möglichkeit ihrer Überwindung geht. Habermas unterscheidet zunächst zwischen Marx' konkreten geschichtlichen und empirischen Analysen (der »Forschungspraxis«) und dem theoretischen Selbstverständnis. In der Forschungspraxis geht es Marx einmal um die Analyse der Produktion und Reproduktion der materiellen Lebensbedingungen, zum zweiten um die Analyse der Interpretation und Transformation gesellschaftlicher Institutionen in geschichtlichen Kämpfen und Auseinandersetzungen. Habermas ist der Auffassung, daß Marx in seinen konkret-inhaltlichen Analysen die Gattungsgeschichte »unter Kategorien der materiellen Tätigkeit *und* der kritischen Aufhebung von Ideologien, des instrumentellen Handelns *und* der umwälzenden Praxis, der Arbeit *und* der Reflexion in einem« begreift (EI, 59). Marx unterscheidet zwei aufeinander bezogene Ebenen: 1. die Produktivkräfte — der Bereich wissenschaftlich-technischen

Fortschritts; und 2. die Produktionsverhältnisse — den Bereich von Klassenkämpfen und gesellschaftlicher Herrschaft. Für Marx findet die Selbsterzeugung der menschlichen Gattung auf diesen beiden Ebenen statt: in der Bearbeitung der Natur durch Produktion und in der Veränderung der Gesellschaft durch Klassenkampf. Auf diese Weise berücksichtigen, so Habermas, Marx' empirische Untersuchungen sowohl die technisch-materiellen als auch die praktisch-gesellschaftlichen Handlungsformen.

Für Habermas steht Marx' theoretisches Selbstverständnis quer zu seinen empirischen Analysen, weil dieser die Selbsterzeugung der menschlichen Gattung ausschließlich auf die Arbeit, und damit gesellschaftliche Praxis auf deren technischen Aspekt reduziert. Daraus ergeben sich Probleme: 1. tendiert Marx zur Ansicht, seine Ideologiekritik sei naturwissenschaftlich orientiert; auf diese Weise versteckt er die »praktischen Intentionen« seiner Theorie hinter einer Logik technischer Entwicklung. 2. neigt Marx (vor allem in den *Grundrissen*) dazu, aus dieser technischen Entwicklung die menschliche Befreiung direkt abzuleiten. 3. muß er eben dadurch den theoretischen Aufweis seiner Hauptthese vom Klassenkampf als vorwärtstreibendem Moment der Geschichte schuldig bleiben, weil er nicht zeigen kann, auf welche Weise gesellschaftliche Handlungssubjekte politisches Bewußtsein erlangen und die Gesellschaft verändern können. (Vgl. EI, 36-59 und TP, 228-89) Schließlich führte die Beschränkung auf die Logik technischer Entwicklungsprozesse in geschichtlicher Hinsicht dazu, daß die Theorie in zwei verschiedene Richtungen auseinanderfiel. Auf der einen Seite machte der orthodoxe Marxismus (insbesondere in der Sowjetunion) die technische Weiterentwicklung hoffnungsfroh zum vorrangigen (wo nicht gar einzigen) Ziel, das, einmal erreicht, die Befreiung der Menschen bewirken könne. Bis es soweit ist, wird Marx' Theorie zum Werkzeug in den Händen von Sozialingenieuren, die mit seiner »wissenschaftlichen Notwendigkeit« umzugehen wissen. Auf der anderen Seite wird der späten Frankfurter Schule der technische Fortschritt zum Bösen an sich und Marx' Theorie zur total negativen Kultur- und Gesellschaftskritik, die keine Möglichkeit revolutionärer Veränderung mehr sieht.

Die Reduktion von Praxis auf Technik ist — so Habermas — nicht nur symptomatisch für Marx und die Frankfurter Schule, sondern kennzeichnet das moderne wissenschaftlich-rationalistische Denken allgemein. In *Theorie und Praxis* spürt er dem geschichtlichen Einfluß dieser Reduktion auf das politische Denken nach, indem er zum Ursprung der »praktischen Philosophie« bei Aristoteles zurückgeht (TP, 48-88).

Für Aristoteles war die Politik (als Theorie) eine notwendige Fortsetzung der Ethik, die sich mit der Herausbildung und Pflege tugendhafter Verhältnisse *(areté)* bei den Bürgern befaßte. Das angestrebte Wissen war die *phrónesis*, die richtige und kluge Einschätzung der Situation. Da der gesellschaftliche Gegenstandsbereich der Politik Veränderungen unterliegt, kann letztere nicht den Status strenger theoretischer Wissenschaft erreichen, die Erkenntnis *(epistéme)* durch Betrachtung weniger wandelbarer oder unveränderlicher Objekte erreichen will.

Habermas begreift die Entstehung der modernen Sozialwissenschaften aus der klassischen Lehre von der Politik als Veränderung in der Beziehung zwischen den Kategorien der *práxis*, der *poíesis* und der *theoría*; wobei *práxis* zielgerichtete menschliche Handlungen bezeichnet, *poíesis* die Herstellung schöner oder nützlicher Gegenstände und *theoría* die Kontemplation des unwandelbaren Kosmos. Für Aristoteles ist eine gute Handlung *(eupraxis)* kein Objekt, das wir kontemplativ betrachten und auch kein Gegenstand, den wir mit handwerklichem Geschick *(téchne)* für einen zukünftigen Gebrauch herstellen. *Eupraxis* wird die Handlung einer Person genannt, deren Charakter durch die Gewohnheit tugendhaften Verhaltens geprägt ist. Die Herausbildung solcher Gewohnheiten bei den Bürgern der *pólis* definiert die »praktischen Intentionen« der klassischen Lehren von der Politik, die sich auf die Gestaltung einer guten und gerechten Gesellschaft richteten.

In der frühen Neuzeit wurde die Unterscheidung zwischen *theoría* und *poíesis* in Frage gestellt. Theoretisches Wissen, so lautete das Argument, könnte vermittels des Modells technischer Herstellung erlangt werden. Die Welt als technisch begreif- und beherrschbare Maschine war ein Leitmotiv in jener Entwicklung, die Weber als kulturellen Relativismus analysierte und durch die Aristoteles' Unterscheidungen schließlich unterlaufen wurden. (Vgl. Schmidt 1982, 188) Habermas akzeptiert die grundlegende Annahme dieser Entwicklung — daß wir das am besten verstehen, was wir selbst herstellen (eine Idee, die Marx von Vico übernahm) —, will ihre Geltung aber auf den Naturbereich beschränken. Dieser nämlich, darin stimmt Habermas mit dem kulturellen Rationalismus überein, kann auf theoretisch fruchtbare Weise nur als Gegenstand möglicher technischer Manipulation verstanden werden. Bei der Übertragung dieser Sichtweise auf gesellschaftliche Phänomene (erstes Beispiel: Hobbes) treten Probleme auf.

Habermas diskutiert diese Probleme anhand der »Verwissenschaftlichung der Politik«, die im Zusammenhang mit jenen Momenten auftrat, welche Weber als das Herz der Moderne ansah: dem Aufstieg des kulturellen Relativismus, dem Prozeß gesellschaftlicher Rationalisierung und der Ausdifferenzierung der Vernunft.[12] Auf der theoretischen Ebene bringt die Verschiebung von der praktischen Philosophie zu den modernen Sozialwissenschaften (verstanden als wertfreie Forschungsweisen) gravierende Probleme mit sich. Zunächst muß der wissenschaftliche Zugriff auf die Gesellschaft jene Werte unbeachtet lassen, die mit den grundlegenden Kategorien und Beschreibungen gesellschaftlicher Realität vermacht sind. Der Sozialwissenschaftler muß sich — zumindest verschwiegen — auf das als unproblematisch angenommene Wissen der sozialen Handlungssubjekte selbst beziehen. Des weiteren ist er selbst ein gesellschaftliches Handlungssubjekt. Er kann sich nicht außerhalb seines Gegenstandsbereiches stellen, um diesen wie einen Stern kontemplativ zu begutachten. Seine eigenen Werte und Interessen können ebensowenig unberücksichtigt bleiben wie die des gesellschaftlich angenommenen Hintergrundes. Zum dritten und wichtigsten kann die Interaktion der vergesellschafteten Individuen nicht ohne Schwierigkeiten in einer Sprache begrifflich aufgearbeitet werden, deren monologische Verfahrensweise eher für die Bezeichnung von Objekten angemessen erscheint. (Man könnte dabei etwa an eine Beobachtungssprache denken, die im Prinzip von einem einzigen Subjekt beherrscht werden kann, also an etwas, das Wittgenstein »Privatsprache« nennen würde.) Sprache nämlich wird auch auf dialogische Weise von gesellschaftlichen Handlungssubjekten benutzt, um einen Konsens zu erreichen. Diese Annahme ist implizit selbst in Hobbes' Auffassung des Gesellschaftsvertrages enthalten. Anders gesagt kann die moderne Sozialwissenschaft die kommunikative Dimension des gesellschaftlichen Lebens nicht völlig außer acht lassen. Der bloße Versuch dazu verrät die zugrundeliegende Wertung, die implizite Bevorzugung technischer Lösungen für gesellschaftliche Probleme, die anderenfalls vermittels der Bildung eines rationalen Konsenses praktisch angegangen werden könnten. So drehen sich auf der praktisch-politischen Ebene die durch die Verwissenschaftlichung der Politik entstandenen Probleme um das Ausmaß, in dem Entscheidungen, die der Zustimmung aller Beteiligten bedürften, als technische Probleme für Experten ausgewiesen werden. Der Verlust der theoretischen Unterscheidung zwischen praktischer und technischer Dimension findet in unserer technokratischen Gesellschaft mit ihren bürokratischen Reglementierungen seine direkte und konkrete politische Parallele.

Allerdings sieht Habermas auch den Fortschritt, der in der Entwicklung der praktischen Philosophie zu den verschiedenen Sozialwissenschaften liegt. Die rigorose wissenschaftliche Analyse gesellschaftlicher Probleme ist ein Fortschritt der Aufklärung (selbst Marx bediente sich der sorgfältigen Berichte der Fabrikinspektoren), der indes seinen Preis hat: die »praktischen Intentionen«, das Herzstück der klassischen Lehre von der Politik, verlieren ihre Bedeutung. So geht es denn für Habermas darum, eine Gesellschaftstheorie zu entwickeln, die »einerseits der Klärung des praktischen Bewußtseins entspricht, ohne andererseits auf methodische Strenge als solche — die unverlierbare Errungenschaft der modernen Wissenschaft — zu verzichten« (TP, 82). In dem Ausmaß, in dem Marx' Theorie durch die Reduktion von Praxis auf Technik der Verwissenschaftlichung der Politik Vorschub leistete, gingen gerade die »praktischen Intentionen« für die Herausbildung einer guten und gerechten Gesellschaft, die er bewahren wollte, verloren.

Um es mit dem von mir bereits verwendeten Begriff zu sagen, geht Habermas davon aus, daß das »Produktionsparadigma« als Ausgangsbasis für den Begriff einer historisch sich herausbildenden gesellschaftlichen Rationalität zu eng ist. Habermas folgt Marx in der Auffassung, gesellschaftliche Praxis sei das angemessene Forschungsobjekt und betont mit Marcuse den Übergang von der Philosophie zur Gesellschaftstheorie. Doch fordert Habermas für die Marxsche Theorie, daß der Mensch als Werkzeughersteller vom Sprachbenutzer unterschieden werden müsse, wenn anders die »brillante Einsicht« in die Beziehung zwischen Produktivkräften und Produktionsverhältnissen nicht verloren gehen soll (wodurch all die negativen Konsequenzen gezeitigt würden, die ich bereits erörtert habe). Habermas' Marxkritik führt ihn zu jener berühmten Unterscheidung, die sein ganzes Projekt bestimmt: er setzt Arbeit (instrumentelles Handeln) der Interaktion (dem kommunikativen Handeln) entgegen.[13]

In *Erkenntnis und Interesse* siedelt Habermas diese Unterscheidung auf drei Ebenen an. In soziologischer Hinsicht ist sie ein analytisches Werkzeug, um in empirischen Situationen (wo Arbeit und Interaktion gemeinsam auftreten) den Grad bestimmen zu können, in dem Institutionen die »technische Kontrolle« oder die »gesellschaftliche Integration« befördern. Methodologisch wird die Grenze zwischen der »empirisch-analytischen« und der »hermeneutischen oder kritischen« Forschung gezogen. Auf der (von Habermas so genannten) »quasi-transzendentalen« Ebene wird das »technische Interesse« an der Vorhersage und Kontrolle objektivierter Prozesse vom »praktischen Interesse« an unverzerrter alltagssprachlicher Kommunikation abgesetzt.[14] Auf der Grundlage dieses Unterschiedes begreift Habermas die Selbsterzeugung der Menschengattung mittels gesellschaftlicher Praxis nicht nur im Hinblick auf das Wachstum der Produktivkraft Technik, sondern auch unter Bezugnahme auf den Erkenntnisfortschritt in den praktischen Bereichen von Recht, Moral und Weltanschauung *(worldviews)*.

Diese mehrschichtige Unterscheidung ist in *Erkenntnis und Interesse* der zentrale Ansatzpunkt für die Ausarbeitung eines Vernunftbegriffs, mit dessen Hilfe die Kritik an der instrumentellen Vernunft verfeinert und eine befriedigende normative Begründung für kritische Gesellschaftstheorie entwickelt werden kann. Die Kritik der instrumentellen Vernunft wird als Kritik am »Szientismus« neu formuliert: »Szientismus meint ..., daß wir Wissenschaft nicht länger als *eine* Form möglicher Erkenntnis verstehen können, sondern Erkenntnis mit Vernunft identifizieren müssen.« (EI, 13) Habermas richtet sein Augenmerk auf die Beziehung zwischen Szientismus und Positivismus; letzterer ist die hochentwickelte philosophische Verteidigung des ersteren. Zwar begann der Positivismus selbst als Ideologiekritik (Kritik der Metaphysik, der Religion, der überkommenen Lehrmeinungen und Traditionen), geriet dann aber zum Hauptbestandteil technokratischen Bewußtseins und schließlich zur Schlüsselgestalt moderner Ideologie. *Erkenntnis und Interesse* untersucht die vom Positivismus bewirkte »Auflösung der Erkenntnistheorie«. Seit Kant sei, so Habermas, Erkenntnistheorie als Erkenntniskritik in fortschreitendem Maße ausgehöhlt worden. Der Aufstieg des Szientismus führte zur Abwendung von den traditionellen erkenntnistheoretischen Problemen. Die Erforschung der Ermöglichungsbedingungen für Erkenntnis wurde mitsamt der Frage nach der Bedeutung von Erkenntnis zugunsten einer ausschließlichen Beschäftigung mit wissenschaftsmethodologischen Fragen ersetzt. Dieser Prozeß tilgte die zentrale Rolle des erkennenden Subjekts ebenso wie dessen auf praktisches Handeln sich beziehende Selbstreflexion. Ihre eigene Entwicklung nahm der Philosophie die Fähigkeit, Erkenntnis kritisch beurteilen zu können. Bedeutung und Geltung von Wissenschaft waren nicht mehr hinterfragbar, weil die Philosophie keine andere Form von Erkenntnis mehr gelten ließ. »*Der Sinn von Erkenntnis selber wird irrational* — im Namen strikter Erkenntnis.« (EI, 90) Von daher ist es Habermas' zentrales Anliegen, die Reflexion zu rehabilitieren; denn daß »wir Reflexion verleugnen, *ist* der Positivismus« (EI, 9).

Mit Horkheimer geht Habermas davon aus, daß Erkenntnis geschichtlich-gesellschaftlich bedingt und interessengebunden ist. Anders als für Horkheimer jedoch sind diese Interessen für Habermas anthropologisch tiefsitzende Konstanten der Gattung. Er entwickelt die

Theorie der »kognitiven« oder erkenntnisleitenden Interessen, um die Beziehung von Erkenntnis und Handeln zu erklären, wobei es ihm darum geht, die Bedingungen aufzudecken, unter denen Erkenntnis möglich ist. Wie bei Kant wird Erkenntnis als Resultat der konstituierenden Handlungen eines Subjekts verstanden, aber nicht mehr an ein ahistorisches transzendentales Subjekt gebunden. Geschichte, Gesellschaft und (die uns bekannte) Natur sind — für Marx wie für Habermas — Produkte der konstituierenden Arbeit der Menschengattung. Erkenntnis muß also im Zusammenhang mit den Problemen der Produktion und Reproduktion des materiellen Lebens gesehen werden. Unter diesen historisch-materiellen Bedingungen hat sich die menschliche Gattung entwickelt, sie sind für die Konstitution von Erkenntnis maßgebend.

Habermas' Methode in *Erkenntnis und Interesse* wird als eine »materialistisch transformierte phänomenologische Reflexion« bezeichnet, die den Versuch unternimmt, »eine Ideengeschichte in systematischer Absicht« von innen heraus zu rekonstruieren.[15] Diese interne Kritik betont, im Unterschied zu Horkheimers immanenter Kritik, nicht die Kluft zwischen bürgerlichem Ideal und gesellschaftlicher Wirklichkeit, sondern stellt eher eine interne Erforschung der Philosophie selbst dar (und ähnelt von daher Adornos Vorgehensweise). Doch im Unterschied zu Adorno bedient sich Habermas der Methode, um eine positive Theorie zu entwickeln. Dabei läßt er sich auf vorhergehende philosophische Positionen ein, untersucht sie von innen heraus, zeigt ihre Schwächen und Stärken auf, geht dann zu späteren Positionen über und wiederholt den Fortgang, um schließlich einen umfassenderen und befriedigenderen Standpunkt zu erreichen. Diese Methode der internen Kritik finden wir zuerst im Aufsatz »Zur Logik der Sozialwissenschaften«, doch in *Erkenntnis und Interesse* verschiebt sich die Begründung für diese Methode vom impliziten Bezug auf die Dialektik Hegels und Marxens zu einer »materialistisch transformierten transzendentalen Reflexion«, in der sich die kantische Bedeutungsebene von »Kritik« mit der Marxschen verbindet. Der Maßstab der Kritik kann nicht mehr Hegels »absolute Wahrheit« oder Marx' Begriff der geschichtlich sich verkörpernden »Wahrheit« der Arbeiterbewegung sein, er findet sich vielmehr implizite in den Kommunikationsstrukturen und wurzelt in den grundlegenden menschlichen Interessen. Dieser Argumentation wende ich mich nun im einzelnen zu.

Für Habermas' Argumentation ist die Behauptung grundlegend, daß die Menschengattung ihre Erfahrung auf spezifische Weise organisiert: in der Form kognitiver Interessen, die unsere Erkenntnis a priori konstituieren und doch zugleich im naturgeschichtlichen Entwicklungsprozeß der Gattung nicht anders als kontingent auftreten. Diese erkenntnisleitenden Interessen »haben einen transzendentalen Stellenwert, gehen aber aus faktischen Lebenszusammenhängen hervor«, darum nennt Habermas sie »quasi-transzendental«.[16] Diese »Interessenbasis« ergibt sich aus einer Auffassung, die die Menschen als Werkzeuge fabrizierende *und* Sprache benutzende Tiere ansieht. Die Menschen müssen das, was für ihr materielles (Über-)Leben notwendig ist, in Auseinandersetzung mit der Natur und mittels der Manipulation und Beherrschung vorfindlicher Gegenstände produzieren. Sie müssen ebenfalls miteinander kommunizieren, indem sie gemeinschaftlich festgelegte Symbole intersubjektiv benutzen und verstehen. So hat die Gattung ein Interesse an einer solchen Erkenntnisproduktion, die die Herrschaft über die gegenständliche Welt ebenso einschließt wie Kommunikation. Habermas folgert daraus, daß es noch ein drittes grundlegendes Interesse geben muß, nämlich das der reflexiven Aneignung menschlichen Lebens, ohne welche der interessengebundene Charakter von Erkenntnis nicht durchschaut werden könnte. Dies Interesse basiert auf der menschlichen Fähigkeit, rational zu handeln, sich selbst-reflexiv zu verhalten und sich selbst zu bestimmen. So hat die Gattung ebenfalls ein Interesse an dieser Erkenntnisproduktion, die Autonomie und Mündigkeit *(responsibility)* befördert; ein solches Interesse aber ist emanzipatorisch.

Habermas' Vorstellung davon, wie Wirklichkeit konstituiert und in Handlungszusammenhänge eingebunden wird, kann folgendermaßen zusammengefaßt werden: Die menschliche Gattung hat drei kognitive Interessen — das technische, das praktische und das emanzipatorische —, die sich in den drei verschiedenen Medien von Arbeit, Interaktion und Macht (den Beziehungen von Herrschaft und Zwang) entwickeln. Diese Trias bildet die Ermöglichungsbedingungen für drei Wissenschaften aus, nämlich für die empirisch-analytischen, die hermeneutischen und die kritischen. Allen diesen Wissenschaften fällt die Aufgabe zu, die für die grundlegenden Aktivitäten notwendigen Verfahrensweisen — Beherrschung der äußeren Bedingungen, Kommunikation und Selbstreflexion — zu systematisieren und in eine Form zu bringen, d.h. die für das (Über-)Leben der Menschengattung notwendigen Bedingungen bereitzustellen. Auf diese Weise ersetzt Habermas Horkheimers Unterscheidung zwischen traditioneller und kritischer Theorie durch die Trias von Natur-, Kultur- und kritischen Wissenschaften.

Indem Habermas sich eine Interpretation von Peirce zu eigen macht, geht er davon aus, daß die Naturwissenschaften in grundlegender und struktureller Weise auf die Produktion technisch verwertbarer Erkenntnis ausgerichtet sind. Sie bilden eine »Reflexionsform« jener Lernprozesse, die in der Struktur instrumentellen (auf die Beherrschung der äußeren Lebensbedingungen zielenden) Handelns schon angelegt sind. Auf diese Weise sind sie an technisches Interesse gebunden, d.h. an ein Interesse, das sich auf die Beherrschung und Vorhersage objektivierbarer Vorgänge richtet. Für den Positivismus ist wissenschaftliche Erkenntnis »reine« Erkenntnis, und von daher kann er ihre Verbindung zum Interesse an technischer Beherrschung vernachlässigen, um es zugleich zum impliziten Wert seiner eigenen Auffassung von Wissenschaft zu machen. Indem der Positivismus Rationalität nur als technische begreifen kann, muß er praktische Probleme für rational unlösbar erklären und sie — wie Weber — letztlich dem Dezisionismus und der individuellen Verantwortung überlassen, die ihrerseits nicht weiter rational begründbar ist. Die daraus resultierende ideologische Wirkung auf das gesellschaftliche Bewußtsein besteht darin, soziale Probleme einem Raster zu unterwerfen, das technische im Gegensatz zu praktischen Lösungen sinnvoll erscheinen läßt. Dadurch wiederum wird der »rationalisierte« Bereich technischer Kontrolle erweitert.

Bei dem Versuch, alle Erkenntnisse im Rahmen einer einzigen Universalwissenschaft zusammenzubinden, muß der Positivismus entweder die Verfügbarkeit einer intersubjektiv gebildeten Sprache für unproblematisch halten oder die Position eines »methodologischen Solipsismus« einnehmen. Doch würde dies, wie Karl-Otto Apel aufgezeigt hat, zur Unterstellung führen, daß »objektive Erkenntnis ohne die Vorannahme intersubjektiven Verstehens durch Kommunikation möglich ist« (Apel 1972, 10). In beiden Fällen kann der Positivismus über jene Sprache, auf die er sich bezieht, nämlich über die nicht-objektivierte intersubjektive Sprache der Wissenschaftler selbst, keine Rechenschaft ablegen. Hier nun gelangt Habermas zu einer wichtigen Unterscheidung. Die Interaktion zwischen einem Subjekt und einem Objekt, das seinerseits als ein anderes Subjekt angesehen werden kann, muß unterschieden werden von der Interaktion zwischen einem Subjekt und einem Objekt, für welches eben dies nicht der Fall ist. Im ersten Fall handelt es sich um kommunikative (»dialogische«) Interaktion, im zweiten Fall um instrumentelles (»monologisches«) Handeln. Habermas zufolge kann der Versuch des Positivismus, den ersten Fall auf den zweiten zu reduzieren, nicht gelingen.

Die Naturwissenschaften bieten nicht die einzige Perspektive, von der aus Realität sich erforschen und entdecken läßt; ihnen an die Seite treten die kritisch-hermeneutischen, d.h. die Kultur- oder Humanwissenschaften. Im Unterschied zur monologischen Perspektive der Naturwissenschaften, die »die Wirklichkeit im Hinblick auf eine unter spezifizierten Bedingungen immer und überall mögliche technische Verfügung (erfassen)«, geht die dialogische Verfahrensweise der Kulturwissenschaften auf das Erfassen von »Interpretationen der Wirklichkeit im Hinblick auf eine für eine gegebene hermeneutische Ausgangslage mögliche Intersubjektivität handlungsorientierender Verständigung« (EI, 241, i.O. kursiv). Die von den Naturwissenschaften hervorgebrachte objektive Erkenntnis ist ohne Erkenntnis in der Form intersubjektiver Verständigung unmöglich. Die Naturwissenschaften gehen implizite von einem gemeinsamen Rahmen intersubjektiv gültiger vorwissenschaftlicher Alltagssprache aus. Die Kulturwissenschaften beschäftigen sich mit eben diesem Rahmen, genauer: mit seiner Omnipräsenz im gesamten Lebenszusammenhang *(life-context)*, innerhalb dessen die wissenschaftliche Praxis nur ein Element unter anderen ist. Habermas' Unterscheidung ist eine erkenntnistheoretische; sie bezieht sich nicht auf verschiedene »Welten«, sondern auf verschiedene Orientierungszusammenhänge innerhalb einer »Welt«. Die eine Perspektive zeigt uns bewegte Objekte, Vorgänge und Prozesse, die kausal *erklärt* werden können. Die andere Perspektive zeigt uns kommunizierende Subjekte, deren Sprache und Handlungen *verstanden* werden können.

Indem Habermas sich auf Dilthey beruft, geht er davon aus, daß die Kulturwissenschaften in grundlegender und struktureller Weise darauf ausgerichtet sind, gegenseitiges Verständnis und wechselseitige Übereinkunft herzustellen. Dilthey verkündete, so legt Habermas' Interpretation nahe, die »Gemeinsamkeit der Lebenseinheiten« als objektiven Rahmen der Kulturwissenschaften. Diese Gemeinsamkeit wird für Habermas zum einen durch die Entwicklung von Selbstbildung und Ich-Identität bezeichnet, zum anderen durch die dialogische Beziehung zwischen Individuen, die sich gegenseitig als intentionale, auf Bedeutungen sich beziehende Subjekte anerkennen. So konstituieren sich individuelle Lebensgeschichten auf der diachronen Ebene in den historisch kumulierten Erfahrungen von Individuen und auf der synchronen Ebene in der intersubjektiv gemeinsamen Kommunikation mit anderen Individuen. Die »Gemeinsamkeit der Lebenseinheiten« bildet sich in der vielschichtigen Interaktion dieser beiden Ebenen. In ihrer verstehenden Auslegung *(explication)* besteht die Aufgabe der Kulturwissenschaften.

Auch die Kulturwissenschaften sind keineswegs wertneutral, sondern »interessengebunden«. Indem sie die wechselseitige Verständigung und Übereinkunft fördern, zielen sie auf die Überwindung von Interpretationskonflikten und Mißverständnissen ab, die sich zuallererst aus dem praktischen Leben ergeben. Dies praktische Interesse resultiert aus dem Zusammenleben der gesellschaftlichen Gattung Mensch, das seinerseits auf der Aufrechterhaltung kommunikativer Strukturen beruht. In dieser Hinsicht bilden die Kulturwissenschaften ebenfalls eine Reflexionsform grundlegender Lernprozesse, die sich in der Struktur kommunikativen (auf wechselseitige Verständigung ausgerichteten) Handelns bereits vorfinden läßt. Während die Naturwissenschaften innerhalb des »transzendentalen Rahmens« instrumentellen Handelns operieren, zielen die Kulturwissenschaften — wiewohl sie ebenfalls innerhalb dieses Rahmens angesiedelt sind — »auf den transzendentalen Aufbau verschiedener faktischer Lebensformen«, in denen nicht einfach das kommunikative Handeln, sondern vielmehr die »Grammatik der Umgangssprache« den transzendentalen Rahmen abgibt, da sie, sobald das Individuum in eine Sprachgemeinschaft hineingewachsen ist, »Schemata der Weltauffassung« zur Verfügung stellt (EI, 241 u. pass.). Dem hermeneutisch orientierten Forscher steht kein anderer Ausgangspunkt als dieser zur Verfügung. Doch sind die »Texte«, die er interpretiert, zugleich Symbole und Tatsachen; die Forschungsmethode ist sowohl empirisch als auch begrifflich ausgerichtet. So zielt die Interpretation auf eine durch Umgangssprache konstituierte Welt und auf die linguistischen Regeln, vermittels derer diese Welt konstituiert wird.

Auch die Kulturwissenschaften kennen ihren Positivismus: Es ist, Habermas zufolge, der Historizismus, der die kritische Reflexion blockiert, indem er, verwirrt durch die Vielfalt der Weltauffassungen und kulturellen Gegenstände, deren Bedeutungen subjektivistisch reduziert auf das, was die Subjekte den Gegenständen an Bedeutung zusprechen. Von daher kann die historizistische Hermeneutik über den Wahrheitsgehalt oder die möglichen Verzerrungen dieser Bedeutungsgebungen keine Aussagen machen. Die Auseinandersetzung kreist um Beschreibungen, Fragen der logischen Konsistenz und problematische Interpretationsbereiche. Um die Schranken des Positivismus wie auch des Historizismus zu überwinden, bedarf es einer als kritische Gesellschaftstheorie auftretenden kritischen Wissenschaft.

Bei einer Analyse praktischer und technischer Interessen in ihrem Verhältnis zu den Natur- und Kulturwissenschaften konnte Habermas auf kantische Weise vorgehen, indem er sich auf bereits gegebene Erkenntnisstrukturen bezog. Im Falle des emanzipatorischen Interesses liegen die Dinge anders, denn hier geht es um die Möglichkeit kritischer

Theorie selbst. Die zunächst in Anschlag gebrachten Theorien (von Marx und Freud) waren dem »szientistischen Mißverständnis« ausgesetzt. Von daher fehlt ein angemessenes Modell kritischer Theorie, das Habermas anhand der Idee einer kritischen Gesellschaftstheorie mit praktischen Intentionen, in denen sich emanzipatorisches Interesse verkörpert, entwickeln möchte. Und hier finden wir den punctum saliens von Habermas' frühem Versuch, der kritischen Theorie eine normative Grundlage zu verschaffen.

Habermas will dem praktischen und dem technischen ein drittes Interesse hinzufügen: das emanzipatorische, das auf die Bewahrung der Freiheit vor selbstauferlegten Zwängen, verdinglichten Mächten und Bedingungen verzerrter Kommunikation zielt. Außerdem gründet dies Interesse in der menschlichen Fähigkeit, rational und selbstbestimmt zu handeln und sich selbstreflexiv zu verhalten. Der Gang der Selbsterzeugung der menschlichen Gattung ist zumindest potentialiter ein Prozeß, in dem Geschichte mit »Willen und Bewußtsein« gemacht werden kann. Doch ist offensichtlich, daß Geschichte von den Gestalten der Unvernunft, von Herrschaft, Unterdrückung, ideologischen Beschränkungen des Denkens und Handelns bevölkert ist; und das läßt den Schluß zu, menschliches Selbstverständnis sei systematisch undurchschauten Bedingungen unterworfen. Wenn das rationale Vermögen der Menschen seine wahre Geltung erlangen, ihre rationalen Fähigkeiten Erfüllung finden sollen, dann bedarf es einer bestimmten Form der Erkenntnis, um die einschränkenden Bedingungen zu überwinden und aufzuheben. Diese Form ist die Selbstreflexion.

»Selbstreflexion bringt jene Determinanten eines Bildungsprozesses zu Bewußtsein, die eine gegenwärtige Praxis des Handelns und der Weltauffassung ideologisch bestimmen ... Selbstreflexion führt zur Einsicht dadurch, daß ein zuvor Unbewußtes praktisch folgenreich bewußt gemacht wird: analytische Einsichten greifen ... in das Leben ein.« (TP, 29)

Auf diese Weise kann die Selbstreflexion, indem sie Verzerrungsmuster aufdeckt, den Menschen helfen, diese zu überwinden.

Die Fähigkeit, unsere eigene Entwicklung zu reflektieren und so bewußter und autonomer zu handeln, ist die Grundlage, auf welcher das emanzipatorische Interesse zum Tragen kommen kann. Es ist ein Interesse der und an der Vernunft:

»In der Selbstreflexion gelangt eine Erkenntnis um der Erkenntnis willen mit dem Interesse an Mündigkeit zur Deckung; denn der Vollzug der Reflexion weiß sich als Bewegung der Emanzipation. Vernunft steht zugleich unter dem Interesse an Vernunft. Wir können sagen, daß sie einem *emanzipatorischen Erkenntnisinteresse* folgt, das auf den Vollzug der Reflexion als solcher zielt.« (EI, 244)

Sowohl in den Natur- als auch in den Kulturwissenschaften ist der Erkenntnisakt nicht unmittelbar an den nützlichen Gebrauch von Erkenntnis gebunden; die Theorie, auf die Erkenntnis sich richtet, ist von der Praxis getrennt. Doch geht Habermas davon aus, daß im Prozeß der Selbstreflexion Theorie und Praxis sich verbinden: der Erkenntnisakt fällt in eins mit der Befreiung von vorher undurchschauten Mächten. Darüber hinaus können die Individuen nur mittels der Reflexion auf den Selbsterzeugungsprozeß der Gattung die Verbindung zwischen Erkenntnis und Interesse begreifen. Doch besitzt das emanzipatorische Interesse — im Gegensatz zum technischen und praktischen — einen »abgeleiteten Status«. Es wurzelt nicht in den (möglicherweise invarianten) Strukturen von Erfahrung und Handeln, welche die Grundlage des Gesellschaftssystems bilden, sondern ergibt sich erst aus der Verzerrung dieser Strukturen. Auf diese Weise sichert es »den Zusammenhang des theoretischen Wissens mit einer Lebenspraxis, ... (die) unter Bedingungen *systematisch verzerrter* Kommunikation und einer scheinhaft legitimierten Repression erst entsteht.« (EI, 400)

Das emanzipatorische ist zugleich das erkenntnisleitende Interesse der kritischen Theorie wie der systematischen Reflexion insgesamt, d.h. unter Einschluß der Philosophie. Das Ziel der kritischen Wissenschaften besteht in der Förderung selbstreflexiver Prozesse und im Niederreißen der Schranken, die die selbstbewußte Entwicklung der Gattung behindern. Die Notwendigkeit dieser Wissenschaften liegt in ihrer Bedeutung für das angemessene Begreifen des gesellschaftlichen Handelns insgesamt (zu dem auch die Wissenschaft selbst gehört). Die Enthüllung verzerrter Kommunikations- und Handlungsstrukturen soll ein Bewußtsein freisetzen, das den Menschen gestattet, Geschichte nach ihrem eigenen Willen zu gestalten. Um ein »greifbare(s) Beispiel einer methodisch Selbstreflexion in Anspruch nehmenden Wissenschaft« vorzuführen, wendet Habermas sich Freud und der Psychoanalyse zu (EI, 262).

Obwohl Freud (wie Marx) dazu neigte, sein eigenes Unternehmen mißzuverstehen, indem er ihm einen naturwissenschaftlichen Status zuschrieb, geht Habermas davon aus, daß die Psychoanalyse wichtige methodologische Leitlinien für den Aufbau einer kritischen Gesellschaftstheorie an die Hand geben kann. Für Habermas beschäftigt sich die Psychoanalyse mit Interpretation(en). Doch im Unterschied zu den hermeneutischen Wissenschaften können glaubwürdige Interpretationen nur unter Zuhilfenahme von kausal ausgerichteten Erklärungen konstruiert werden, wobei solche Erklärungen sich auf eine allgemeine

Theorie beziehen müssen. Habermas unterscheidet drei Ebenen der Freudschen Theorie: 1. die metapsychologische Ebene, die die grundlegenden Kategorien und Begriffe der Theorie enthält und aus fundamentalen Annahmen über die Verbindung zwischen verzerrter Sprache und pathologischem Verhalten besteht (z.B. der Triebtheorie und dem Instanzenmodell von Ich, Es und Überich); 2. die Ebene der allgemeinen Interpretation psychodynamischer Entwicklung in der Form einer systematisch verallgemeinerten Erzählung *(narrative)*, die mit Hilfe der Metapsychologie konstruiert wird, sich jedoch zugleich auf empirisch gehaltvolle Angaben und klinische Erfahrungen bezieht; 3. die Ebene, auf der der interpretative Rahmen für die Rekonstruktion individueller Lebensgeschichten herangezogen wird. Diese Anwendungsformen können als von der Theorie erzeugte Hypothesen angesehen werden. Doch hat die Verifikation solcher Hypothesen eine andere Bedeutung als in den Naturwissenschaften, bei denen die Resultate von Beobachtungen und Experimenten im Lichte hypothetischer Vorhersagen diskutiert werden. Und sie unterscheidet sich ebenfalls von der Verfahrensweise der Kulturwissenschaften, die Übereinstimmung hinsichtlich einer Interpretation herstellen wollen. Verifikation in der Psychoanalyse bedeutet die Zustimmung der Individuen zur analytischen Situation; eine Zustimmung, die die selbstreflexive Überwindung der pathologischen Symptome verkörpert. Letztlich ist die Einschätzung und Beurteilung der emanzipatorischen Reflexion eine Sache der Praxis: »nur der Kontext des Bildungsprozesses im ganzen hat bestätigende und falsifizierende Kraft« (EI, 328).

Habermas überträgt dies Modell auf den gesellschaftstheoretischen Bereich, indem er eine Reformulierung der Marxschen Theorie als kritischer Gesellschaftstheorie vorschlägt, die die psychoanalytische Einsicht in die Rolle der Selbstreflexion berücksichtigt. Für Habermas repräsentieren die von Marx und Freud entwickelten kritischen Ansätze »ein über das technische und praktische Erkenntnisinteresse hinausgehendes Interesse an Emanzipation« (TP, 16). Auf der Grundlage dieses Interessenbegriffs wird Marx' Theorie zur Ideologiekritik in praktischer Absicht (wobei unter »Ideologie« systematisch verzerrte Kommunikation verstanden wird). Eine kritische Wissenschaft in dieser Gestalt bezieht sich nicht in erster Linie auf die »Kausalität der Natur«, sondern auf die »Kausalität des Schicksals«, also auf jenen Prozeß, der durch die Unterdrückung und den Kampf dagegen in Bewegung gesetzt wird. Eine nach diesem Modell geformte kritische Gesellschaftstheorie geht von einer hinterfragbaren oder unklaren Situation aus, um dann vermittels hermeneutischer Prozesse mögliche Interpretationen auszuloten. Doch geht sie über die traditionelle Hermeneutik hinaus und zielt auf empirisch gehaltvolle Erklärungshypothesen, die vor dem Hintergrund einer allgemeinen Theorie entwickelt worden sind. Schließlich wird die allgemeine Theorie mittels der Rekonstruktion der geschichtlichen Situation bestimmter Gesellschaften einem Test unterworfen. Die endgültige Verifikation des ganzen Unternehmens hängt von der Praxis ab, d.h. von der tatsächlichen Beseitigung der die menschliche Autonomie und Selbstreflexion behindernden Schranken und der Überwindung jener sozialen Strukturen, durch die solche Schranken aufrechterhalten werden.

Die drei Ebenen der Rekonstruktion des Freudschen Modells (Metatheorie, allgemeine Interpretation und besondere Anwendung) entsprechen je bestimmten Ebenen des Habermas'schen Projekts: 1. der Theorie kognitiver Interessen, 2. der Geschichtstheorie und 3. der Analyse des Spätkapitalismus in der Absicht, krisenhafte Entwicklungen, ideologische Stützpfeiler und Gruppen, die an Aufklärungsprozessen teilzunehmen befähigt sind, dingfest zu machen. Der frühe Habermas zeichnet so den kritischen Theoretiker als eine Art »Psychoanalytiker der Arbeiterklasse«.[17]

Die Dialektik der gesellschaftlichen Rationalität: Eine Zusammenfassung

Die von mir umrissene Dialektik der gesellschaftlichen Rationalität nimmt ihren Anfang mit Marx' Umbildung der Hegelschen Dialektik. Diese wurde von Hegel auf der Ebene logischer wie zugleich realer (historischer) Notwendigkeit verortet, wobei die geschichtliche Dialektik durch die der Ideen bestimmt ist. Marx' Begriff gesellschaftlicher Rationalität stellt diese Vorherrschaft der Ideen durch die Entwicklung des »Produktionsparadigmas« vom Kopf auf die Füße, wobei er die geschichtliche Dialektik beibehält. Doch muß jede Spielart der Dialektik in ihrer Funktion ein Moment von Notwendigkeit reklamieren, egal ob es sich um Beziehungen zwischen Ideen oder gesellschaftlichen Kräften handelt. Marx entdeckt die real-historische Notwendigkeit, die den dialektischen Prozeß bestimmt, in der geschichtlich sich herausbildenden Arbeiterbewegung; sein Begriff gesellschaftlicher Notwendigkeit, der Philosophie vermittels der Verwirklichung ihres höchsten Begriffs — Vernunft, gedacht als Freiheit — aufzuheben gedenkt, wird durch das begriffliche Scharnier »Proletariat« zusammengehalten. Der reife Marx wollte die »wirkliche Notwendigkeit« der Rolle des Proletariats als geschichtlich sich verkörpernder Vernunft und potentiell universeller Klasse durch eine Kritik der Politischen

Ökonomie erweisen, welche die Gestalten der Unvernunft zugleich begrifflich faßt und an den Pranger stellt.

Von einer geschichtlich späteren Perspektive aus stellte Weber die Möglichkeit in Frage, daß überhaupt eine Klasse gesellschaftliche Freiheit zu verwirklichen in der Lage sei. Weber setzte die Vernunft im dem gesellschaftlichen Prozeß der »Rationalisierung« in eins; die »wirkliche Notwendigkeit« der Dialektik bestand im unwiderruflichen Verlust von Autonomie, Sinn und Freiheit. Die Trennung von Tatsachen und Werten, deren Überwindung Marx in den historischen Prozeß selbst verlegte, wird von Weber als unleugbarer Charakterzug des modernen kulturellen Rationalismus akzeptiert. Die Werte werden den nicht einmal mehr potentialiter autonomen Individuen als irrationale Dezisionen und Verpflichtungen überlassen. In stoischer Weise liefert Weber uns dem »Pluralismus von Wertsystemen, Dämonen und Göttern« aus. (Vgl. Lukes 1982)

Lukács zielt darauf ab, Webers Begriff der Rationalisierung in die Kritik der Politischen Ökonomie zu integrieren. Für ihn ist Rationalisierung qua »Verdinglichung« der Universalisierung der Warenform geschuldet, die zusammen mit dem Kapitalismus überwunden werden kann. Dies zu vollbringen sei die historische Mission des Proletariats, nachdem es einmal über sein »verdinglichtes Bewußtsein« aufgeklärt worden ist. Der Standpunkt des Proletariats als universeller Klasse, die die gesellschaftliche Totalität in sich zusammenfaßt, fällt mit dem Standpunkt der Vernunft in eins, während seine Unterdrückung im Kapitalismus zugleich die Irrationalität der Gesellschaft augenfällig macht. Doch selbst Lukács glaubt nicht mehr voll und ganz an die »wirkliche Notwendigkeit« der geschichtlichen Dialektik. Alles, worauf man sich berufen kann, ist die »objektive Möglichkeit« der wahren sozialistischen Umgestaltung.

Des frühen Horkheimers Version einer kritischen Gesellschaftstheorie bezog sich noch auf ein Klassen-Subjekt, das zur geschichtlichen Verkörperung von Vernunft befähigt wäre. Die kritische Theorie der dreißiger Jahre widmete sich der Bewahrung eines positiven Vernunftbegriffs, der, auf die philosophische Tradition zurückgreifend, umfassend genug für einen totalisierenden Zugriff auf die Erfassung gesellschaftlicher Realität sein sollte. Die »wirkliche Notwendigkeit« der Theorie wurde von ihrer Fähigkeit abhängig gemacht, ihre Adressaten zum Handeln zu motivieren. Dieser Bezug auf Klassen-Subjekte wurde schwächer, als die gesellschaftlichen Rationalisierungsprozesse sich ausweiteten. Hinzu kam die von Lukács diagnostizierte zunehmende Verdinglichung des Bewußtseins (den Aufstieg von Faschismus und Stalinismus nicht zu vergessen). Das Scharnier, das Marx' Theorie im Innersten zusammenhielt, war auseinandergebrochen. Selbst Adornos Rückzugsposition, die »immanente Kritik«, wurde »in den Abgrund« einer verrückt gewordenen durchrationalisierten Welt gezogen.

Die spätere Frankfurter Schule schloß sich Weber großenteils an und übernahm seine Analyse wie auch seinen Pessimismus. Allerdings attackierte sie das, was für Weber die kulturelle Verkörperung von Vernunft war. Der Kritik der instrumentellen Vernunft (wie sie vor allem in der *Dialektik der Aufklärung* entwickelt wurde) geriet die okzidentale Vernunft selbst zum Problem. Indem der Glaube an Marx' Begriff gesellschaftlicher Rationalität verlosch, wurde Dialektik — als negative — zur totalen Kritik, die die historischen Bedingungen ihrer eigenen Unmöglichkeit formulierte. In dieser Form sind die »praktischen Intentionen« der Theorie obsolet geworden.

Der frühe Habermas sammelt die Scherben dieser Dialektik auf. Er verfolgt die Tragödie der Aufklärung bis zu jener Antinomie von Technik und Praxis, die, aus dem Fortschritt der Moderne entsprungen, aufgelöst werden kann, ohne daß hinter die wahren Errungenschaften der Aufklärung zurückgegangen oder einer neuen Barbarei das Wort geredet werden müßte. Habermas weist auch die Auffassung zurück, daß der Triumph wissenschaftlich-technischer Rationalität alle Möglichkeiten von Widerstand und wahrhaft rationaler Veränderung für immer unmöglich gemacht habe. Doch wenn die Dialektik vor der Selbstzerstörung bewahrt werden soll, dann muß Marx' Begriff gesellschaftlicher Rationalität auf einer breiteren und festeren Grundlage, als das »Produktionsparadigma« sie bieten kann, neu errichtet werden. Habermas' erster Grundlegungsversuch kritischer Gesellschaftstheorie hatte die Gestalt einer materialistischen Erkenntnistheorie. Das »fehlende Handlungssubjekt« *(missing agent)* wurde die Menschengattung als solche, denn heute ist die Menschheit insgesamt bedroht. Die Rechtfertigung der Prämissen kritischer Theorie berief sich auf die Kraft der Selbstreflexion, die im emanzipatorischen Erkenntnisinteresse der Gattung als Interesse an Vernunft enthalten ist. Die Kritik an diesem Lösungsvorschlag und Habermas' Antwort darauf, die er in seiner Kommunikationstheorie gibt, bilden die nächste Stufe des Versuchs, die »praktischen Intentionen« kritischer Theorie angesichts der Rationalitätsproblematik zu retten.

Drittes Kapitel: Die Rekonstruktion kritischer Theorie

»Das Interesse an Mündigkeit schwebt uns nicht bloß vor, es kann a priori eingesehen werden. Das, was uns aus Natur heraushebt, ist ... *die Sprache*. Mit ihrer Struktur ist Mündigkeit *für uns* gesetzt. Mit dem ersten Satz ist die Intention eines allgemeinen und ungezwungenen Konsensus unmißverständlich ausgesprochen.«
Jürgen Habermas

Die von Habermas in *Erkenntnis und Interesse* vorgetragene Grundlegung der kritischen Theorie wurde zum Gegenstand breiter Diskussion und detaillierter Kritik (vgl. F. Dallmayr 1972). Habermas ging darauf ein, indem er seine Position kritisch überdachte, und zwar in Auseinandersetzung mit führenden Vertretern des kritischen Rationalismus (Albert), der Systemtheorie (Luhmann) und der philosophischen Hermeneutik (Gadamer).[1] Diese Diskussionen konzentrierten sich vorwiegend auf Habermas' Vernunftbegriff und den Versuch, die kritische Theorie normativ zu begründen und mit einer darauf bezogenen Praxis zu verknüpfen. Eine kurze Erörterung der Einwände, die in dieser Hinsicht gegen den frühen Habermas erhoben wurden, wird einige der hauptsächlichen Gründe für die spätere Umarbeitung seines Projekts erhellen können und dient zugleich als Einführung in die Umstrukturierung der kritischen Theorie, für die der in verschiedenen Etappen entwickelte Begriff der »kommunikativen Rationalität« von grundlegender Bedeutung ist.

Kritik der Kritischen Theorie

Die Idee der Selbstreflexion ist die zentrale Schaltstelle für die argumentative Verfahrensweise von *Erkenntnis und Interesse*, jedoch leidet sie an einer fundamentalen Zweideutigkeit. Zunächst bezieht sich Selbstreflexion auf die kantische Vorstellung einer Erkenntniskritik, die die subjektiven Ermöglichungsbedingungen von Erkenntnis (d.h. die »synthetisierenden Leistungen des erkennenden Subjekts«) reflektiert. Zum zweiten bezieht sich Selbstreflexion auf die Marxsche Vorstellung einer Ideologiekritik, die die Befreiung des Subjekts von »verborgenen Zwängen« der Strukturen sozialen Handelns und Kommunizierens reflektiert. Diese beiden Bedeutungen von Selbstreflexion sind offensichtlich nicht miteinander identisch. Im ersten Fall handelt es sich um die transzendental fundierten Erkenntnisbedingungen, die für *jedes* Subjekt gelten, im zweiten Fall geht es um eine kritisch-praktische Aufarbeitung der Formationsgeschichte eines spezifischen Individuums, einer Klasse oder eines Gattungssubjekts. Habermas' Vernunftbegriff verbindet beide Bedeutungen auf inhärente Weise — die »Einheit der Vernunft mit dem Willen zum vernünftigen Denken«. Kortian hat gezeigt, daß Fichte und Hegel die notwendigen Verbindungsstücke zwischen dem Kantschen und dem Marxschen Kritikbegriff bilden (vgl. Kortian 1980). Von Fichte stammt die Idee eines praktischen Interesses an Autonomie, das in der Vernunft selbst wirksam ist, von Hegel das Konzept einer phänomenologischen Reflexion auf den Selbstbildungsprozeß des überindividuellen Subjekts. Hegel bewahrt die Verbindung zwischen der Vernunft und dem praktischen Interesse an Autonomie, weil er die Reflexion auf die Erkenntnisbedingungen mit der kritischen Zerstörung dogmatischer Denk- und Handlungsweisen verbindet.

Von einigen Kritikern wurde hervorgehoben, es sei unbefriedigend, diese zwei Bedeutungen von Kritik unter Rekurs auf den deutschen Idealismus miteinander zu verbinden. Marx hat, wie bereits gesagt, mit dieser Tradition gebrochen; der Begriff gesellschaftlicher Rationalität kennzeichnet diesen Bruch. Die »kritisch-revolutionäre Praxis«, das Herzstück jenes Begriffs, kann nicht auf Selbstreflexion reduziert werden. So kritisiert Karl-Otto Apel die »einfache Identifikation von Reflexion und praktischem Engagement«, die Habermas' Konstruktion mit sich bringe (Apel 1974, 341f.). Der Reflexion im philosophischen Sinne, d.h. der gründlichen Überprüfung aller Ansprüche auf Wahrheit oder Richtigkeit, kann ein Interesse an Emanzipation von jeglichem Dogmatismus zugeschrieben werden. Doch ist dies Interesse in jeder wahrhaften theoretischen Reflexion gegenwärtig und kann so nicht mit dem Interesse verwechselt werden, das Marx (gegen alle Philosophie) in der elften Feuerbachthese proklamierte, denn hier zielte er auf ein spezifisches (und bisweilen gefährliches) politisch-praktisches Engagement. Von daher ist die Identifikation der beiden Interessenbegriffe »eine idealistische Illusion« (ebd.). Vom Interesse an Erkenntnis um ihrer selbst willen (Erkenntnis im allgemeinen) gelangt Habermas zur Erkenntnis um des Handelns willen (in einer spezifisch-konkreten Situation). Und diese Erkenntnis ist das von Marx und später von der Frankfurter Schule beschworene emanzipatorische Interesse. Habermas' »quasi-transzendentale« Grundlegung der Kritik systematisch verzerrter Kommunikation ist als Anleitung für eine spezifische, historisch verortete Praxis, die auf die Transformation konkreter gesellschaftlicher Bedingungen zielt, unbrauchbar.

Damit wird nicht nur das von Habermas vorgesehene Bindeglied zwischen Theorie und Praxis, sondern auch die normative Begründung kritischer Theorie in entscheidender Weise in Frage gestellt. Ein grundsätzlicher Anspruch von *Erkenntnis und Interesse* bestand in dem Nachweis, daß eine radikalisierte Erkenntniskritik nur als eine zur Ideologiekritik befähigte Gesellschaftstheorie denkbar sei. Solange »Selbstreflexion« in beiden Bedeutungen (der transzendentalen wie der ideologiekritischen) gebraucht wird, kann Habermas behaupten, daß das »Erbe der Philosophie ... in die ideologiekritische Einstellung« übergehe (EI, 86). Dies Argument gründet sich auf eine Interpretation der Bewegung des Gedankens von Kant über Hegel zu Marx, die als Radikalisierung der Erkenntniskritik verstanden wird. Es ist eine erkenntnistheoretische Version des Übergangs von Philosophie in Gesellschaftstheorie, wie ich sie am Beispiel Marcuses bereits diskutiert habe.

Während Marcuse jedoch davon ausging, daß Marx die Philosophie tatsächlich überwunden habe, hat (Habermas zufolge) Marx diese Chance verspielt, indem er Interaktion auf Arbeit reduzierte. Die Selbsterzeugung der Gattung nämlich kann nicht einfach als »Geschichte der *Industrie*« rekonstruiert werden, die für Marx das »*aufgeschlagene* Buch« der Entwicklung der »*menschlichen Wesenskräfte*« darstellte (MEW EB I, 536). Eine solche Rekonstruktion muß auch das revolutionäre Handeln von Klassen und die selbstreflexive kritische Demaskierung ideologischer Zwänge berücksichtigen. In *Erkenntnis und Interesse* will Habermas diese Dialektik des Klassenbewußtseins darstellen, indem er untersucht, wie es sich in Arbeit *und* Interaktion manifestiert. Diese kritische Auslegung, die sich auf das praktische Selbstverständnis gesellschaftlicher Gruppen richtet, will den Bildungsprozeß der Gattung zu jenem Punkt vorantreiben, an dem ein »zur Kritik gewordenes Selbstbewußtsein der Gattung von ideologischer Verblendung überhaupt sich befreit hat« (EI, 76f.). Aus dieser Perspektive führt die Reflexion auf die subjektiv gegebenen Erkenntnisbedingungen notwendig zur Ideologiekritik. Und wiederum beruht Habermas' Beweisführung auf einer Vermengung der kantischen mit der Marxschen Bedeutung von »Kritik«.

Doch auf welche kritischen Maßstäbe kann Habermas' »materialistische Phänomenologie« sich bei der Demaskierung »ideologischer Täuschungen« berufen, wenn alle philosophischen Kriterien (wie etwa Hegels »absolute Wahrheit«) angesichts der marxistischen These, das philosophische Bewußtsein könne unter kapitalistischen Bedingungen keine Wahrheit mehr beanspruchen, hinfällig werden? Auf der einen

Seite teilt Habermas mit Marx und der Frankfurter Schule die Ansicht, alle Denkweisen seien in gesellschaftlich-geschichtliche Entwicklungen eingebunden. Auf der anderen Seite verwirft er den »orthodoxen« Marxismus in seiner Insistenz auf wissenschaftlichen Kriterien der Kritik ebenso wie Adornos Auffassung, Kritik sei jeder systematischen Begründung enthoben. Welche Maßstäbe bleiben dann noch übrig? Habermas' Antwort in *Erkenntnis und Interesse* läuft darauf hinaus, daß die kritischen Maßstäbe der Selbstreflexion von der Beschränkung, der alle anderen Erkenntnisprozesse unterliegen, ausgenommen sind, weil das emanzipatorische Interesse (an Autonomie und Mündigkeit) der Kommunikationsstruktur selbst inhärent ist und so mit theoretischer Gewißheit a priori eingesehen werden kann (vgl. TWI, 163).

Verschiedene Kritiker haben den Einwand erhoben, diese Antwort sei unangemessen.[2] Wie können wir sichergehen, daß das emanzipatorische Interesse nicht ebenfalls partikulär und von soziohistorischen Konstellationen abhängig ist? Wie können wir uns vergewissern, daß es nicht den gleichen Verzerrungen unterliegt, die die kritische Theorie in anderen Denkweisen aufspürt? Außerdem ist die Berufung auf eine apriorische Einsicht mit der gleichzeitig behaupteten Kontextualität von Denkweisen nur schwer zu vereinbaren. Des weiteren stellt sich die Frage, wie denn *Erkenntnis und Interesse* sich den Bemühungen traditioneller Theorie zur Grundlegung menschlicher Erkenntnis abgrenzen will. Habermas' Theorie der Interessen ist, so scheint es, selbst der Versuch einer solchen Grundlegung, zum mindesten im Sinne einer Grenzziehung, außerhalb derer das Denken kein Terrain mehr besitzt. Die Spannung zwischen kantischen und marxischen Elementen ist somit keineswegs beseitigt. Kants Apriorismus kann das von Marx geforderte historisch-politisch konkrete Handeln nicht begründen, und auch die marxistische Lehre von soziohistorisch determinierten Denkweisen, die durch »verborgene Zwänge« im System der gesellschaftlichen Arbeit entstellt werden, kann nicht auf einfache Weise mit kantischer Erkenntnistheorie in Einklang gebracht werden. Schließlich »wird der Versuch, Praxis auf die transzendentalen Bedingungen von Theorie zu gründen, weder der einen noch der anderen gerecht« (vgl. Böhler 1974).

Das führt uns zum zweiten grundsätzlichen Einwand gegen Habermas' Formulierung der kritischen Theorie, der auf die Idee einer »quasi-transzendentalen« Erkenntnistheorie zielt. Der Versuch, eine transzendentale Herangehensweise an die subjektiven Erkenntnisbedingungen mit einer (auf Marx sich berufenden) »naturalistischen« Methode zu verbinden, führt zu folgendem Dilemma: »... entweder hat Natur den transzendentalen Status einer konstituierten Objektivität und kann deshalb nicht Grund des konstituierenden Subjekts sein, oder Natur ist der Grund der Subjektivität und kann folglich nicht einfach konstituierte Objektivität sein« (McCarthy 1980, 131). Habermas' Verwendung des Wortes »quasi-transzendental« für die Beschreibung der grundlegenden menschlichen Interessen, die den »festgelegten Rahmen« der Forschung bilden, drückt seinen Wunsch aus, beide Hörner des Dilemmas zugleich zu ergreifen und festzuhalten. Er behandelt nämlich das Erkenntnissubjekt als »ein unter empirischen Bedingungen sich bildendes transzendentales Subjekt« (EI, 175). Von Kant her argumentiert Habermas, daß die Objektivität von Erfahrung durch das Subjekt innerhalb eines festgelegten Rahmens tiefsitzender Handlungsstrukturen konstituiert werde. Von Marx her kommt Habermas zu der Feststellung, daß, obwohl sich »der transzendentale Rahmen, innerhalb dessen für sie (die Subjekte, d.Ü.) Natur objektiv erscheint, nicht ändert«, die spezifischen Objektivationskategorien (Synthesis durch gesellschaftliche Arbeit) »zum geschichtlich veränderlichen Inventar der Gesellschaften gehören« (EI, 54 pass.). Auf diese Weise ist Natur eine Objektivationsform des Erkenntnissubjekts, die sowohl unter den allgemeinen Bedingungen instrumentellen Handelns (Arbeit) als auch den spezifischen Bedingungen historisch veränderbarer Gesellschaftssysteme konstituiert wird.

Will man Kant folgen, so ist klar, daß man sich nicht konsistent auf die Natur als Grundlage von Subjektivität berufen kann, denn anderenfalls wären transzendentale Bedingungen auf den Bereich der Phänomene rückbezogen, der doch seinerseits nur in Beziehung auf diese Bedingungen existiert. In Übereinstimmung mit Marx jedoch hält Habermas daran fest, daß die objektiven Lebensbedingungen der Menschen, die zur Erforschung und Bearbeitung der Natur (Arbeit und Interaktion) führen, nur durch eine Evolutionstheorie erklärt werden können. Daraus aber folgt, daß Natur doch Grundlage von Subjektivität ist. Wie kann sie dann konstituierte Objektivität sein? Noch einmal taucht die Spannung zwischen dem kantischen und dem marxischen Element auf. Und hier erweist sich beider Inkompatibilität.

In einer einflußreichen Kritik sieht Michael Theunissen die Grundlage dieses Dilemmas in der Idee der Kritischen Theorie selbst (Theunissen 1969). Deren ursprüngliche Ausarbeitung durch Horkheimer unterschied zwischen Anschauungen, die der Natur, in welche Geschichte eingebunden werden muß, insgesamt Priorität zuerkennen (das ist die traditionelle Theorie), und Ansätzen, die der geschichtlichen Welt den Vorrang einräumen; erst von dort aus würden Naturinterpretationen als theoretische Konstruktionen begreifbar (so verfährt die Kritische Theorie). In der Ablehnung traditioneller Theorie geht Habermas mit der Frankfurter Schule konform, doch, so Theunissen, gelingt es ihm nicht, diese konsequent durchzuhalten; er tendiert vielmehr dahin, hinter Kant in den »Objektivismus« eines einfachen Naturalismus zurückzufallen, zumindest aber einen wie immer gearteten Vorrang der Natur vor der Geschichte zu behaupten. Theunissen sieht den Grund für diesen Rückfall in einer »Überlastung« des empirischen Subjekts, die vom deutschen Idealismus übernommen worden sei:

»Was die Überstrapazierung des Subjekts genannt wurde, stellt sich ein, indem sämtliche Vertreter der kritischen Theorie, philosophiegeschichtlich gesehen, die nachhegelsche, vornehmlich von den Linkshegelianern versuchte Wiederholung Kants auf dem durch Hegel bereiteten Boden der Geschichte ihrerseits noch einmal wiederholen. Die Überstrapazierung der empirischen Subjekte ergibt sich somit, sachlich betrachtet, aus der Übertragung der Befugnisse, mit denen Kant das 'Bewußtsein überhaupt' ausstattet, auf die als reale Einheit erst noch zu erwartende Menschengattung.« (Theunissen 1969, 14)

Wenn dieser Übergang vom transzendentalen zum Gattungssubjekt einmal vollzogen ist, dann muß paradoxerweise die in der Geschichte erscheinende Natur als deren Ursprung und Basis dienen. Habermas sollte später erkennen, daß das Problem zum Teil wenigstens durch den Begriff des »Gattungssubjekts« im Verhältnis zum konkreten Individuum erzeugt wird. Ist diese Beziehung noch greifbar, wenn man Marx' Vorstellung eines Klassensubjekts mit universalisierbaren Interessen aufgibt?

Neben den zwei genannten Kritikpunkten — Habermas' Vermengung der zwei Bedeutungen von Reflexion und seine Vorstellung von einer »quasi-transzendentalen« Erkenntnistheorie — soll nun noch ein dritter berücksichtigt werden. Hierbei geht es um die Verwendung der Psychoanalyse als Modell für eine kritische Gesellschaftstheorie, die »Selbstreflexion« systematisch in ihren Kontext einbezieht. Vor allem Gadamer wendet sich gegen die von Habermas gezogene »Analogie zwischen psychoanalytischer und soziologischer Theorie« (Gadamer 1971, 292ff.). Die Psychoanalyse zieht ihre Rechtfertigung aus der freiwillig vereinbarten Teilnahme von Analytiker und Analysand innerhalb einer gegebenen gesellschaftlichen Ordnung. Durch diese würden zugleich der therapeutischen Praxis hinsichtlich bestimmter Verhaltensformen, allgemein anerkannter beruflicher Normen, gesetzlicher Sanktionen usw. die Grenzen gesetzt. Habermas' Versuch, die psychoanalytischen Techniken auf die Gesellschaftsordnung zu übertragen, sprengt diese Grenzen und mißachtet damit die gesellschaftlich festgelegte Legitimität. Die Ausweitung der Beziehung von Therapeut und Patient auf die gesellschaftliche Ordnung als ganze läuft Gefahr, die unkontrollierte Machtausübung einer selbsternannten Elite zu überlassen, die in dogmatischer Weise eine privilegierte Einsicht in die Wahrheit ihrer eigenen und die Unwahrheit anderer Perspektiven behauptet. Für Gadamer resultiert (politisch-gesellschaftliche) Wahrheit aus der Offenheit gegenüber anderen Standpunkten und der Entschlossenheit, auf dialogischem Wege zu einer Übereinkunft zu gelangen, die nicht ausschließt, daß andere recht haben könnten.

Aus einer anderen Sicht heraus haben Marxisten Habermas' psychoanalytisches Modell in Frage gestellt. Hans-Joachim Giegel etwa meint, grundlegende Charakterzüge psychoanalytischer Therapie seien als Modell für Marx' Idee einer kritisch-revolutionären Praxis nicht zu gebrauchen, weil die Bedingungen, unter denen der Klassenkampf geführt wird, außer Betracht bleiben:

»Der revolutionäre Kampf ist … keineswegs eine psychoanalytische Behandlung im großen Maßstabe. Der Unterschied zwischen diesen beiden Formen emanzipatorischer Praxis ergibt sich schon daraus, daß dem Patienten geholfen wird, sich von dem *ihm angetanen Zwang* zu befreien, während der herrschenden Klasse der Versuch, sie vom gesellschaftlichen Zwangszusammenhang zu erlösen, allein als eine Bedrohung der *Herrschaft* erscheinen muß, *die sie* über die andere Klasse *ausübt*. Die Entgegensetzung stellt sich hier weitaus schärfer als im Falle der Psychoanalyse dar: Die unterdrückte Klasse zweifelt nicht nur die Gesprächsfähigkeit der herrschenden Klasse an, sondern hat auch gute Gründe für die Annahme, daß jeder ihrer Versuche, mit der herrschenden Klasse in einen Dialog einzutreten, dieser bloß als Gelegenheit dient, ihre Herrschaft abzusichern. Darum darf die unterdrückte Klasse bei Strafe eines Rückschlags ihrer emanzipatorischen Bestrebungen nicht den psychotherapeutischen Weg gehen (…).« (Giegel 1971, 278f.)

Die in diesen kritischen Entgegnungen präsenten Gesichtspunkte drehen sich um die praktischen und politischen Implikationen des Habermas'schen Ansatzes und unterscheiden sich grundlegend von den eher philosophisch orientierten Einwänden, weil sie die von Habermas behauptete Verbindung zwischen Theorie und Praxis nicht von der theoretischen, sondern von der praktischen Seite her angreifen. Die Zweifel gelten der praktisch-politischen Anwendbarkeit der Theorie, wobei diese Anwendbarkeit jedoch konstitutives Moment der Theorie selbst ist.

Natürlich gibt es noch weitere kritische Einwände gegen Habermas' frühe Formulierung der kritischen Theorie; zwei von ihnen beschäftigen sich mit der Unterscheidung von Arbeit und Interaktion bzw. mit dem anscheinend pragmatischen Wahrheitskriterium.[3] Doch sind die drei von mir ausführlicher diskutierten Kritikansätze zumindest in einer Hinsicht von besonderer Bedeutung: sie haben Habermas dazu veranlaßt, sein Projekt in dreierlei Hinsicht grundlegend zu überarbeiten. Die Diskussion dieser Änderungen wird den Weg für die Erörterung von Habermas' späteren Ausarbeitungen der Grundlagen kritischer Theorie bahnen.

Grundlegende Überarbeitungen

Die erste — und vielleicht wichtigste — Veränderung, die Habermas angesichts der erwähnten kritischen Einwände vornahm, bezog sich auf den Begriff der Reflexion. In einem 1973 veröffentlichten »neuen Nachwort« zu *Erkenntnis und Interesse* konstatiert er:

> »Mir ist erst nachträglich klar geworden, daß der traditionelle, auf den deutschen Idealismus zurückgehende Sprachgebrauch von »Reflexion« beides deckt (und vermengt): einerseits die Reflexion auf die Bedingungen der Möglichkeit von Kompetenzen des erkennenden, sprechenden und handelnden Subjekts überhaupt, und andererseits die Reflexion auf die unbewußt produzierten Eingrenzungen, denen sich ein jeweils bestimmtes Subjekt (oder eine bestimmte Gruppe von Subjekten oder ein bestimmtes Gattungssubjekt) in seinem Bildungsprozeß selber unterwirft.« (EI, 411)

Habermas führt eine Unterscheidung zwischen »Reflexion« im ersten Sinne (die er »rationale Rekonstruktion« nennt) und »Reflexion« im zweiten Sinne (die er als »kritische Selbstreflexion« bezeichnet) ein. Während die Selbstreflexion Auswirkungen auf etwas ganz Bestimmtes zeitigt, das »reich an praktischen Konsequenzen« ist, beziehen sich rationale Rekonstruktionen auf anonyme und allgemeine Regelsysteme, die grundlegende menschliche Kompetenzen steuern, ohne daß praktische Konsequenzen berührt werden müßten. Während kritische Selbstreflexion auf geschichtlich-konkrete und kontextabhängige Weise die Besonderheiten eines Selbstbildungsprozesses untersucht, der auf die Transformation gesellschaftlich lokalisierbarer Determinanten ideologischer Verzerrung zielt, sind rationale Rekonstruktionen in der Weise kontextunabhängig, daß sie die allgemeinen und unverzichtbaren (in diesem Sinne also »transzendentalen«) Bedingungen von Erkenntnis, Sprache und Handeln erläutern. Dies geschieht durch die Explikation unseres »praktischen Wissens« *(know-how)*, d.h. unserer impliziten und intuitiven Erkenntnis, die mit einer Kompetenz erworben wird. Rationale Rekonstruktionen können die kritische Selbstreflexion unterstützen, indem sie den Subjekten die allgemeinen und unumgänglichen Bedingungen und Begrenzungen von Erkenntnis, Sprache und Handeln ins Bewußtsein rufen. Zugleich repräsentieren sie die »reinste« Form theoretischer Erkenntnis, da sie weder von technischen, noch praktischen, noch emanzipatorischen Interessen ableitbar sind. Sie tauchen nur im Kontext eines theoretischen Diskurses auf, der die geläufigen Imperative des Handelns und der Kommunikation beiseite setzt, um deren implizite Voraussetzungen zu untersuchen. Obwohl dieser Begriff von Rekonstruktion Habermas' Neuformulierung der kantianischen Komponente seines Denkens darstellt, ist er doch im Unterschied zu seinem transzendentalen Vorgänger insoweit empirischen Bedingungen unterworfen, als er die empirisch aufweisbaren Kompetenzen empirischer Subjekte zu erklären sucht.

Diese Unterscheidung verändert Habermas' begriffliche Bestimmung kritischer Theorie grundlegend. Diese nämlich wird nun nicht mehr als unmittelbarer Beitrag zur Selbstreflexion der Gattung angesehen, sondern bezieht sich auf die Ausarbeitung allgemeiner Kompetenzen. Doch dürfen sich rationale Rekonstruktionen nicht nur auf die »Tiefenstrukturen« dieser Kompetenzen richten, sondern müssen auch die Prozesse berücksichtigen, in denen die Strukturen sich verändern. Sie müssen mit »Entwicklungslogiken« gekoppelt werden, welche die Stadien, in denen die Kompetenzen sich entwickeln, erläutern und erklären. Anderenfalls käme man zu einem ahistorischen Ansatz, und gerade den möchte Habermas vermeiden. So wie Chomskys linguistische Arbeiten das Modell rationaler Rekonstruktion darstellen, so dient Piagets Werk Habermas als Beispiel einer Entwicklungslogik. Letztere nun stellt Habermas' Neuformulierung der hegelianischen Komponente seines Projekts dar. Auch diese Logiken sind — im Unterschied zu ihrem phänomenologischen Vorgänger — insofern empirischen Bedingungen unterworfen, als sie die Entwicklung empirisch nachweisbarer Kompetenzen in empirischen Subjekten zu erläutern und zu erklären suchen.

Die Unterscheidung zwischen rationaler Rekonstruktion und kritischer Selbstreflexion ist auch für die zweite bedeutsame Umarbeitung in Habermas' Projekt wichtig. Während Habermas nämlich zunächst versuchte, Marx' »Geschichtsphilosophie in praktischer Absicht« zu rekonstruieren, wurde ihm allmählich klar, daß diese Philosophie an den Begriff des Fortschritts eines »kollektiven Subjekts« gebunden war. Nicht nur kritische Einwände wie die von Theunissen, sondern auch die theoretischen Antworten auf geschichtliche Entwicklungen selbst, die in der Rationalitätsproblematik sichtbar wurden, lassen den Begriff eines kollektiven Subjekts fragwürdig erscheinen. So verlagert Habermas seine Fragestellung auf »universelle Kompetenzen«, um den historischen Materialismus aus seiner allzu großen Abhängigkeit von einer an Hegel und Marx orientierten Geschichtsphilosophie zu befreien. Die »Rekonstruktion des historischen Materialismus« (die

Neuformulierung der Marxschen Komponente seines Projekts) wird als eine Theorie gesellschaftlicher Evolution entwickelt, die sich eher mit der Herausbildung universeller Kompetenzen befaßt als mit der Geschichte eines kollektiven Subjekts. Das Stichwort lautet nun nicht mehr »Geschichtsphilosophie in praktischer Absicht«, sondern gesellschaftsbezogene Evolutionstheorie.

Und schließlich muß die kritische Selbstreflexion, insoweit sie auf eine begründete Kritik an Ideologie als systematisch verzerrter Kommunikation zielt, eine Theorie »normaler« Kommunikation zur Grundlage haben. Eine rationale Rekonstruktion der unumgänglichen Bedingungen und Voraussetzungen von Kommunikation könnte sich dem Problem einer normativen Grundlegung kritischer Theorie zuwenden, weil und insofern die Frage »Warum ist die Ideologiekritik nicht selbst ideologisch?« beantwortbar würde. Dies ist die dritte grundsätzliche Umarbeitung: Habermas' Wende von einer materialistisch transformierten phänomenologischen Selbstreflexion zu einer materialistisch transformierten transzendentalen Reflexion. Es ist auch die Wende von der Erkenntnis- zur Kommunikationstheorie; nunmehr soll diese die Grundlage kritischer Theorie bilden. Damit aber wird eine Theorie kommunikativer Rationalität erforderlich.

Diese Umarbeitungen können keineswegs alle oben skizzierten Einwände beruhigen. Insbesondere das Dilemma des Vorrangs der Geschichte vor der Natur und vice versa bleibt, wie Habermas erkennt, ungelöst. Des weiteren kann die Unterscheidung zwischen rationaler Rekonstruktion und kritischer Selbstreflexion allem Anschein nach zwar den Hauptpunkt der kritischen Einwände treffen, indem sie die kantischen Elemente in angemessener Weise von den marxischen trennt, doch fordert eben dies seinen Preis. McCarthy stellt das Problem wie folgt dar: »Indem er dem theoretischen Charakter der Theorie (rationale Rekonstruktion als 'reines' Wissen) und dem praktischen Charakter der Praxis (Kritik als gebunden an das System Handeln-Erfahrung) gerecht zu werden versucht, scheint er jene Spaltung zwischen Vernunft und Emanzipation wieder eingeführt zu haben, die in *Erkenntnis und Interesse* überwunden werden sollte.« (McCarthy 1980, 121) Dies Problem kann am besten nach der Untersuchung von Habermas' Entgegnung auf den dritten Kritikpunkt erörtert werden. Hierbei geht es um die praxisorientierten Einwände gegen seine Interpretation des psychoanalytischen Modells.

Habermas geht auf die Einwände von Giegel und Gadamer ein, indem er die Aufgaben der kritischen Theorie gesondert betrachtet. Der therapeutische Dialog soll dabei nicht als Modell für den Konflikt zwischen oppositionellen Gruppen und Klassen verstanden werden, sondern er dient der Organisation von Aufklärung. Deren praktische Durchsetzung will die kritische Theorie mit Rechtfertigungsgründen versehen, nicht aber die (möglicherweise) gefährlichen politischen Entscheidungen konkret handelnder politischer Subjekte. Auf dieser Ebene liegen Begründung und Rechtfertigung in einem Konsensus, der zwischen den Teilnehmern selbst erzielt wird. Denn es gibt keine Theorie, auch keine kritische, »die die potentiellen Opfer im vorhinein einer weltgeschichtlichen Mission versichert« (TP, 38f.). Beide Ebenen — die Organisation von Aufklärung und das politische Handeln — sollten von der Konstruktion einer Theorie unterschieden werden, d.h. von einer Ebene, auf der die kritische Theorie sich der Prüfung durch den Dialog ebenso aussetzen muß wie der empirischen Falsifizierbarkeit. Schließlich gibt es auf keiner Ebene einen »privilegierten Zugang zur Wahrheit«, denn die Überlegenheit, die die Aufklärer unvermeidlicherweise über die Aufzuklärenden reklamieren, ist nur Fiktion — »in einem Aufklärungsprozeß gibt es nur Beteiligte« (TP, 45). Diese Trennung der verschiedenen Aufgaben nimmt der Kritik viel von ihrer Schärfe, doch erneut um den Preis der Trennung von Theorie (theoretische Konstruktion, die sich auf rationale Rekonstruktion konzentriert) und Praxis (politisches Handeln, das durch Selbstreflexion unterstützt wird).

Zusammengefaßt kann gesagt werden, daß Habermas' späteres Werk den Begriff der rationalen Rekonstruktion in den Mittelpunkt rückt. Dies Projekt wird zugleich auf der individiduellen wie der gesellschaftlichen Ebene entwickelt. Auf der ersteren sind drei Bereiche der Rekonstruktion zu unterscheiden: Erkenntnis (als kognitiver Prozeß), Kommunikation und Handeln. Auf der gesellschaftlichen Ebene gibt es zwei Bereiche: Produktivkräfte (hinsichtlich der in ihnen verkörperten technischen Erkenntnis) und Formen gesellschaftlicher Integration (hinsichtlich der in ihnen verkörperten praktischen Erkenntnis). Die in diesen Rekonstruktionen entwickelten Hypothesen sind der Prüfung durch den Diskurs ebenso ausgesetzt wie der empirischen Falsifizierbarkeit. Obwohl Habermas, indem er sich auf rekonstruktive Untersuchungen konzentriert, das Band zwischen Theorie und Praxis zu zerschneiden scheint, hält er doch an der Annahme fest, daß ein solches Band existiert. Des weiteren erkennt er durchaus an, daß eine ideologiekritische Konzeption immer noch notwendig ist, wenn die »praktischen Absichten« einer kritischen Theorie nicht über Bord geworfen werden sollen. Seine spätere Fassung des Verhältnisses von Theorie und Praxis kann nur in seiner Kommunikationstheorie entdeckt werden, die auch eine neue normative Begründung für kritische Theorie enthält.

Ich werde nun die Hauptetappen in der Entwicklung von Habermas' Kommunikationstheorie nachzeichnen. Dabei beginne ich mit seinen Ausführungen zur »kommunikativen Kompetenz« und gelange schließlich zu seinem zentralen Begriff der kommunikativen Rationalität. Damit beschließe ich zugleich meine Erörterung der Neubegründung kritischer Theorie, die jene beiden zentralen Probleme der Frankfurter Schule (die normative Begründung kritischer Theorie und das Theorie-Praxis-Verhältnis) zu lösen sucht, die aus der Rationalitätsproblematik entstanden sind und sich mit deren Entwicklung verändert haben.

Kommunikationstheorie als Rekonstruktion kritischer Theorie

Wie McCarthy erklärt hat, beruht »das gesamte Projekt von Habermas, von der Kritik am zeitgenössischen Szientismus bis zur Rekonstruktion des Historischen Materialismus, (...) auf der Möglichkeit, eine Darstellung der Kommunikation zu geben, die zugleich theoretisch und normativ ist und die über eine reine Hermeneutik hinausgeht, ohne aber auf eine streng empirisch-analytische Wissenschaft reduzierbar zu sein« (McCarthy 1980, 309). Habermas' Kommunikationstheorie ist der Versuch einer normativen Begründung kritischer Gesellschaftstheorie und damit zugleich ein neuer Ansatz für die Verteidigung einer erweiterten Vernunftkonzeption. Diese Konzeption geht ihrerseits auf den Streit der Frankfurter Theoretiker mit den Positivisten zurück, denen die Beschränkung der Rationalität auf ihren technischen Aspekt und die Einengung der Erkenntnis auf Wissenschaft vorgeworfen wurde. Wie ich im zweiten Kapitel zeigte, wurde die Positivismuskritik vom Standpunkt eines philosophischen Vernunftbegriffs und einer Geschichtsphilosophie aus vorgetragen, die eine normativ-kritische Dimension besaßen. An der gleichzeitigen Entwicklung der Sprachphilosophie ging diese Kritik im wesentlichen vorbei; die *philosophy of language* galt lediglich als Teil des Positivismus und einer technokratisch fixierten Ideologie (vgl. Marcuse 1967, 184-214). Im Gegensatz dazu sieht Habermas die Sprachphilosophie als Ausgangspunkt für Gesellschaftstheorie und hält diese neue Orientierung für notwendig, weil »die Sprachproblematik heute die Bewußtseinsproblematik ersetzt hat« (Logik, 220). Zudem erfordert eine Vernunftkonzeption, die normative und kritische Elemente umfaßt, eine Sprachtheorie, die auf der Einsicht beruht, daß »die Wahrheit von Aussagen in der Antizipation des gelungenen Lebens« gründet (TWI, 164). Der von Habermas vollzogene *linguistic turn* war am Anfang der

Versuch, das normative Ziel kritischer Theorie — eine von überflüssiger Herrschaft befreite Gesellschaft — als im kommunikativen Handeln selbst antizipiertes aufzuweisen.

In der Herausbildung von Habermas' Kommunikationstheorie können vier Stadien unterschieden werden, die in wichtigen theoretischen Texten ihren jeweiligen Ausdruck finden. Diese Stadien sind folgende: 1. die Theorie der kommunikativen Kompetenz, der systematisch verzerrten Kommunikation und der idealen Sprechsituation; 2. die Diskurstheorie und die Konsensustheorie der Wahrheit; 3. die Theorie der Universalpragmatik und der gesellschaftlichen Evolution; 4. die Theorie kommunikativen Handelns und kommunikativer Rationalität. Die sich hier dokumentierende Entwicklungslogik zeigt beispielhaft Habermas' synthetisierende Methode theoretischer Konstruktion (vgl. dazu das erste Kapitel). Die auf einer Stufe auftretenden Schwierigkeiten werden auf der nächsten bearbeitet und korrigiert. So sah sich Habermas zunächst durch die mit dem Reflexionsbegriff, dem Status einer quasi-transzendentalen Erkenntnistheorie und der Einbeziehung der Psychoanalyse verbundenen Probleme zur Formulierung seiner Kommunikationstheorie veranlaßt. Die Theorie der kommunikativen Kompetenz mit dem zentralen Begriff der idealen Sprechsituation führte ihrerseits zu Problemen, denen mit der Diskurstheorie und der Konsensustheorie der Wahrheit begegnet werden sollte. Deren systematische Entfaltung wiederum machte eine Theorie der Universalpragmatik erforderlich, die die Grundlage für eine Theorie gesellschaftlicher Evolution bildete. Und schließlich mußten alle diese Projekte durch eine Theorie kommunikativen Handelns und kommunikativer Rationalität gestützt und korrigiert werden. Im folgenden werde ich Habermas' hauptsächliche Argumente Stufe für Stufe erörtern und die Probleme bezeichnen, die zur Weiterentwicklung Anlaß gaben. Das vorläufige Endstadium dieser Entwicklung, die »Theorie kommunikativen Handelns«, werde ich im vierten Kapitel diskutieren.

1. *Kommunikative Kompetenz, systematisch verzerrte Kommunikation, ideale Sprechsituation*

Habermas' Arbeit zur kommunikativen Kompetenz bezieht sich zunächst auf Chomsky. Das Ziel der linguistischen Theorie, wie Chomsky es in seinem Buch *Syntactic Structures* (1957) darlegte, besteht in der Beschreibung syntaktischer Strukturen vermittels der genauen Angabe der Regeln, die der Bildung von Sätzen zugrundeliegen (vgl. Searle 1974). Chomskys »Generative Transformationsgrammatik« ist ein System von Regeln, die mit Hilfe einer bestimmten Klasse *(set)* von

Elementen arbeiten. Diese Regeln definieren innerhalb der gesamten Klasse möglicher Kombinationen von Elementen eine Unterklasse, die als wohlgeformt bezeichnet werden kann und damit im Gegensatz zu einer anderen Klasse steht, die als nicht-wohlgeformt gelten muß. Die linguistische Theorie bezieht sich nun auf die linguistischen *Kompetenzen*, d.h. auf die Fähigkeit eines idealen Sprechers, das Regelsystem zu beherrschen. Sie abstrahiert dabei von Aspekten der linguistischen Performanz, d.h. vom tatsächlichen Gebrauch des Systems durch Sprecher, die den einschränkenden Bedingungen des Gedächtnisses, der Aufmerksamkeit und des Irrtums ausgesetzt sind. Gegenüber behaviouristischen Ansätzen betonte Chomsky, daß die Kreativität eines Sprachbenutzers (die Fähigkeit, eine unendliche Anzahl grammatisch wohlgeformter Sätze hervorzubringen) nur in bezug auf einen angeborenen Sprachmechanismus erklärt werden könne. Chomskys Schwierigkeit, das Regelsystem durch traditionelle Klassifikationsmethoden zu fassen, führte ihn zu der Ansicht, daß die wohlgeformten syntaktischen Kombinationen Oberflächenstrukturen darstellen, die das Ergebnis der Transformation von Tiefenstrukturen sind. Auf diese Weise entwickelte sich Chomskys Grundlagenforschungsprogramm zur Rekonstruktion linguistischer Kompetenz, die als Beherrschung eines Regelsystems aufgrund eines angeborenen Sprachmechanismus begriffen wurde.

Später machten Katz/Fodor (1963) und Katz/Postal (1964) Vorschläge für die Integration von syntaktischen und semantischen Strukturen in dem von Chomsky ausgearbeiteten Rahmen. Chomsky griff diese Vorschläge in seinen *Aspekten der Syntax-Theorie* (dt. 1968) auf (vgl. Lyons 1977, 409-22). Das Ziel bestand in der Repräsentation der gesamten »Grammatik« (in Chomskys Bedeutung) einer Sprache, die durch drei Komponenten erreicht werden sollte: 1. durch eine syntaktische Komponente, mittels derer Sätze erzeugt und beschrieben werden; 2. durch eine phonologische Komponente, mittels derer die lautliche Struktur der erzeugten Sätze beschrieben wird; 3. durch eine semantische Komponente, mittels derer die Bedeutungsstruktur der erzeugten Sätze beschrieben wird. Im Mittelpunkt dieses Programms steht die syntaktische Komponente. Phonologie und Semantik beschreiben nur die durch sie erzeugten Sätze, bringen selbst aber keine hervor. Die Ausdehnung auf die Semantik machte die Einführung eines Wörterbuchs erforderlich, das für jedes verwendete Wort semantische Informationen und für die semantische Interpretation der jeweiligen Sätze Regeln bereitstellte. Die für die Interpretation notwendige Information war durch die Tiefenstruktur gegeben und letztlich mit einem universalen Inventar lexikalischer Komponenten verbindbar.

Habermas kritisiert an diesem Programm die semantische Komponente insoweit, als er sich vorwiegend auf bedeutungstragende Sätze bezieht. Insbesondere beschäftigt er sich mit den auf der semantischen Ebene postulierten linguistischen Universalien, die er in irreführender Weise »universelle Bedeutungen« oder »semantische Universalien« nennt. Für ihn entstehen linguistische Universalien »in allen natürlichen Sprachen« (TC, 363). Doch können sie nicht alle unter Bezugnahme auf ein universelles Inventar lexikalischer Komponenten verstanden werden, das auf der Beschaffenheit des individuellen menschlichen Organismus beruht; sie müssen auch aus ihrer Entstehung in soziokulturellen Zusammenhängen begriffen werden, die das Studienfeld der Ethnolinguistik bilden.

Habermas setzt sich ausführlich mit drei Thesen von Chomskys Programm auseinander, deren Geltung er bestreitet. Es geht dabei 1. um die These des Monologismus, die besagt, daß linguistische Universalien einzig »der Grundausstattung des Einzelorganismus des sprechenden Subjekts« angehören; 2. um die These des Apriorismus, die besagt, daß linguistische Universalien »der Existenz vorausliegen« und 3. um die These des Elementarismus, die besagt, daß Bedeutung *(meaning)* auf angemessene Weise in bezug auf »eine Kombination einer endlichen Anzahl« lexikalischer Komponenten analysiert werden kann (TC, 363). Gegen die ersten beiden Thesen führt Habermas ins Feld, daß linguistische Universalien weder automatisch der Existenz vorausgehen noch sämtlich in der Ausstattung des menschlichen Organismus, die der Sozialisation zugrundeliegt, verwurzelt sind. Einige linguistische Universalien sind a priori, »insofern sie die Bedingungen für mögliche Kommunikation und allgemeine Schemata der Interpretation festlegen«. Andere Universalien sind a posteriori »in dem Sinne, daß sie die unveränderlichen Charakterzüge kontingenter Erfahrungshorizonte, ... die allen Kulturen gemeinsam sind, repräsentieren« (ebd.). Linguistische Universalien a posteriori setzen Erfahrung in Gang, während apriorische diese erst möglich machen. Außerdem können, so Habermas, linguistische Universalien auch hinsichtlich dessen unterschieden werden, ob sie intersubjektiv, d.h. soziokulturell, oder monologisch, d.h. durch die Ausstattung des individuellen Organismus bestimmt sind. Das führt zu folgender Klassifikation (TC, 364):

	a priori	*a posteriori*
intersubjektiv	dialog-konstitutive Universalien (z.B. Personalpronomina)	kulturelle Universalien (z.B. Verwandtschafts- und Farbbezeichnungen)
monologisch	universale kognitive Interpretationsschemata (z.B. deiktische Ausdrücke des Ortes und der Zeit)	Universalien der Wahrnehmungs- und motivationalen Verfassung (z.B. das Vokabular für elementare Triebe und Gefühle)

Habermas' Einwand gegen die dritte These lautet, eine Betrachtung linguistischer Universalien wie Verwandtschaftsbeziehungen und Farbwörter zeige »die Abhängigkeit der semantischen Analyse vom unüberschreitbaren gemeinsamen Kontext der Gesellschaft, zu der der Sprecher gehört« (TC, 365). Eine angemessene Bedeutungsanalyse darf diesen Kontext nicht außer acht lassen, und hier liegt für Habermas das grundlegende Problem von Chomskys Vorhaben. Die Erkenntnis, daß das in der semantischen Analyse aufgedeckte Lexikon im Zusammenhang mit kulturell und geschichtlich sich verändernden »Weltbildern« (*worldviews*, i.O. dt., d.Ü.) ebenfalls Veränderungen unterliegen kann, zeigt, daß die Analyse nur »für ein Gesellschaftssystem auf einer bestimmten Entwicklungsstufe« Gültigkeit besitzt (TC, 366). Ferner argumentiert Habermas (in grundsätzlicher Übereinstimmung mit Gadamers Hermeneutik), daß Chomskys Programm selbst von einem globalen Vorverständnis geleitet wird, welches in einem bestimmten geschichtlichen Schnittpunkt in einem bestimmten gesellschaftlichen System begründet liegt.

Was Habermas notwendig erscheint, ist ein »Bezugsrahmen« für die »Analyse aller möglichen Globalinterpretationen von Natur und Gesellschaft«, der systematisch »aus der allgemeinen Sprachtheorie selbst« entwickelt wird. Ein solcher Bezugsrahmen wird dann sichtbar, wenn wir bemerken, daß die Kompetenz eines Sprachbenutzers nicht einfach die Beherrschung für die Konstruktion grammatisch einwandfreier Sätze, sondern auch die Kommunikationsfähigkeit umfaßt. Die Fähigkeit, eine Situation »potentieller umgangssprachlicher Kommunikation herzustellen, ist selbst Bestandteil der allgemeinen Kompetenz des idealen Sprechers«. Um an der Kommunikation teilnehmen zu können, muß der Sprecher (über die linguistische Kompetenz hinaus) »die grundlegende Befähigung für Sprache und symbolisches Handeln (Rollenverhalten) besitzen, die wir kommunikative Kompetenz nennen können« (TC, 366f.). Um die Kompetenz eines idealen Sprechers zur Beherrschung einer idealen Sprechsituation zu rekonstruieren, bedarf es einer Theorie der kommunikativen Kompetenz.

So wie die linguistische Kompetenz hinsichtlich der Beherrschung eines Sets idealisierter formaler Verfahrensweisen rational rekonstruiert werden kann, so kann auch die kommunikative Kompetenz formal rekonstruiert werden: als Beherrschung einer »idealen Sprechsituation«.

Deren Begriff will Habermas erhellen, indem er sich auf Austins Sprachtheorie bezieht. Diese versucht, wie er sagt, »die Bedeutung bestimmter idealisierter Charakterzüge von Sprechsituationen im allgemeinen zu erklären«. Dabei schließt sie universelle Kompetenzen ein, die der Sprecher besitzen muß, um an jeder möglichen Sprechsituation teilnehmen zu können (TC, 367). Unter Berufung auf Wunderlich unterscheidet Habermas fünf Klassen von »dialogkonstitutiven Universalien«, die ein Sprecher beherrschen muß, um umgangssprachlich kommunizieren zu können: 1. Personalpronomina und ihre Ableitungen; 2. Anrede- und Einleitungsformeln; 3. deiktische Ausdrücke des Ortes und der Zeit; 4. performative Verben; 5. nicht-performative Verben intentionalen Charakters, die die Einstellungen des Sprechers ausdrücken. Habermas konzentriert sich auf die Performativa (obwohl eine vollständige Theorie der kommunikativen Kompetenz die jeder Klasse zugrundeliegende Logik herausarbeiten muß). Habermas unterscheidet bei den performativen Verben vier Klassen: 1. *Kommunikativa*, die die pragmatische Bedeutung von Äußerungen *als* Äußerungen ausdrücken; z.B. »sagen«, »ausdrücken«, »erwähnen«, »sprechen«, »fragen«; 2. *Konstativa*, die die Bedeutung von Aussagen erläutern, wie »feststellen«, »zustimmen«, »erklären«, »beschreiben«; 3. *Repräsentativa*, die ausdrücken, wie der Sprecher sich selbst darstellt, z.B. »zugeben«, »beichten«, »verneinen«; und schließlich, 4. *Regulativa*, die das Verhältnis des Sprechers zu Normen ausdrücken, also etwa »verbieten«, »befehlen«, »ermahnen«, »gestatten« (TC, 368-70).

Habermas geht davon aus, daß diese vier Klassen eine generelle Klassifikation aller Sprechakte gestatten, da jeder Sprechakt explizit oder implizit performativen Charakters sei. Die Beherrschung aller Sprechakte ist Bedingung dafür, die Unterscheidungen bestimmen zu können, die jeder Sprechsituation zugrundeliegen. *Konstativa* erlauben die Unterscheidung einer öffentlichen und einer privaten Welt (Sein und Erscheinung); *Repräsentativa* erlauben die Unterscheidung zwischen dem individuellen Ich und den (Sprach-)Handlungen, in denen es sich manifestiert; *Regulativa* erlauben die Unterscheidung zwischen dem, was ist und dem, was sein sollte. Auf der Grundlage dieser Klassifikation, so Habermas, können jene drei »symmetrischen Ansprüche« erreicht werden, die die ideale Sprechsituation charakterisieren, und die garantieren, daß sie frei von »systematischer Verzerrung«

ist. Dabei handelt es sich um folgende Ansprüche: 1. »unbeschränkte Diskussion«, in der es möglich ist, »Strategien für die Erreichung eines zwanglosen Konsenses zu entwickeln«; 2. gegenseitige »unbeeinträchtigte Selbstdarstellung«, in der sich »zwischen den Parteien subtile Nähe verbunden mit unverletzbarer Distanz herstellt, was Kommunikation unter Bedingungen äußerster Individuation bedeutet«; 3. »vollständige Ergänzung der Erwartungen«, die den »Anspruch universellen Verstehens« und »universalisierter Normen« ermöglicht. Für Habermas »repräsentieren diese drei Symmetrien ... eine linguistisch gefaßte Begrifflichkeit für das, was wir traditionellerweise als die Ideen von Wahrheit, Freiheit und Gerechtigkeit auffassen« (TC, 370-72).

Natürlich ist der Begriff der idealen Sprechsituation eine Idealisierung. Wie Habermas zugibt, ist die Beherrschung der »dialogkonstitutiven Universalien« nicht dasselbe wie die Fähigkeit, die ideale Sprechsituation tatsächlich herzustellen. Kommunikative Kompetenz bedeutet aber »die Verfügung über die Konstruktionsmittel, welche zur Herstellung der idealen Sprechsituation notwendig sind« (TC, 372). Die ideale Sprechsituation stellt einen Maßstab zur Verfügung, in Ansehung dessen systematisch verzerrte Kommunikation (neurotisch oder ideologisch verzerrte Sprache im Sinne Freuds oder Marxens) aufgespürt und kritisiert werden kann.[4] Ungeachtet der Kraft solcher Verzerrungen »ist der Entwurf einer idealen Sprechsituation notwendig mit der Struktur potentiellen Sprechens und Handelns verknüpft«, da alle Sprache »sich an der Idee der Wahrheit ausrichtet«, die »nur im Hinblick auf einen Konsensus analysiert werden kann, der im zwanglosen und universellen Diskurs erreicht wird« (TC, 372). Insoweit wir also die Mittel für die Konstruktion einer ideellen Sprechsituation beherrschen, können wir Wahrheit, Gerechtigkeit und Freiheit als voneinander abhängige und wechselseitig aufeinander verweisende Vorstellungen begreifen. Doch bleiben sie »Ideale«, die wir zum gegenwärtigen Zeitpunkt »nur antizipieren können« (ebd.). Und schließlich antizipiert alles Sprechen eine Lebensform, in der diese Idealisation verwirklicht werden kann. Um diesen Gesichtspunkt genauer zu fassen, bedarf es nicht nur einer Diskurstheorie und einer Konsensustheorie der Wahrheit, sondern auch einer »Universalpragmatik«, die die allgemeinen und notwendigen Bedingungen allen Sprechens rekonstruiert.

Bevor ich mich Habermas' späteren Arbeiten zu diesem Thema zuwende, will ich den von mir umrissenen Ausgangspunkt kritisch bewerten. Das erste Problem bildet Habermas' Verwendung des Wortes

»Semantik«. Er gebraucht es in sehr lockerer Weise, um verschiedene linguistische Ebenen damit abzudecken, z.B. in solchen Formulierungen wie »allgemeine Semantik« (TC, 362). Derlei verdunkelt die Tatsache, daß sich Habermas' Kritik auf die phonologischen und syntaktischen Komponenten von Chomskys Programm nicht anwenden läßt. Doch selbst wenn man dies auf die Semantik ausweitete, so ginge es nur um die Ebene lexikalischer Bedeutungen, denn Chomskys Theorie hat mit Kommunikation nicht das mindeste zu tun. Es ist deshalb sinnlos, ihr vorzuwerfen, sie sei »monologisch«, denn die in Rede stehenden linguistischen Analyseebenen sehen ganz bewußt vom »intersubjektiven Faktor« ab. Kommunikation wird erst auf der pragmatischen Ebene wichtig, die jedoch von Habermas auf dieser Stufe nicht angemessen von den anderen Ebenen abgegrenzt wird.

Das zweite Problem ist mit dem — zugegebenermaßen schwierigen und in der Sprachwissenschaft umstrittenen — Begriff linguistischer Universalien vermacht. Jedoch scheint Habermas diesen Begriff einfach zu übernehmen, um dann damit weiterzuarbeiten. Obwohl seine eigene Klassifikation deutlich macht, daß er Chomskys Universalienbegriff nicht akzeptiert (da einige seiner eigenen Universalien a posteriori und intersubjektiv sind) bleibt der von ihm entwickelte Begriff theoretisch unterbestimmt. Eine kurze Überprüfung seines Klassifizierungsmusters wird zeigen, daß mehr Klarheit erforderlich wäre.

Ich beginne mit dem Beispiel der Personalpronomina, die Habermas als a priori und intersubjektiv einstuft. Diese Wortfamilie kann phonologisch, syntaktisch, semantisch und pragmatisch untersucht werden. Auf welcher Ebene der Analyse und in welchem Sinne sind sie a priori? Auf welcher Ebene der Analyse und in welchem Sinne sind sie Universalien? Werden sie auf allen Ebenen als intersubjektiv eingestuft? Und wenn ja, mit welcher Begründung? Habermas gibt uns nichts an die Hand, um diese Fragen überhaupt angehen zu können. In seiner Klassifikation wie auch im allgemeinen Zusammenhang seiner linguistischen Studien vermengt Habermas mehrere Analyseebenen miteinander. Aufgrund dieses Problems — und das macht die Sache noch schwieriger — verliert Habermas die Tatsache aus dem Auge, daß »Bedeutung« auf verschiedene Weise analysiert werden kann. Nehmen wir etwa das englische Personalpronomen »I«. Es hat eine lexikalische Bedeutung, eine kontext-abhängige Referenz und einen Verwendungszusammenhang in der Kommunikation. Habermas' frühe Version der kommunikativen Kompetenz legt sich über diese Unterschiede keine Rechenschaft ab. So geht der zentrale Gesichtspunkt von »Bedeutung« der Betrachtung verloren.

Habermas möchte nachweisen, daß das auf die Semantik ausgedehnte Programm Chomskys »Bedeutung« nicht angemessen analysieren kann. Doch läßt sich dies Argument sehr viel klarer formulieren, wie es z.B. Searle tut: »Jeder Versuch, die Bedeutung von Sätzen zu klären, muß ihre Rolle in der Kommunikation, in der Ausführung von Sprechakten in Betracht ziehen, weil ein wesentlicher Bestandteil der Bedeutung eines Satzes in seiner Möglichkeit liegt, einen Sprechakt auszuführen.« (Searle 1974, 30) Habermas übersieht die radikale Differenz zwischen Searles und Chomskys Analysen von »Bedeutung«; für Searle nämlich spielt Kommunikation eine grundlegende Rolle, während sie für Chomsky nebensächlich ist. Des weiteren ist für Chomsky jede Analyse von Kommunikation eine Analyse *performativer* Vorgänge; für Searle aber ist die Analyse von Sprechakten eine Analyse der Sprach*kompetenz*. In beiden Punkten steht Habermas auf der Seite von Searle. Doch in dieser Entwicklungsphase seiner Kommunikationstheorie nimmt Habermas dergleichen Differenzen in ersichtlicher Weise nicht wahr.

Hymes (1971) setzte sich für die Erweiterung des Kompetenzbegriffs ein, die linguistische sollte um die kommunikative Kompetenz bereichert werden (vgl. Lyons 1977, 573-91). Letztere bezieht sich für Hymes auf die Fähigkeit einer Person, als Mitglied einer gegebenen soziokulturellen Gemeinschaft alle ihm zur Verfügung stehenden Zeichensysteme zu verwenden. Die linguistische wäre dann nur ein Teil der kommunikativen Kompetenz. Diese Ausweitung des Kompetenzbegriffs führt die Beschäftigung mit gesellschaftlich kontextgebundenen Äußerungen in eine nützliche Richtung. Habermas möchte diesen Kompetenzbegriff revidieren, indem er Chomskys Ansatz der Rekonstruktion einer universellen Kompetenz beibehält. Offensichtlich will er damit seinem eigenen Kompetenzbegriff die Anwendung auf alle natürlichen Sprachen sichern, wobei die kontingenten Zusammenhänge tatsächlichen Sprachgebrauchs unbeachtet bleiben. Dabei gelingt es ihm jedoch nicht, seinen Ansatz von Hymes' Theorie abzugrenzen. Die Differenz ließe sich folgendermaßen bestimmen: Hymes' Soziolinguistik untersucht die Bedeutungen von Sätzen, die in bestimmten gesellschaftlichen Kontextklassen geäußert werden, während die Universalpragmatik das untersucht, was allen Kontextklassen notwendigerweise gemeinsam ist. Insofern die Universalpragmatik die Bedeutung von Sätzen als Äußerungseinheiten (Sprechakten) untersucht, gehört sie zur Sprachphilosophie. Ihre Ergebnisse sollten, wenn sie richtig sind, »für jede mögliche Sprache gültig sein, die Wahrheiten oder Aussagen oder Versprechen hervorbringen kann« (Searle 1971, 12f.). Die Soziolinguistik betreibt das Studium tatsächlich existierender natürlicher Sprachen wie Französisch, Englisch oder Deutsch, während die Untersuchungen der Sprachphilosophie sich auf das notwendigerweise für alle Sprachen Gültige beziehen. Doch ist diese Unterscheidung für Habermas' Ansatz insoweit unzutreffend, als er eine an Chomskys Programm orientierte Rekonstruktion entwickeln möchte. Auch in dieser Hinsicht ist seine Ausarbeitung des Begriffs der kommunikativen Kompetenz nicht angemessen.

»Kommunikative Kompetenz«, so Habermas, »bedeutet die Beherrschung einer idealen Sprechsituation.« (TC, 367) Aber worin besteht diese und wie läßt sie sich bestimmen? Natürlich ist es bisweilen für die Linguistik notwendig, in heuristischer Absicht ideale Sprecher-Hörer in einer idealen Sprechsituation in einer idealen Sprachgemeinschaft unter idealen Bedingungen zu entwerfen. Doch kann diese Analyse wirklich auf alle Arten von Sprachen angewendet werden? Und wenn ja, in welchem Sinne? Habermas unterstellt, daß die ideale Sprechsituation der Sprache überhaupt immanent sei. Doch in welchem Sinne kann sie dann »kontrafaktisch« sein, wie er ebenfalls unterstellt?[5] Welchen Nutzen kann ferner die ideale Sprechsituation für die von Habermas so genannte »systematisch verzerrte Kommunikation« besitzen, wenn die ideale Sprechsituation per definitionem nicht verzerrt ist? Offensichtlich bedarf es einer sehr viel klareren und umfassenderen Formulierung der Theorie.

2. *Diskurs und Wahrheit als Konsensus*

Die zweite Entwicklungsstufe von Habermas' Kommunikationstheorie findet sich vor allem in dem Text über »Wahrheitstheorien«. Hier führt Habermas die zentrale Unterscheidung von Diskurs und kommunikativem Handeln, die Konsensustheorie der Wahrheit und eine erweiterte Formulierung des Begriffs der idealen Sprechsituation ein. Wenden wir uns zunächst der Differenz von Diskurs und kommunikativem Handeln zu. Letzteres bezieht sich auf jene Formen der gesellschaftlichen Interaktion, in denen die Individuen stillschweigend und unkritisch die Normen, Praxen und Glaubenssysteme *(belief systems)* des alltäglichen Lebens akzeptieren. Diskurse dagegen haben das Ziel, den verborgenen Konsens eben dieser Normen, Praxen, Ideologien etc. zu thematisieren und zu kritisieren. In der täglichen kommunikativen Interaktion ergeben sich häufig Situationen, in denen Geltungsansprüche für Werte und Überzeugungen problematisch werden. Im Diskurs wird ihre Geltung hinterfragt, und die Diskursteilnehmer können in eine Argumentation eintreten, um »eine Verständigung über problematisch gewordene Geltungsansprüche wiederherzustellen«

(VET, 131). Diskurse sind vom Versuch geprägt, Auseinandersetzungen über Wahrheitsansprüche durch (diskursive) Rechtfertigung oder Einlösung *(redemption)* problematischer Ansprüche zu lösen, wobei sie sich vornehmlich argumentativer Mittel bedienen.[6]

Diskurse markieren so den Bruch mit gängigen gesellschaftlichen Handlungszusammenhängen und stellen vorherrschende Überzeugungen, Ideologien, Normen und Werte kritisch in Frage. In den Diskurs eintreten bedeutet idealerweise, sich aller Motive zu begeben ausgenommen der Absicht, unabhängig von Handlungszwängen und nur vom »Zwang des zwanglosen Arguments« geleitet, Übereinstimmung zu erzielen (VET, 159 ff.). Habermas macht vier Vorbedingungen fest, von denen der Diskursbegriff abhängig ist: 1. zielt der wahrhafte Diskurs auf Übereinstimmung bzw. auf einen »rationalen Konsensus«; 2. ist es möglich, einen solchen Konsensus zu erreichen; 3. kann ein wahrer Konsensus von einem falschen unterschieden werden; 4. kann nur ein in diesem Sinne rationaler Konsensus dazu dienen, Normen und Wahrheitsansprüche als »objektiv« — d.h. als für alle möglichen Diskursteilnehmer gültig und bindend — zu kennzeichnen. Ohne diese Vorbedingungen könnte rationale Kommunikation nicht stattfinden. Daraus zieht Habermas den Schluß, daß diese Vorbedingungen in die Struktur und das Ziel der Sprache als solcher eingelassen sind. Seine Theorie erläutert und erklärt mithin nur, was in der Kommunikation selbst schon beschlossen liegt.

Diese Auffassung von »Diskurs« impliziert eine praktische Hypothese, die für Habermas' Neubestimmung der normativen Grundlagen kritischer Theorie entscheidend ist: die Wahrheit von Aussagen und die Richtigkeit von Normen hängen von einer als herrschaftsfrei bestimmbaren Lebensform ab. Diese Lebensform faßt Habermas begrifflich unter dem Vorzeichen der »idealen Sprechsituation«, die für alle Teilnehmer Gleichheit sowie Freiheit von inneren und äußeren Zwängen erfordert. Ein solches Ideal ist zwar kontrafaktisch, dennoch aber in Kommunikation überhaupt »antizipiert« und auf diese Weise auch »wirksam«. (VET, 174ff.) So kann die ideale Sprechsituation als kantischer Maßstab für die Kritik an »systematisch verzerrter Kommunikation« dienen. Der Aufsatz über »Wahrheitstheorien« enthält Habermas' ausführlichste und abgesicherteste Analyse der idealen Sprechsituation wie auch der begrifflichen Beziehungen zwischen Wahrheit, Freiheit, unverzerrter Kommunikation und der zukünftigen Form einer emanzipierten Gesellschaft. Im folgenden werde ich die grundlegenden Thesen dieses Aufsatzes beleuchten und mich dann einigen Kritiken an dieser Position zuwenden, die zur dritten Stufe in der Entwicklung der Kommunikationstheorie geführt haben.

»Wahrheitstheorien« ist vorrangig eine Verteidigung von Habermas' Version der Konsensustheorie der Wahrheit, die, unabhängig von ihrer Bedeutung für seine eigene Auffassung von kritischer Theorie, grundsätzliches philosophisches Interesse beanspruchen darf. Seine Untersuchung beginnt mit einer Diskussion der Auseinandersetzung zwischen Strawson und Austin. Habermas stimmt mit beiden darin überein, daß Wahrheit nur Behauptungen *(assertions)* und nicht Sätzen zugeschrieben werden kann, und er geht davon aus, daß Wahrheit nicht allein in bezug auf die semantische Ebene expliziert werden darf, sondern die pragmatische Dimension miteinbeziehen muß. Mit Strawson (und gegen Austin) wird für Habermas Wahrheit Behauptungen nicht zugeschrieben, insofern sie einzelne Äußerungen oder Sprachereignisse darstellen, sondern insofern sie den Inhalt von Sprechakten repräsentieren. Doch muß das, was gesagt wird — der propositionale Gehalt — in Verbindung mit seinem performativen Aspekt gesehen werden: eine Proposition gewinnt ihre »assertorische Kraft« dadurch, daß sie behauptet wird (VET, 127ff.). Im kognitiven Sprachgebrauch beruht der auf diese Weise behauptete propositionale Gehalt auf diesem Geltungsanspruch, der, wenn überhaupt, nur im Dialog wirksam werden kann. Wahrheit ist jener Geltungsanspruch, den wir Propositionen zuschreiben, indem wir sie behaupten und sie so, wenigstens implizit, der diskursiven Überprüfung anheimstellen. Für Habermas muß jede angemessene Wahrheitstheorie sich an die »Pragmatik von Behauptungen« halten, die nicht nur erklären soll, unter welchen Bedingungen Behauptungen *(statements)* wahr sind, sondern auch, unter welchen Bedingungen wir berechtigt sind, Behauptungen für wahr zu halten. Wahrheitsbedingungen können nicht getrennt vom Begriff der *»warranted assertability«* aufgestellt werden.[7]

Um diese Behauptung zu stützen, kritisiert Habermas in extenso Wahrheitstheorien, die die Trennung zwischen Kriterien der Wahrheit und solchen der *warranted assertability* aufrechterhalten, was sich vor allem auf die Korrespondenztheorie der Wahrheit bezieht. Gestützt auf Argumente von Ramsey und Strawson hebt Habermas hervor, daß »Tatsachen« von »Objekten« oder »Dingen« unterschieden werden müssen. »Tatsachen« werden behauptet, Dinge dagegen erforscht. Tatsachen sind nicht auf dieselbe Weise »etwas in der Welt« wie Gegenstände unserer Erfahrung. Aber »(g)enau diese oder eine äquivalente Behauptung muß die Korrespondenztheorie der Wahrheit aufstellen.« Die Korrespondenz zwischen Behauptungen und der Realität, die wir »Tatsachen« nennen, kann nur durch Behauptungen festgestellt werden. »Die Korrespondenztheorie der Wahrheit versucht vergeblich, aus dem sprachlogischen Bereich auszubrechen ...« (VET, 133) Doch nachdem er unsere Aufmerksamkeit auf den sprachlichen circulus vitiosus gelenkt hat, weist Habermas darauf hin, die Korrespondenztheorie der Wahrheit beruhe auf der richtigen Beobachtung, daß unsere Behauptungen mit den Tatsachen übereinstimmen sollten und daß die Tatsachen durch sinnliche Erfahrungen »gegeben« sein müßten. Um den Schwierigkeiten des Verhältnisses zwischen »Tatsachen« und »Welt« zu entkommen, verweist Habermas auf seine Diskurstheorie. Nur im Diskurs, behauptet er, könnten Tatsachen als Tatsachen überprüft werden, »aber immer nur dann, wenn der mit Aussagen verbundene Geltungsanspruch Thema wird« (VET, 134). Aus seiner Sicht kann das, was wir unter »Tatsachen« verstehen, wie auch das, was »Tatsachen« wirklich sind, nur durch einen problematische Geltungsansprüche prüfenden Diskurs vermittelt werden.

Habermas unterscheidet drei Erfahrungen von Gewißheit: 1. sinnliche Gewißheit *(perceptual certainty)*, die auf der Erfahrung von Dingen und Vorgängen beruht; 2. nicht-sinnliche Gewißheit, die auf der Erkenntnis von Zeichen beruht; und 3. Glaubensgewißheit *(belief-certainty)*, die auf der Erfahrung von Personen und ihren Äußerungen beruht. (VET, 137ff.) Habermas ist der Auffassung, daß jede dieser Erfahrungen ein irreführendes Wahrheitsmodell zur Folge haben kann. Wahrheit kann überhaupt nicht als auf Gewißheit gründende Erfahrung verstanden werden, weil Wahrheit auf Geltungsansprüchen beruht, die dazu befähigt sind, einen Konsensus mittels Argumentation hervorzubringen. Er erklärt: »Erfahrungen *stützen* den Wahrheitsanspruch von Behauptungen. ... Aber *einlösen* läßt sich ein Wahrheitsanspruch nur durch Argumentation. Ein in Erfahrung *fundierter* Anspruch ist noch keineswegs ein *begründeter* Anspruch.« (VET, 135) Auf diese Weise umgreift der Wahrheitsanspruch notwendig eine Analyse der diskursiven Begründung von Geltungsansprüchen. Und dies erfordert eine Logik des Diskurses auf pragmatischer Ebene.

Die Logik des Diskurses und die Konsensustheorie der Wahrheit, die jene Logik stützt, müssen nicht nur die Wahrheit von Aussagen, sondern auch die Richtigkeit von Normen absichern. Somit ist diese Logik für den »theoretischen« ebenso wie für den »praktischen« Diskurs zuständig. Für Habermas ist der Begriff der »diskursiven Begründung« selbst normativer Provenienz. Wenn jeder Fall einer tatsächlich erreichten Übereinstimmung als »Konsensus« gelten darf, könnte dieser offensichtlich nicht als Wahrheitskriterium dienen: »... der Sinn von Wahrheit ist nicht der Umstand, daß überhaupt ein Konsensus erreicht wird, sondern: daß jederzeit und überall, wenn wir nur in einen Diskurs eintreten, ein Konsens unter Bedingungen erzielt werden kann, die diesen als begründeten Konsens ausweisen.« (VET, 160) Wahrheit bedeutet *warranted assertability*, d.h. das Versprechen, einen »rationalen« Konsensus zu erreichen. Doch unter welchen Bedingungen ist ein Konsens »rational« oder begründet? Der Begriff des Diskurses selbst hängt von unserer Fähigkeit ab, eine rationale von einer irrationalen Übereinkunft zu unterscheiden, die Frage läßt sich mithin nicht vermeiden.

Um sie zu beantworten, wendet Habermas sich erneut dem Begriff der idealen Sprechsituation zu. Indem wir uns an einem Diskurs beteiligen und zu einer Verständigung über Wahrheits- oder Normprobleme zu kommen suchen, setzen wir unvermeidlich voraus, daß eine tatsächliche *(genuine)* Verständigung zumindest möglich ist. Ebenso setzen wir notwendig voraus, daß eine solche Verständigung, wenn sie denn als rational gelten soll, einzig das Ergebnis des zwang-losen besseren Arguments, nicht aber Resultat zufällig oder systematisch eingeschränkter Diskussion ist. Die ideale Sprechsituation ist in formaler Hinsicht gerade durch das Fehlen solcher Beschränkungen charakterisiert, die insbesondere die systematisch verzerrte Kommunikation kennzeichnen. Die Idee der Wahrheit als Konsens erfordert, genau wie die Berücksichtigung unserer kommunikativen Kompetenz, die Antizipation einer solchen idealen Sprechsituation. Auf diese Weise kann Habermas die ideale Sprechsituation nicht nur mittels der bereits erwähnten »symmetrischen Erfordernisse« (d.h. der Chancengleichheit der Diskursteilnehmer in der Auswahl und Verwendung von Sprechakt-Klassen) charakterisieren, sondern diese Situation auch hinsichtlich der Ermöglichungsbedingungen von Diskurs und Wahrheit explizieren.

Habermas' Wahrheitstheorien und sein Begriff der idealen Sprechsituation waren harscher Kritik ausgesetzt. In seinem Aufsatz referiert er Walter Schulz' Einwände gegen die »erschreckende Irrealität« der »Unterstellungen der idealen Sprechsituation« (VET, 180, n.45). Angloamerikanische Philosophen haben in ähnlicher Weise Kritik laut werden lassen. So sagt etwa David Held, daß »die ideale Sprechsituation selbst weder eine hinreichende Bedingung für einen gänzlich offenen Diskurs bietet, noch auf die kritische Einschätzung der gesellschaftlichen Beschränkungen dieses Diskurstyps ausgeweitet werden kann. Die Bedingungen der idealen Sprechsituation können eine ganze Reihe von Erscheinungen nicht abdecken; der Gehalt kultureller Tradition entgeht ihnen ebenso wie die Verteilung materieller Ressourcen, die ganz offensichtlich wichtige Determinanten der Möglichkeit des Diskurses und — allgemeiner — der Möglichkeit einer rationalen, freien und gerechten Gesellschaft darstellen.« (Held 1980, 396) Außerdem unterschätzt Habermas sichtlich die materiellen Beschränkungen kommunikativen Handelns ebenso wie die Existenz von Ideologien, falschem Bewußtsein, Ungleichheit und Macht.

Auf der anderen Seite ist Alvin Gouldner der Meinung, Habermas' Modell sei zu streng. Unrealistische Forderungen an die Bedingungen eines rationalen Konsensus würden in Wahrheit die Möglichkeit von Verständigung und Konsens einschränken (Gouldner 1976, 138-45). Raymond Geuss ist der Auffassung, daß Habermas schlichtweg seine eigene Art der Interaktion mit anderen Philosophen verallgemeinere, und daß die meisten alltäglichen Sprachspiele keine solchen Charakteristika enthielten, aufgrund derer ihre Teilnehmer sich auf einen Diskurs einlassen würden (Geuss 1981, 66f.). Des weiteren wurde angezweifelt, daß Sprache überhaupt konsensusorientiert sei, und man warf die Frage auf, ob das durchschnittliche Individuum tatsächlich eine so offene und unvoreingenommene Haltung einnehmen könne, um sich auf die von Habermas geforderte rationale Argumentation einzulassen. Richard Bernstein z.B. meint, es fehle »jegliche Beleuchtung des Problems menschlichen Handelns und menschlicher Motivation«, die erklären könnte, warum Individuen am Diskurs teilnehmen, sich dem Zwang des besseren Arguments unterwerfen und auf einen rationalen Konsens abzielen sollten (Bernstein 1979, 310ff.). Schließlich bleibt unklar, was ein »besseres Argument« sein soll, wenn Evidenz- und Korrespondenzkriterien angelegt werden.

Bernsteins Kritik zielt durchaus ins Schwarze. Es gibt keine Erörterung eines Handlungs- oder Motivationsbegriffs, durch welchen die ideale Sprechsituation den Charakter eines bloßen Ideals verlöre. Auf einer späteren Stufe seines Projekts wird Habermas sich mit dem Komplex des kommunikativen Handelns auseinandersetzen, um dies Problem in den Griff zu bekommen. Doch bereits anhand des in den »Wahrheitstheorien« dokumentierten Entwicklungsstadiums kann gezeigt werden, daß einige der referierten Einwände den zentralen Gesichtspunkt der Untersuchung mißverstehen. Schärfer und detaillierter als in früheren Schriften macht Habermas deutlich, daß sein Begriff der idealen Sprechsituation (und die damit zusammenhängende Bedingung unverzerrter Kommunikation) idealisiert und kontrafaktisch ist. Zum Teil besitzt er den Status eines normativen Ideals. Habermas erörtert auch die Ähnlichkeiten (und Unterschiede) mit Kants »regulativem Ideal« und zieht sogar Verbindungen zum »transzendentalen Schein« der *Kritik der reinen Vernunft*. Doch im Gegensatz dazu drückt die ideale Sprechsituation das aller Kommunikation innewohnende Ziel aus und »antizipiert« die Form einer idealen Gesellschaft (VET, 181).

Habermas' Kommunikationstheorie hängt von einem Diskursbegriff ab, der die Bedingungen einer ideal-offenen, zwanglosen und nichtmanipulativen theoretischen Diskussion explizieren will, deren Teilnehmern es um Wahrheit und rationalen Konsens zu tun ist. In der Tat ist dies eine Variation des traditionellen Ideals philosophischer Diskussion.[8] *Daß* der theoretische Diskurs auf Wahrheit zielt, nimmt die Analyse als gegeben an, und so versucht sie aufzuschlüsseln, was mit der Vergewisserung und Begründung von Wahrheit vermacht ist. Indem Habermas unterstellt, daß der rationale Diskurs das Ideal unverzerrter Kommunikation und rationalen Konsens verwirklichen *sollte*, trägt seine Analyse auch normative Implikationen mit sich. Doch ist dies *Sollen* dem *Sein* nicht einfach entgegengesetzt, denn Habermas möchte zeigen, daß sein Begriff der idealen Sprechsituation in die Struktur kommunikativen Handelns (Interaktion) selbst eingebettet ist.

Doch selbst unterstellt, Habermas mache plausibel, was in einem rationalen Diskurs stattfinden *solle*, so könnte immer noch gefragt werden, ob nicht seine Theorie des Diskurses, des rationalen Konsenses und der idealen Sprechsituation einen begrenzteren Gültigkeits- und Anwendungsbereich besitzt, als er selber wahrhaben möchte. Allerdings ist er sich der Tatsache bewußt, daß der Diskurs eine sehr eingeschränkte und spezielle Form argumentativen Verhaltens ist, die im Alltagsleben nur schwer aufgewiesen werden kann. Habermas hält aber daran fest, daß diese Theorie als kritischer Maßstab dienen kann, um Verzerrungen in einem breiten Spektrum von Formen kommunikativen Handelns aufzudecken. Er betont auch, daß dies Programm eine weitaus umfassendere Analyse erfordert, um eine voll entwickelte Theorie kommunikativen Handelns bereitzustellen (und genau das wird er später tun). Auf dieser Stufe sind die Formulierungsschwierigkeiten jedenfalls keineswegs ausgeräumt. Insbesondere muß seine Theorie kommunikativer Kompetenz berichtigt und erweitert werden, und dazu bedarf es der Universalpragmatik. Diese bildet die nächste Stufe in der Entwicklung der Kommunikationstheorie, und ihr wende ich mich nunmehr zu.

3. *Universalpragmatik und gesellschaftliche Evolution*

A. Universalpragmatik. Habermas' universalpragmatischer Ansatz ist ein verfeinerter Versuch, die normative Dimension kritischer Theorie zu untermauern, und zu diesem Zweck macht er sich an die Begründung einer kognitiven Theorie der Ethik. Gegen nicht-kognitive

Ansätze (wie etwa den von Stevenson) führt Habermas ins Feld, daß der bindende Charakter von Normen nur durch deren rationale Grundlage erklärt werden kann, die mittels einer kommunikativen Ethik zu entwickeln wäre. In der Kommunikation möchten wir einen rationalen Konsens über das, was ist, und das, was sein sollte, erreichen. Der verbindliche Charakter von Normen kann nur aufgrund der Annahme erklärt werden, daß der Konsens nicht unter Zwang erreicht wurde und das allgemeine Gute verkörpert. Im Grunde ist Habermas' Position insoweit kantianisch, als solche Normen immer einen universalen Anspruch erheben und Ergebnis eines »vernünftigen Willens« sind. Doch ist für Habermas dieser Wille das Endresultat des Kommunikationsprozesses selbst. McCarthy hat richtig bemerkt, daß hier die Betonung wechselt: sie verlagert sich von dem, was jedes Individuum ohne Widerspruch wollen kann, um Universalität zu erreichen, zu dem, was alle zusammen wollen können, um Universalität zu erreichen. (McCarthy 1980, 352ff.) Für Habermas muß Universalisierung sowohl auf der Ebene des allgemeinen Guten als auch auf der Ebene des universellen Zugangs zur Teilhabe an Kommunikation möglich sein. Auf diese Weise kann das normative Prinzip der Universalisierung auch gesellschaftskritisch ausgerichtet werden. Doch wie ist dies Prinzip selbst zu begründen? Wie kann die alle Normen begründende Norm auf andere als zirkuläre Weise begründet werden? Habermas' Antwort lautet, daß das Universalisierungsprinzip der Struktur von Sprache selbst innewohnt.

Habermas möchte seine Position durch eine Untersuchung der allgemeinen Voraussetzungen von Kommunikation festigen und konzentriert seine Analysen auf das von ihm so genannte »verständigungsorientierte Handeln«, dem er grundlegende Bedeutung zuspricht. Ausgewählt wird dieser Typ kommunikativen Handelns, weil er auf die Absicherung eines rationalen Konsenses zielt. Universalpragmatik ist so gesehen der Versuch, »universelle Bedingungen möglicher Verständigung zu identifizieren und nachzukonstruieren«. In wiederum sehr kantischer Weise will Habermas in der Entwicklung einer Universalpragmatik zeigen, »daß die allgemeinen und unvermeidlichen, in diesem Sinne transzendentalen Bedingungen möglicher Verständigung einen normativen Gehalt haben«, wenn man »die Geltungsbasis der Rede in ganzer Breite« betrachtet (VET, 353f.).

Für Habermas ist verständigungsorientierte Kommunikation immer (implizit oder explizit) mit Geltungsansprüchen verknüpft. Jede Sprechhandlung dieser Art legt den Sprecher unvermeidlicherweise auf folgende vier Geltungsansprüche fest: 1. drückt er sich verständlich aus, 2. gibt er (dem Hörer) etwas zu verstehen, 3. macht er sich dadurch verständlich, und 4. kommt er mit einer anderen Person zu einer Verständigung (VET, 354f.). Diese Geltungsansprüche lassen sich auf folgende Begriffe bringen: 1. Verständlichkeit, 2. Wahrheit, 3. Richtigkeit und 4. Wahrhaftigkeit. Verständigungsorientierte Kommunikation kann (laut Habermas) nur in dem Maße statthaben, in dem die Teilnehmer diese vier Arten von Geltungsansprüchen glaubhaft aufrechterhalten: a) die Äußerung ist verständlich, b) ihr propositionaler Gehalt ist wahr, c) sie ist angemessen, d) sie ist ernst gemeint. Kommunikation hängt von der Voraussetzung ab, daß jeder Teilnehmer die von ihm erhobenen Geltungsansprüche begründen kann, eine Voraussetzung, die Habermas, auch wenn sie sich als falsch erweisen mag, doch für unverzichtbar hält. Das Ziel der Kommunikation besteht darin, hinsichtlich jedes einzelnen Geltungsanspruchs zu einer Verständigung zu kommen, die »in der intersubjektiven Gemeinsamkeit des wechselseitigen Verstehens, des geteilten Wissens, des gegenseitigen Vertrauens und des miteinander Übereinstimmens terminiert« (VET, 355). Die Universalpragmatik zielt darauf ab, »die universelle Geltungsbasis der Rede zu rekonstruieren« (VET, 357).

Habermas will die Ebene der linguistischen Analyse, die in seinem universalpragmatischen Ansatz enthalten ist, näher bestimmen. Er plädiert dafür, die pragmatische Ebene nicht einem so streng empirischen Ansatz zu unterwerfen, wie es etwa in der Sozio- oder Psycholinguistik geschieht. Die Unterscheidung zwischen *Sprache* (in Saussures Terminologie *langue* als der Objektbereich der syntaktischen und semantischen Analyse) und *Rede* (bei Saussure *parole*, die Verwendung des Sprachsystems im wirklichen Sprechen) kann die Einschränkung der formalen Analyse auf die *langue* nicht begründen. Habermas verteidigt die Behauptung, »daß nicht nur Sprache, sondern auch Rede, also die Verwendung von Sätzen in Äußerungen, einer formalen Analyse zugänglich ist. Wie die elementaren Einheiten der Sprache (Sätze), so lassen sich auch die elementaren Einheiten der Rede (Äußerungen) in der methodischen Einstellung einer rekonstruktiven Wissenschaft analysieren« (VET, 359). Das Ziel der rekonstruktiven Analyse im Sinne Chomskys ist die explizite Beschreibung der Regeln, die ein kompetenter Sprecher für die Bildung grammatikalisch einwandfreier Sätze beherrschen muß. Die universalpragmatische Analyse zielt auf die explizite Beschreibung der Regeln, die ein kompetenter Sprecher für den akzeptablen Gebrauch dieser Sätze in Äußerungen beherrschen muß. Wenn man davon ausgeht, daß kommunikative Kompetenz den gleichen Universalitätsgrad besitzt wie linguistische Kompetenz, dann bedarf es einer allgemeinen Theorie von

Sprechhandlungen, die die Regeln beschreibt, welche kompetente Sprecher beherrschen müssen, »soweit sie die *Bedingungen für eine glückliche Verwendung von Sätzen in Äußerungen* erfüllen können — gleichviel welcher Einzelsprache die Sätze angehören und in welche zufälligen Kontexte die Äußerungen jeweils eingebettet sind« (VET, 387).

Für Habermas ist die von Austin und Searle entwickelte Sprechakttheorie der bestmögliche Ausgangspunkt der Universalpragmatik. Austin unterschied anfänglich zwischen konstativen und performativen Äußerungen. Konstative Äußerungen sagen etwas, das wahr oder falsch sein kann, während performative Äußerungen die Ausführung einer Handlung implizieren und nicht wahr oder falsch, sondern als geglückt oder verunglückt bezeichnet werden. Der springende Punkt dabei war, daß nicht nur konstative Äußerungen (Feststellungen oder Konstativa) sinnvoll sind, sondern auch performative Äußerungen (Performativa) der Analyse zugänglich gemacht werden können. Austin kritisierte mit seiner Unterscheidung den Positivismus, der sich vor allem auf die deskriptive Funktion von Sprache konzentrierte.

Des weiteren unterschied Austin zwischen *implizit* und *explizit* performativen Äußerungen. So können wir z.B. die Handlung des Versprechens *(promising)* im Deutschen auf zweierlei Weise ausdrücken: 1. Ich werde dort sein. 2. Ich verspreche, daß ich dort sein werde. Ersteres ist eine implizit, letzteres dagegen eine explizit performative Äußerung. Explizit performative Äußerungen können als deklarative Sätze mit einem Subjekt in der ersten Person und einem performativen Verb im Präsens charakterisiert werden. Nicht alle Performativa haben diese Form, doch können wir sie im allgemeinen daran erkennen, daß sie die Ergänzung durch das Wort »hiermit« gestatten. (Ein Beispiel: Es ist den Passagieren [hiermit] untersagt, zu rauchen.)

Später gab Austin die Unterscheidung zwischen Performativa und Konstativa auf, als er erkannte, daß auch Konstativa die Ausführung einer Handlung implizierten, z.B. (etwas) feststellen, (jdm. etwas) versichern, (jdm. etwas) erzählen. Eine konstative Äußerung wie »Es ist kalt« kann als implizites Performativum verstanden werden, dessen explizite Form »Ich stelle (hiermit) fest, daß es kalt ist« lautet. Austin fand viele solcher implizit performativen Äußerungen, die in eine explizite Form transponiert werden konnten, z.B. Fragen oder Befehlen. So führte er folgende dreigeteilte Unterscheidung für die Analyse sämtlicher Performativa ein: 1. den lokutionären Akt, der darin besteht, daß etwas semantisch Sinnvolles gesagt wird; 2. den illokutionären Akt, der darin besteht, daß eine sprachliche Handlung vollzogen wird (wie »ein Versprechen abgeben« oder »eine Feststellung machen«); 3. den perlokutionären Akt, der darin besteht, daß *mittels seiner* eine sprachliche Äußerung vollzogen wird, wie »jemanden überreden« oder »jemanden etwas glauben machen«. Die illokutionäre Kraft *(illocutionary force*; auch mit »illokutionäre Rolle« übersetzt, d.Ü.) einer Äußerung besteht in ihrem Status als Versprechen oder Feststellung. Die perlokutionäre Wirkung *(perlocutionary effect)* der Äußerung besteht in dem, was sie beim Hörer (auf beabsichtigte oder kontingente Weise) bewirkt. Wenn ich z.B. jemanden auffordere, mit dem Rauchen aufzuhören, kann ich ihn eventuell dazu bringen, daß er tatsächlich aufhört (beabsichtigte Wirkung), und ich kann ihm Angst machen (kontingente Wirkung). Die perlokutionäre Wirkung muß vom illokutionären Verstehen *(illocutionary uptake)* unterschieden werden; bei diesem erkennt der Hörer, daß ein bestimmter illokutiver Akt ausgeführt worden ist. Das illokutionäre Verstehen ist eine notwendige, aber keine hinreichende Bedingung dafür, daß der Hörer den Satz versteht. Es ist keine hinreichende Bedingung, weil hier die Kenntnisse der grammatikalischen und lexikalischen Sprachstrukturen mit hineinspielen. In gewissem Sinne kann das illokutionäre Verstehen als kognitive Antwort von seiten des Hörers angesehen werden, wobei diese Antwort ihrerseits von der beabsichtigten oder kontingenten perlokutionären Wirkung unterschieden werden muß. (Vgl. Austin 1976)

Austins Diskussion der Sprechakte enthält auch die verschiedenen Bedingungen *(felicity conditions)*, die ein illokutionärer Akt erfüllen muß, wenn er als geglückt oder erfolgreich gelten soll. Searles Erweiterung der Sprechakttheorie faßt diese Bedingungen in die Form folgender Regeln: 1. *Einleitungsregel*. Der Sprecher muß die notwendige Autorität besitzen, um den Akt auszuführen, die Umstände müssen angemessen sein und die den Akt umgebenden Konventionen müssen beachtet werden (anderenfalls handelt es sich um einen »Fehlschlag« *[misfire]*); 2. *Regel der Aufrichtigkeit*. Der Sprecher muß in der Ausführung des Sprechakts aufrichtig sein (anderenfalls handelt es sich um einen Mißbrauch); 3. *Wesentliche Regel*. Der Sprecher muß sich auf bestimmte Annahmen und Intentionen festgelegt (verpflichtet) haben und willens sein, dieser Verpflichtung nachzukommen (anderenfalls handelt es sich um einen »Bruch der Verpflichtung«). (Vgl. Searle 1971) Auf der Grundlage dieser Unterscheidungen versucht die Sprechakttheorie, das Sprechen einer Sprache als regelgeleitetes Handeln zu explizieren, das auf gesellschaftlichen wie linguistischen Konventionen beruht. Lyons hat hervorgehoben, daß eine solche Herangehensweise »im Prinzip eine vereinheitlichte Theorie der Bedeutung von Äußerungen darstellt, die in den Rahmen einer allgemeinen Theorie gesellschaftlichen Handelns eingelassen ist« (Lyons 1977, 735).

Im Lichte des bisher Erörterten wird deutlich, warum Habermas die Sprechakttheorie als Ausgangspunkt für eine auf die Begründung von Gesellschaftstheorie zielende Universalpragmatik so vielversprechend findet. Habermas beginnt seine Erörterung der Sprechakte (die er meist »Sprechhandlungen« nennt), indem er die Klasse der zu analysierenden Handlungen eingrenzt. Zuerst richtet er seine Aufmerksamkeit auf explizite Sprechakte der Standardform, die einen illokutionären und einen propositionalen Bestandteil besitzen. Dabei ist zu beachten, daß der propositionale Bestandteil gegenüber gleichzeitigen Veränderungen der illokutionären Komponente invariant bleiben kann. Die Standardform sieht folgendermaßen aus:

»Ich *(performatives Verb)* dir/dich (hiermit), daß -------«

wobei das Komma die Trennung der illokutionären Komponente (Hauptsatz) von der propositionalen Komponente (mit »daß« eingeleiteter Nebensatz) markiert. Solche Sprechakte nennt Habermas »propositional ausdifferenzierte Sprechhandlungen«. Ferner richtet Habermas, gestützt auf eine Unterscheidung von Strawson, sein Augenmerk auf die (wie er sie nennt) »institutionell ungebundenen Sprechhandlungen« — z.B. Versichern, Fragen, Befehlen —, die er von institutionell gebundenen Sprechakten (wie etwa Taufen) abgrenzt. (Vgl. VET, 403 u. pass.) Diese Differenz zieht einen Trennungsstrich zwischen Sprechakten, die auf einer einzelnen Institution (oder einer eng umrissenen Gruppe von Institutionen) beruhen, und Sprechakten, die im wesentlichen nicht an eine Institution gebunden sind. (Vgl. Strawson 1971, 149-69) Schließlich möchte Habermas Sprechakte ausschließen, die in Zusammenhängen auftauchen, welche Bedeutungsverschiebungen hervorbringen. Dies wird durch Searles »Prinzip der Ausdrückbarkeit« erreicht, das Habermas dahingehend abändert, »daß in einer gegebenen Sprache für jede interpersonale Beziehung, die ein Sprecher mit einem anderen Mitglied seiner Sprachgemeinschaft explizit aufnehmen möchte, ein angemessener performativer Ausdruck entweder zur Verfügung steht oder nötigenfalls durch eine Spezifizierung verfügbarer Ausdrücke gewonnen oder neu eingeführt werden kann« (VET, 404). So sind Habermas' Analyseeinheiten *(units of analysis)* verbale und explizite, propositional differenzierte, institutionell ungebundene und kontextunabhängige Sprechakte.

Für Habermas enthüllt sich ein wichtiger Charakterzug der Kommunikation in der Doppelstruktur von illokutionärem (oder, in Searles Terminologie, illokutivem) und propositionalem Gehalt, der aus der

Oberflächengestalt von Sprechakten der Standardform ableitbar ist. Die Möglichkeit, den propositionalen Bestandteil gegenüber wechselnden illokutiven Formen unverändert zu lassen, stellt sich als »*Entkoppelung des illokutiven* und des *propositionalen Bestandteils*« dar, und ist ihrerseits eine Bedingung für die »Trennung von zwei kommunikativen Ebenen, auf denen sich Sprecher und Hörer *gleichzeitig* verständigen müssen, wenn sie ihre Intentionen einander mitteilen wollen«. Habermas unterscheidet im folgenden: »a) die Ebene der Intersubjektivität, auf der Sprecher und Hörer durch illokutive Akte die Beziehungen herstellen, die ihnen erlauben, sich *miteinander* zu verständigen, und b) die *Ebene der Erfahrungen und Sachverhalte*, über die sie sich in der durch a) festgelegten kommunikativen Funktion verständigen möchten« (VET, 406). Des weiteren enthüllt diese Doppelstruktur die der Sprache innewohnende Reflexivität. In einem Sprechakt kommunizieren wir einen Inhalt und kommunizieren über die diesem Inhalt zugedachte Rolle. So können wir immer einen vorausgegangenen Sprechakt in einen neuen einbetten: »Ich stelle (hiermit) fest, daß ich dir verspreche, dort zu sein.« Auf diese Weise wird der vorausgegangene Sprechakt zum propositionalen Bestandteil des neuen Sprechaktes. Und es gibt keine logische Begründung dafür, daß dieser Einbettungsprozeß auf irgendeiner Stufe abgebrochen werden müßte.

Habermas diskutiert den Einfluß der Sprechakt- auf die Bedeutungstheorie, wobei er der Auffassung ist, daß Austins Unterscheidung zwischen dem lokutionären (bedeutungstragenden) und dem illokutionären (eine Kraft oder Rolle tragenden) Akt unbefriedigend bleibt. Der illokutionäre Bestandteil hat eine lexikalische Bedeutung. Der performative Satz als ganzer hat ebenfalls eine lexikalisch-semantische Bedeutung. Daraus könnte man schließen, daß die illokutionäre Kraft einer Äußerung einfach jenen Bedeutungsaspekt betrifft, der durch den explizit performativen Bestandteil vermittelt wird (oder vermittelt werden könnte, falls der betreffende Bestandteil fehlt). (Vgl. Cohen 1964) Doch wird dabei übersehen, daß die Kraft nur Äußerungen, nicht aber Sätzen zugeschrieben werden kann. Habermas hält es für möglich, die Satzbedeutung von *der* Bedeutung zu unterscheiden, »die durch die Verwendung eines Satzes in einer Äußerung zustande kommt«. Dergestalt können wir dann die semantische Bedeutung eines *Satzes* von der pragmatischen Bedeutung einer *Äußerung* abgrenzen. Mehr noch: die Tatsache, daß ein und derselbe Sprechakt mit Hilfe verschiedener Sätze ausgeführt werden kann, hat einige Sprachphilosophen dazu veranlaßt, der pragmatischen Bedeutung den Vorrang zu gewähren. Sie gingen davon aus, »daß Satz- (und Wort-)Bedeutungen eine Funktion der Bedeutung der Sprechakte sind, in denen sie 'hauptsächlich' verwendet werden« (VET, 410f.).[9] Für Habermas kann jedoch diese Gebrauchstheorie der Bedeutung die relative Selbständigkeit der semantischen gegenüber kontextabhängigen und damit wechselnden pragmatischen Bedeutungen nicht hinreichend erklären. Außerdem ist die semantische Bedeutung »offensichtlich weniger abhängig von der Intention des Sprechers« als die pragmatische (VET, 411).

Habermas behauptet, daß die rein semantische Analyse einer Satzbedeutung »von bestimmten Realitätsbezügen, in die der Satz, sobald er geäußert wird, eingerückt, und von den Geltungsansprüchen, unter die er damit gestellt wird«, abstrahiert (ebd.). Von daher erfordert eine vollständige Bedeutungsanalyse die Berücksichtigung der pragmatischen Faktoren. Auf der Grundlage seiner Unterscheidung zwischen der (kommunikativen) Ebene der Intersubjektivität und der Ebene des propositionalen Gehalts kann Habermas die Austinsche Differenzierung von Bedeutung und Kraft neu interpretieren. Der Begriff der Kraft »steht dann für die Bedeutung von Ausdrücken, die ursprünglich im Zusammenhang illokutiver Akte, und 'meaning' für die Bedeutung von Ausdrücken, die ursprünglich im Zusammenhang von Propositionen verwendet werden« (VET, 415). Für Habermas sind »Kraft« und »Bedeutung« zwei Kategorien von Bedeutungen, die den pragmatischen Funktionen der Herstellung interpersonaler Beziehungen (Kraft, *force*) und der Repräsentation von Tatsachen (Bedeutung, *meaning*) entsprechen. Diesen beiden Kategorien fügt er eine dritte hinzu, die die pragmatische Funktion hat, die Intentionen des Sprechers auszudrücken.

Auf dieser Grundlage »rekonstruiert« Habermas ebenfalls Austins ursprüngliche Unterscheidung zwischen Konstativa und Performativa. Sprechakte können hinsichtlich typisch eingeschränkter Kontexte »in Ordnung« sein (und darauf konzentriert sich die Theorie von Austin und Searle), »aber nur in Hinblick auf einen fundamentalen Anspruch, den der Sprecher mit einem illokutiven Akt jeweils erhebt, können sie 'gültig' sein«. In dieser Hinsicht nehmen konstative Sprechakte einen besonderen Status ein, insofern sie »einen unmißverständlichen Geltungsanspruch implizieren: eben einen Wahrheitsanspruch«. Die Möglichkeit, den propositionalen Bestandteil selbst eines nicht-konstativen Sprechakts (»... daß p«) in einen Aussagesatz (»p«) umzuformen, zeigt, daß Wahrheitsansprüche »in die Strukturen möglicher Rede überhaupt eingelassen sind. Wahrheit ist ein universeller Geltungsanspruch: seine Universalität spiegelt sich in der Doppelstruktur der Rede« (VET, 419f.). Doch Wahrheit ist nicht der einzige universelle Geltungsanspruch, den die formale Redestruktur reflektiert. Wiederum auf der Grundlage seiner Unterscheidung zwischen propositionalem Gehalt und Intersubjektivität differenziert Habermas zwischen zwei Verwendungsweisen von Sprache; es gibt 1. den »interaktiven Sprachgebrauch«, der die interpersonalen Beziehungen thematisiert, auf die Sprecher und Hörer sich einlassen müssen, während der propositionale Gehalt eher implizit bleibt, und es gibt 2. den »kognitiven Sprachgebrauch«, der den propositionalen Gehalt thematisiert, während die interpersonalen Beziehungen nur indirekten Ausdruck finden (VET, 421ff.). Auf diese Weise gelangt Habermas zur Unterscheidung von *konstativen* und *regulativen* Sprechakten.

Wie die Behauptung ein Paradigma konstativer Sprechakte ist, so ist der autorisierte Befehl eine Paradigma regulativer Sprechakte. Habermas geht davon aus, daß in allen Sprechakten die illokutive Rolle »der bindenden Kraft anerkannter Normen ... entlehnt« ist, so daß dieser Geltungsanspruch des Sprechens »durch die (mindestens) faktisch Anerkennung des *Anspruchs, daß diese Normen zu Recht bestehen*, gedeckt sein muß« (VET, 422). In dieser Hinsicht ist der normative Geltungsanspruch auf Richtigkeit, den die illokutionäre Kraft impliziert, genauso universell wie der Wahrheitsanspruch. In konstativen Sprechakten ist der Wahrheitsanspruch explizit und der Anspruch auf Richtigkeit implizit, während es sich in regulativen Sprechakten genau umgekehrt verhält. Diese Unterscheidung trifft das, worauf, laut Habermas, Austin mit der Differenz von Konstativa und Performativa abzielte, und was er nicht angemessen entwickeln konnte, weil er diese beiden implizit erhobenen allgemeinen Geltungsansprüche nicht erkannte.

Ein dritter von Habermas eingeführter Sprechakt-Typ betrifft den »expressiven Sprachgebrauch«. Seine Paradigmata sind Sätze in der ersten Person, mit denen der Specher seine Wünsche, Gefühle und Intentionen ausdrückt (wie etwa: »Ich wünsche, daß ...«, oder »Ich sehne mich nach dir.«). Diese Sätze drücken die Wahrhaftigkeit des Sprechers hinsichtlich seiner Intentionen aus und bedürfen normalerweise nicht der Standardform (der Einbettung in einen illokutionären Akt), es sei denn, die Wahrhaftigkeit des Sprechers wird in Zweifel gezogen. Für solche Geständnisse sind Sätze wie »Ich muß dir gestehen, daß ...« oder »Ich möchte dir nicht verheimlichen, daß ...« paradigmatisch (VET, 426). Obwohl diese Sprechakte sich nicht in gleicher Weise dem expressiven Sprachgebrauch zuordnen lassen wie die Konstativa dem kognitiven und die Regulativa dem interaktiven Sprachgebrauch, ist für Habermas Wahrhaftigkeit doch ebenfalls ein universeller Geltungsanspruch, der jeglicher Rede innewohnt.

Im folgenden wendet Habermas sich erneut der Bedeutung der illokutionären Kraft zu, die Austin und Searle analysierten, indem sie die Erfolgs- oder Mißerfolgsbedingungen für Sprechakte untersuchten. Habermas möchte dies Feld auf das Problem der »Annehmbarkeit« von Sprechakten ausdehnen. Das besagt, daß der Hörer »nicht nur die Bedeutung des geäußerten Satzes versteht, sondern die vom Sprecher intendierte Beziehung tatsächlich eingeht« (VET, 428). Zu diesem Zweck setzt sich Habermas mit den drei Regeln Searles auseinander. Er akzeptiert die Bestimmungen der Einleitungsregel, merkt aber an, daß die »eigentümliche Kraft des Illokutiven« mit den »sprechhandlungstypisch eingeschränkten Kontexten« der Einleitungsregel nicht erklärbar sei. Die illokutive Kraft erfordert jene Voraussetzungen, welche durch die »wesentliche Regel« *(essential rule)* gegeben sind. »Die wesentliche Voraussetzung für das Gelingen eines illokutiven Aktes besteht darin, daß der Sprecher jeweils ein bestimmtes *Engagement* eingeht, so daß sich der Hörer auf ihn verlassen kann.« Und schließlich sollte der Inhalt des Engagements von der Aufrichtigkeit, mit der es vertreten wird, unterschieden werden, d.h., die Regel der Aufrichtigkeit *(sincerity rule)* »muß im Fall verständigungsorientierten Handelns *stets* erfüllt sein« (VET, 430f.).

Für Habermas haben die bisherigen Sprechakttheorien dem Engagement des Sprechers, von dem die Annehmbarkeit des Sprechakts abhängt, nicht genügend Aufmerksamkeit gewidmet. Wenn ein Sprecher einen illokutiven Akt ausführt, tritt er in eine Beziehung ein, die ihn auf folgende Bedingungen festlegt: Er läßt Behauptungen, die sich als falsch herausstellen, fallen; er handelt in Übereinstimmung mit seinen Intentionen; er folgt seinem eigenen Ratschlag, wenn er sich in einer vergleichbaren Situation wie der Hörer befindet, etc. »Die illokutive Kraft eines akzeptablen Sprechakts besteht also darin, daß sie einen Hörer dazu bewegen kann, sich auf die sprechhandlungstypischen Verpflichtungen des Sprechers zu verlassen.« (VET 432, i.O. kursiv) Doch worauf beruht dieses Sich-Verlassen-Können? Hinsichtlich institutionell gebundener Sprechakte ist die Grundlage dafür in der bindenden Kraft etablierter Normen zu sehen. Für institutionell ungebundene Sprechakte jedoch gründet die Verläßlichkeit in der wechselseitigen Anerkennung von Geltungsansprüchen, wobei diese Anerkennung nicht irrational sein muß, weil Geltungsansprüche einen kognitiven Charakter besitzen und überprüft werden können. Die illokutive Kraft hat eine rationale Grundlage, »weil die sprechhandlungstypischen

Verpflichtungen mit kognitiv nachprüfbaren Geltungsansprüchen verknüpft sind« (VET, 433, i.O. kursiv).

Indem er sich auf Geltungsansprüche beruft, übernimmt der Sprecher die Verpflichtung, für seine Ansprüche einzutreten. Das bedeutet für den kognitiven Sprachgebrauch, Begründungen anzubieten, die auf Erfahrungsdaten beruhen. Im interaktiven Sprachgebrauch besteht das Angebot in Rechtfertigungen, die sich auf Normen gründen. Im expressiven Sprachgebrauch schließlich besteht die Verpflichtung für den Sprecher darin, sich als vertrauenswürdig zu erweisen, indem seine Handlungen seinen Intentionen entsprechen. Für Habermas hängt also die Annehmbarkeit eines Sprechakts nicht allein von den Searleschen Regeln ab, sondern beruht auch auf der Bereitwilligkeit des Sprechers, die angemessenen Verpflichtungen zu übernehmen und, wenn notwendig, die von ihm erhobenen Geltungsansprüche zu verteidigen.

Habermas situiert seine Diskussion der Geltungsbasis von Rede im Kontext eines (wie er es nennt) »Modell(s) sprachlicher Kommunikation«. Jeder der universellen Geltungsansprüche — Verständlichkeit, Wahrheit, Richtigkeit, Wahrhaftigkeit — wird in der Kommunikation ins Spiel gebracht, wobei jedoch im allgemeinen nur einer thematisiert wird. Schließlich geht Habermas davon aus, daß die Universalität dieser Geltungsansprüche unter Bezugnahme auf »den systematischen Ort der Sprache« erhellt werden kann, denn Sprache ist das Medium, vermittels dessen »Sprecher und Hörer ihre Abgrenzungsleistungen realisieren«. Das Subjekt grenzt sich gegen die Umwelt *(external nature)*, die Gesellschaft, die eigene Natur *(internal nature)* und die Sprache selbst ab. Diesem Modell zufolge ist Sprache das Medium, das drei »Welten« miteinander in Beziehung setzt: die Welt der äußeren Zustände, die Welt der normativ geregelten gesellschaftlichen Beziehungen und die innere Welt der subjektiv-intentionalen Erfahrungen. Jede erfolgreiche kommunikative Handlung läßt unsere Äußerungen in diese dreifache Beziehung eintreten, in der Sprache ihre Eigenständigkeit erweist. Weil sie nämlich »im Vollzug unserer kommunikativen Handlungen ... in einer eigentümlichen Halbtranszendenz verharrt, präsentiert sie sich dem Sprecher und dem Handelnden (vorbewußt) als ein Realitätsausschnitt sui generis« (VET, 438).

Habermas' sprechakttheoretische Überlegungen können in folgendem Diagramm zusammengefaßt werden:[10]

Das universalpragmatische Sprachmodell

Kommunikationsmodus	kognitiv	interaktiv	expressiv
themenbestimmender Geltungsanspruch	Wahrheit	Richtigkeit, Angemessenheit	Wahrhaftigkeit
Thema	propositionaler Gehalt	interpersonale Beziehung	Sprecherintention
Sprechhandlungstypus	konstativ	regulativ	(repräsentativ)
Realitätsbereiche	»Die« Welt der äußeren Natur	»Unsere« Welt der Gesellschaft	»Meine« Welt der inneren Natur
allgemeine Funktionen der Sprechhandlungen	Darstellung von Sachverhalten	Herstellung von interpersonellen Beziehungen	Ausdruck von subjektiven Erlebnissen
Universalpragmatische Subtheorien	Theorie der Elementarsätze	Theorie der illokutiven Handlungen	Theorie der intentionalen Ausdrücke

Habermas' Arbeit zur Universalpragmatik ist klarer und sehr viel sorgfältiger formuliert als sein früherer Ansatz zur kommunikativen Kompetenz. Die Vermischung verschiedener linguistischer Analyseebenen wird vermieden, und wir erblicken einen sehr viel strengeren Ansatz für eine normative Begründung von Gesellschaftstheorie. Kommunikative Kompetenz wird nur als Fähigkeit eines Sprechers verstanden, die Regeln für die Einbettung von Äußerungen in Sprechakte zu beherrschen. Diese Untersuchung, die die Gestalt einer Universalpragmatik angenommen hat, will die allgemeinen und unvermeidbaren Voraussetzungen der Kommunikation entdecken, indem sie die universellen Bedingungen möglichen Verstehens identifiziert und rekonstruiert. Habermas versucht die Bemühungen von Chomsky, Hymes, Austin und Searle im Rahmen einer allgemeinen Theorie gesellschaftlichen Handelns zur Synthese zu bringen. Und eine solche Synthese ist, wie selbst Bar-Hillel zugibt, notwendig. (Bar-Hillel 1973, 11) Ich möchte nun einige grundlegende Kritiken an dieser Theorie der Universalpragmatik nachzeichnen.

Zum ersten zielt Habermas' Analyse der Kommunikation auf kommunikatives — insbesondere an Verständigung orientiertes —, im Unterschied zu strategischem Handeln. Aber nur in einer ebenso kurzen wie kryptischen Fußnote unternimmt Habermas den Versuch, diese so wichtige Unterscheidung zu erläutern.[11] McCarthys Erläuterung der Differenz von Arbeit und Interaktion kennzeichnet das strategische

Handeln als gesellschaftlich und Zweck-Mittel-orientiert (McCarthy 1980, 28ff.). Sollte Habermas' Intention im Kontext seiner Universalpragmatik darauf abzielen, dann scheint dieser Versuch äußerst unglücklich. Sprechakte sind sicherlich sowohl gesellschaftlich als auch Zweck-Mittel-orientiert, insofern sie ein Mittel (Sprache) für einen Zweck (nämlich um etwas zu tun) in einem gesellschaftlichen Zusammenhang einsetzen. Des weiteren läßt sich durchaus behaupten, daß strategisches Handeln eher der Kommunikation zugrundeliegt als verständigungsorientiertes kommunikatives Handeln. Jedenfalls gibt Habermas auf dieser Stufe seiner Kommunikationstheorie keine adäquate Begründung dafür, daß er verständigungsorientiertes Handeln für grundlegend erachtet — sei es nun für Sprache oder für Handeln. Ironischerweise ist der praktisch-politische Vorteil, den Habermas in bezug auf gleichen Zugang zu Kommunikationsweisen und zu zwangloser Kommunikation gewinnen möchte, für die Unterstellung anfällig, daß sein eigener Ansatz als Beispiel für strategisches Handeln aufgefaßt werden könnte. Sowohl die Unterscheidung zwischen strategischem und kommunikativem Handeln als die aus dieser Differenz gezogenen praktisch-politischen Schlußfolgerungen wären zuvörderst in bezug auf gesellschaftliches *Handeln* und nicht auf kontextabhängige *Rede* zu entwickeln. Dieser Aufgabe wendet sich Habermas später zu, in seiner Theorie kommunikativen Handelns.

Habermas' Theorie der Universalpragmatik streift viele komplexe und vielschichtige Gesichtspunkte linguistischer und sprachphilosophischer Provenienz, was von einem Werk, das in einem vergleichsweise enggesteckten Rahmen so viele Ansätze zu vereinigen trachtet, gar nicht anders erwartet werden kann. Doch führt diese Vorgehensweise des öfteren zu ernsthaften Problemen. Zwei davon will ich hier kurz erörtern.

Zum einen sind Habermas' Ausführungen zum Bedeutungsbegriff völlig unzureichend. Es wird nicht deutlich, ob er dem Ansatz von Grice und Searle folgt, der Bedeutung auf Intention bezieht, oder ob er Chomsky näher steht. Seine Bemerkungen zu Bedeutungskategorien, die auf der pragmatischen Funktion basieren, führen (unabhängig von der im Hintergrund wirksamen Bedeutungstheorie) in die Irre. Habermas setzt Austins Begriff der illokutionären Kraft mit einer dieser Kategorien gleich, doch handelt es sich bei der *illocutionary force* um einen sehr viel spezifischeren Ausdruck, der Bedeutung in einem bestimmten (seinerseits zu analysierenden) Sinne festlegt, ohne selbst ein bestimmter Bedeutungs»typ« zu sein. Auch schenkt Habermas der Unterscheidung von semantischen und pragmatischen Elementen zu wenig Beachtung. Wenn wir einen Vers von Dylan Thomas untersuchen, müssen wir nicht nur die lexikalische Bedeutung der Wörter, sondern auch die poetische Bedeutung des Verses kennen. Insofern damit eine Wirkung auf den Hörer und eine Erörterung von Werten verbunden ist, gehört die Untersuchung zur pragmatischen Ebene. Und da es Habermas in erster Linie um Werte geht, ist es besonders unglücklich, daß seine Analyse von »Bedeutung« den Unterschied zwischen diesen beiden Ebenen nicht genügend beachtet.

Zum zweiten wird die von Habermas in den Vordergrund gerückte Doppelstruktur der Rede nur unzureichend erklärt. Einmal bleibt unklar, in welchem Ausmaß er eine performative Satzanalyse akzeptiert, die sich, wie etwa die von Lakoff entwickelte, auf das Modell Oberflächen- vs. Tiefenstruktur bezieht. Zumindest deutet einiges von dem, was er sagt, in diese Richtung. Doch werfen solche Ansätze erhebliche semantische und logische Probleme auf, die Habermas unbeachtet läßt. (Vgl. Lyons 1977, 778-86) Ferner verläßt sich Habermas in seiner Erörterung der pragmatischen »Universalien« ebenfalls auf ein linguistisches Werk, das Gegenstand grundlegender Kritik geworden ist, auf die Habermas aber nicht eingeht.[12] Gerade das Problem, in welchem Ausmaß es pragmatische Universalien geben kann, darf nicht summarisch behandelt werden, weil es für Habermas' Theorie von zentraler Bedeutung ist.

Zum dritten leidet die Theorie der Universalpragmatik an einer unaufgelösten Spannung zwischen den einerseits von Searle, andererseits von Chomsky entlehnten Elementen, die in gewisser Weise den kantisch-marxischen Dualismus seines Frühwerks reflektiert. In vielfacher Hinsicht steht Habermas Searle nahe, was sich vor allem an seiner Betonung der kommunikativen Aspekte ablesen läßt. Doch scheint Habermas auch davon auszugehen, daß Universalpragmatik eine strenge, an Chomskys Linguistik orientierte Wissenschaft sein könne. In dieser Hinsicht (und auf dieser Entwicklungsstufe) läßt Habermas im unklaren, ob sein Projekt als (apriorisch ausgerichteter) Beitrag zur Sprachphilosophie oder als (empirischer) Beitrag zur Linguistik oder als irgendeine Kombination von beiden anzusehen ist. So bleiben bestimmte Probleme wie der Bedeutungsbegriff und der Status pragmatischer »Universalien« im Dunkeln und werden erst in der *Theorie des kommunikativen Handelns* wieder aufgenommen. Bevor ich mich diesem Werk zuwende, möchte ich meine Erörterung der dritten Entwicklungsstufe der Kommunikationstheorie beenden, indem ich mich mit Habermas' Theorie gesellschaftlicher Evolution auseinandersetze.

B. Gesellschaftliche Evolution. Während die Theorie der Universalpragmatik die Rekonstruktion der in den früheren Schriften entwickelten kantischen Komponente repräsentiert, läßt sich Habermas' Theorie gesellschaftlicher Evolution als Rekonstruktion des hegelisch-marxischen Bestandteils deuten. Den Ausgangspunkt dafür bildet eine »Rekonstruktion des historischen Materialismus«. Diese Rekonstruktion beginnt mit der anthropologischen Hypothese, daß Arbeit und Sprache die irreduziblen Voraussetzungen jeder Gesellschaft bilden. Nur durch diese beiden Faktoren können sich Gesellschaften materiell reproduzieren und ihre Mitglieder in den gesellschaftlichen Lernprozeß einbeziehen. Gesellschaftliche Entwicklung kann nicht am Modell biologischer Evolutionstheorie ausgerichtet werden, weil die biologischen Selektionskriterien uns nicht erlauben, eine »rekonstruierte« Gattungsgeschichte zu formulieren. Im Gegenteil: gesellschaftliche Evolution muß als Transformierung und beständige Veränderung gesellschaftlicher Strukturen begriffen werden, die im Prinzip immer mit Handlungsstrukturen identifiziert werden können. »Evolutionär« ist die Theorie deshalb, weil sie strukturellen Wandel als kumulativen Prozeß deutet, der in eine bestimmte Richtung weist. Unter Bezugnahme auf Piaget benutzt Habermas den Ausdruck »Entwicklungslogik«, um die Tatsache zu beschreiben, daß Veränderungen in eine bestimmte Richtung gehen. Eine solche Annahme besitzt aber nur dann Gültigkeit, wenn wir eine tatsächliche Entwicklung verschiedener für sich identifizierbarer Stufen beobachten können, von denen jede eine besondere intrinsische Struktur aufweist, während die Anordnung dieser Stufen zugleich unveränderlich ist. »Unveränderliche Anordnung« bedeutet für Habermas, daß keine Stufe erreicht werden kann, ohne daß eine bestimmte frühere durchlaufen wurde (wobei Prozesse der Stagnation und Regression nicht ausgeschlossen sind), und daß auf der nächsten Stufe qualitativ neue Elemente mit solchen der vorangegangenen Stufe integriert werden, um insgesamt eine neue Struktur zu bilden.

Für Habermas kann gesellschaftliche Evolution (wenigstens teilweise) als Entwicklung von Lernfähigkeiten begriffen werden. Ein solcher Lernprozeß findet in zwei zentralen Bereichen statt: in dem der moralisch-praktischen Einsicht und in dem der empirisch-analytischen Erkenntnis. Letztere repräsentiert Entwicklungen in den Produktivkräften als zunehmende Beherrschung der Natur und des technologischen Fortschritts. Erstere repräsentiert Entwicklungen in den Produktionsverhältnissen, in denen neue Ebenen gesellschaftlich-normativer Erkenntnis erreicht werden. Die Ergebnisse von Lernprozessen werden innerhalb kultureller Traditionen vermittelt und weitergegeben, die die wesentlichen Ressourcen für gesellschaftliche Bewegungen zur Verfügung stellen. Mit ihrer Hilfe kann ein kognitives Potential entwickelt werden, das bei Störungs- und Krisenfällen im gesellschaftlichen Reproduktionsprozeß zur Anwendung gelangt. Zugleich dienen die kulturellen Traditionen als Grundlage für eine (wie Habermas es nennt) »Rationalisierung des Handelns«, die sich in folgender Weise nachzeichnen läßt: Handlungsrationalisierung findet in den Bereichen des empirisch-analytischen und des moralisch-praktischen Lernens statt. Zu jedem Bereich gehört ein bestimmter Typ von Basishandlung: dem empirisch-analytischen Bereich ist das zweckrationale, dem moralisch-praktischen Bereich das kommunikative Handeln zugeordnet. Zweckrationales Handeln wird in bezug auf empirische Effizienz und verwertbaren Erfolg »rationalisiert«, kommunikatives Handeln dagegen in Hinsicht auf die moralische Verantwortung des Handlungssubjekts und die Begründung der Richtigkeit von Normen. Die Folgen der Rationalisierung *zweckrationalen* Handelns lassen sich an der Entwicklung der Produktivkräfte ablesen; für das kommunikative Handeln sind es die Formen gesellschaftlicher Integration (unter Einschluß der Produktionsverhältnisse), die den Gradmesser der Rationalisierung bilden. Zweckrationalität verkörpert sich in der Technologie und in gesellschaftlichen Subsystemen wie etwa der Ökonomie, während kommunikative Rationalität sich in Weltbildern und (juristischen und moralischen) Mechanismen der Konfliktregelung niederschlagen. »Rationalisierung« im zweckrationalen Sinne bezieht sich auf die wachsende Fähigkeit zur Naturbeherrschung (die Entwicklung der Produktivkräfte), während »Rationalisierung« im kommunikativen Sinn sich auf die Ausweitung des Bereichs gemeinsamen verständigungsorientierten Handelns bezieht. Insgesamt richtet sich der Rationalisierungsprozeß an Maßstäben des Lernens aus, die sowohl im empirisch-analytischen als auch im moralisch-praktischen Bereich errichtet und erreicht werden.

Obwohl Habermas darauf insistiert, daß beide Bereiche wichtig sind, geht er davon aus, daß die Entwicklung normativer Strukturen »der Schrittmacher der gesellschaftlichen Evolution ist, denn neue Prinzipien gesellschaftlicher Organisation bedeuten neue Formen gesellschaftlicher Integration, und letztere wiederum ermöglichen den Einsatz der zur Verfügung stehenden oder die Erzeugung neuer Produktivkräfte« (RHM, 35). Doch gibt Habermas zu, daß seine Beschreibung der Muster normativer Strukturen (und der Entwicklung der Produktivkräfte) selbst noch keine Theorie gesellschaftlicher Evolution ist, sondern eher eine »Entwicklungslogik«, die nichts über die tatsächlichen empirischen »Entwicklungsmechanismen« aussagt. Es geht hier nur »um die Variationsbreite, in der kulturelle Werte, moralische Repräsentationen, Normen und dergleichen in bezug auf einen gegebenen Maßstab der gesellschaftlichen Organisation hergestellt werden können«. Die tatsächliche Dynamik der Entwicklung normativer Strukturen bleibt von Systemproblemen abhängig, die durch die Ökonomie und die durch sie herausgeforderten Lernprozesse bedingt sind. So gehört die Kultur weiterhin zu den »Überbauphänomenen«, obwohl sie »eine entscheidendere Rolle im Übergang zu neuen Entwicklungsebenen zu spielen scheint, als viele Marxisten bisher angenommen haben« (RHM, 12).

Habermas hält dafür, daß sein Ansatz sowohl historisch als auch materialistisch bleibt:

»*'Materialistisch'* angelegt ist die Analyse der Entwicklungsdynamik insofern, als sie auf krisenerzeugende Systemprobleme im Bereich von Produktion und Reproduktion Bezug nimmt; und *'historisch'* gerichtet bleibt die Analyse insofern, als sie die Ursachen evolutionärer Veränderungen in der ganzen Breite ... kontingente(r) Umstände aufsuchen muß ... Erst nachdem sich Rationalisierungsprozesse, die eine zugleich historische und materialistische Erklärung verlangen, geschichtlich vollzogen haben, lassen sich für die normativen Strukturen der Gesellschaft Entwicklungsmuster angeben. Diese Entwicklungslogiken belegen den Eigensinn, und insoweit auch die interne Geschichte des Geistes.« (RHM, 37f.)

Für Habermas verläuft die soziale Evolution zweistufig insofern, »als sie sich sowohl in den Lern- und Anpassungsprozessen *auf dem jeweils gegebenen* Lernniveau (bis zur Erschöpfung seiner strukturellen Möglichkeiten) vollzieht, wie auch in jenen unwahrscheinlichen evolutionären Schüben, die zu *neuen* Lernniveaus führen« (RHM, 235).

Wohl tauchen Probleme, die die Lernfähigkeit der Gesellschaft überlasten, eher kontingent auf. Wenn dergleichen jedoch geschieht, dann hängt es vom »Zugang zu neuen Lernstufen« ab, wie mit diesen Problemen umgegangen wird. Krisenlösungen erfordern sowohl den Versuch, bestehende Formen gesellschaftlicher Integration zu verändern als auch ein soziales Umfeld und soziale Bewegungen, die solche Versuche unterstützen können. Ob eine neue Stufe sozialer Evolution erreicht wird, hängt für Habermas von zwei Bedingungen ab: 1. von ungelösten Systemproblemen, die eine Herausforderung für den Status quo darstellen, und 2. von »neuen Lernniveaus, die in Weltbildern bereits erreicht worden sind« (RHM, 36).

Für Habermas kann die Geschichte der Gattung als ihre zunehmende Fähigkeit rekonstruiert werden, sich von materiellen Bedürfnissen und verzerrter Kommunikation freizumachen. Wahre Freiheit und Autonomie sind das Ergebnis erfolgreicher Bemühungen auf beiden Ebenen. Doch ist Geschichte immer auch die Geschichte von Krisen.

Und es gibt keine metaphysische oder wissenschaftliche Garantie für die mögliche Überwindung der Krise, für den gesellschaftlichen Fortschritt. Obwohl die Weiterentwicklung der Produktivkräfte einige entscheidende Belastungen beseitigt, so ergeben sich doch neue Probleme, deren Intensität noch zunehmen kann. Habermas erörtert diesen Punkt in Hinsicht auf die »Dialektik des Fortschritts«:

»Die Dialektik des Fortschritts zeigt sich darin, *daß mit dem Erwerb von Problemlösungsfähigkeiten neue Problemlagen zu Bewußtsein kommen.* ... Das Leiden an den Kontingenzen eines unbeherrschten Vorgangs gewinnt in dem Maße eine neue Qualität, wie wir uns die Kompetenz zutrauen, vernünftig in ihn einzugreifen. Dies Leiden ist dann Negativ eines neuen Bedürfnisses. ... (D)er sozial-evolutionäre Lernvorgang selbst gewinnt auf jeder Entwicklungsstufe neue Ressourcen, die neue Dimensionen der Knappheit und damit neue historische Bedürfnisse bedeuten.« (RHM, 181)

In seinem Buch *Legitimationsprobleme im Spätkapitalismus* (1973) wandte Habermas dies allgemeine Schema auf die Analyse der gegenwärtigen Gesellschaft an. Kurz gefaßt läuft seine Argumentation darauf hinaus, daß spätkapitalistische Gesellschaften durch wenigstens vier mögliche Krisentendenzen gefährdet sind: 1. durch die ökonomische Krise — das »erforderliche Maß« an Konsumgütern wird nicht produziert; 2. durch die Rationalitätskrise — das erforderliche Maß an rationalen administrativen Entscheidungen steht nicht zur Verfügung; 3. durch die Legitimationskrise — das erforderliche Maß an Motivation wird nicht erzeugt; und 4. durch die Motivationskrise — das erforderliche Maß an handlungslegitimierendem Sinn wird nicht hervorgebracht. Habermas meint damit die von den jeweiligen ökonomischen, politisch-administrativen und soziokulturellen Subsystemen erzeugte Menge von Produkten (Güter, Entscheidungen, Legitimationen und Bedeutungen), die für die Aufrechterhaltung gesellschaftlicher Produktion und Reproduktion und damit für die »Systemidentität« erforderlich ist. (Vgl. Held 1980, 287; LS, 72)

Ohne diese Analyse im einzelnen aufzuschlüsseln, will ich an einem Beispiel zeigen, wie Habermas die Theorie der Universalpragmatik auf diesen Zusammenhang anwendet. Um eine Kritik der spätkapitalistischen Gesellschaft auf der Basis der »Unterdrückung verallgemeinerungsfähiger Interessen« zu leisten, unterscheidet Habermas besondere und allgemeine Interessen. Eine ideologiekritische Gesellschaftstheorie kann vom Modell der Unterdrückung verallgemeinerungsfähiger Interessen ausgehen, indem sie unser geläufiges Normensystem mit einem hypothetischen, diskursiv hervorgebrachten System vergleicht:

»Eine solche kontrafaktisch vorgenommene Rekonstruktion ... läßt sich von dem, wie ich meine, universalpragmatisch gerechtfertigten Gesichtspunkt leiten: Wie hätten die Mitglieder eines Gesellschaftssystems bei einem gegebenen Entwicklungsstand der Produktivkräfte ihre Bedürfnisse kollektiv verbindlich interpretiert und welche Normen hätten sie als gerechtfertigt akzeptiert, wenn sie mit hinreichender Kenntnis der Randbedingungen und der funktionalen Imperative ihrer Gesellschaft in diskursiver Willensbildung über die Organisation des gesellschaftlichen Verkehrs hätten befinden können und wollen?« (LS, 156)

Die ideale Sprechsituation stellt ein solches kontrafaktisches Ideal dar, in dem kein Zwang herrscht, sondern das bessere Argument die Oberhand gewinnt und in dem keine Motive außerhalb der gemeinsamen Suche nach Wahrheit und Richtigkeit akzeptiert werden. In einer solchen Situation des gleichen Zugangs zur und Teilnahme an der Diskussion kann ein rationaler Konsens erzielt werden, der Repräsentation und Ausdruck eines »rationalen Willens« ist. Er ist insofern rational als die formalen Eigenschaften des Diskurses die Feststellung eines »allgemeinen Interesses« ohne Täuschung ermöglichen. (LS, 153-156) In dem Maße, in dem die gegenwärtige Gesellschaft dies Modell verfehlt, wird sie zum Gegenstand der Kritik. Noch einmal kommt Habermas auf eine Vorstellung von »Öffentlichkeit« zurück, die Gegenstand seines ersten Buches war. Doch nunmehr glaubt er eine Position erreicht zu haben, von der aus er diesen kritischen Maßstab begründen und für die objektive Möglichkeit einer (zumindest partiellen) Verwirklichung mittels einer Theorie gesellschaftlicher Evolution eintreten kann — einer Theorie, die wiederum den »kritischen Prolog« zu jener tatsächlichen Praxis bildet, welche für die Verwirklichung der Theorie erforderlich ist.

Gegen Habermas' Theorie gesellschaftlicher Evolution und seine Rekonstruktion des historischen Materialismus sind eine ganze Reihe von Einwänden erhoben worden, von denen ich hier nur zwei erwähnen will.[13] Die erste und bedeutsamste bezieht sich auf das Modell einer »Entwicklungslogik« und den Begriff der »unveränderlichen Stufen«. Wie Habermas selbst zugibt, müssen die damit verbundenen Ideen noch in angemessener Weise ausgearbeitet und mit den übrigen Bestandteilen seines Programms in Einklang gebracht werden. Die Forschungsprojekte, auf die er seine Evolutionstheorie gründet (Piaget und Kohlberg), sind wegen ihrer ethnozentrisch einseitigen Ausrichtung und anderer Schwierigkeiten heftig kritisiert worden.[14] Gegen andere Forschungsvorhaben (u.a. Funktionalismus, Positivismus, Systemtheorie) hat Habermas seinerseits den Vorwurf des Ethnozentrismus erhoben und auf die historische Kontextualität von Forschungsmethoden verwiesen.[15] Wie kann er vermeiden, daß die gleichen Vorwürfe seine eigene Position treffen, die wiederum ihre szientistischen und rationalistischen Einseitigkeiten zu besitzen scheint? Um auf diese Frage antworten zu können, muß Habermas systematisch eine umfassende und vollständige Theorie der Rationalität entwickeln.

Der zweite Einwand bezieht sich auf die Frage, ob Habermas' Rekonstruktionsversuche des historischen Materialismus angemessen sind. Gibt es hier tatsächlich einen Fortschritt gegenüber Marx und wenn ja, in welcher Hinsicht? Habermas scheint zumindest den revolutionären Kern der Marxschen Theorie zu verabschieden; der Kontrast von »evolutionär« und »revolutionär« deutet auf eine entschiedene Verschiebung hin. Kann dann noch ein so zentraler Terminus wie »Klassenkampf« in die Theorie integriert werden? Und wenn nicht, in welchem Sinn ist Habermas' »Marxismus« dann marxistisch? Zur Beantwortung dieser Fragen muß die vierte Stufe in der Entwicklung von Habermas' Kommunikationstheorie erörtert werden. Im nächsten Kapitel werde ich mich im einzelnen mit seiner Theorie des kommunikativen Handelns auseinandersetzen.

Viertes Kapitel: Rationalität und kommunikatives Handeln

»Daß kommunikative Rationalität, gerade als unterdrückte, in den existierenden Formen der Interaktion bereits verkörpert ist und nicht als ein Gesolltes erst postuliert werden muß, zeigt sich an jener Kausalität des Schicksals, die Hegel und Marx je auf ihre Weise an Phänomenen der zerrissenen Sittlichkeit illustriert haben: an den Reaktionen derer, die durch schicksalhafte Konflikte in die Flucht geschlagen oder zum Widerstand gereizt, also entweder in Krankheit, Selbstmord und Verbrechen oder in Aufstand und revolutionären Kampf getrieben werden. —
Die kommunikative Vernunft operiert in der Geschichte als rächende Gewalt.« Jürgen Habermas

Habermas' umfassendes und vielschichtiges Werk *Theorie des kommunikativen Handelns* (1981 in zwei Bänden erschienen) hat vier Hauptthemen zum Gegenstand: 1. die Theorie der Rationalität, 2. die Theorie des kommunikativen Handelns, 3. die Dialektik der gesellschaftlichen Rationalisierung, 4. die Kritik der funktionalistischen Vernunft.[1] Im folgenden möchte ich versuchen, die für die ersten drei Themen entwickelten Argumentationslinien zusammenzufassen und überschaubar zu machen. Insbesondere möchte ich mich auf jene zwei Themen konzentrieren, die für Habermas' Projekt einer normativen Begründung kritischer Gesellschaftstheorie von entscheidender Bedeutung sind: kommunikatives Handeln und Rationalität. Zu diesem Zweck beziehe ich mich nicht nur auf das opus magnum, sondern auch auf Artikel aus den Jahren 1980-83, die zur weiteren Klärung meiner Erörterung dienlich sind.[2] Nachdem ich diese vierte Stufe in Habermas' kommunikativ gegründeter Gesellschaftstheorie untersucht habe, werde ich mich im fünften (und abschließenden) Kapitel mit dem Ansatz insgesamt und mit den Aussichten der kritischen Theorie auseinandersetzen.

Zu Beginn der *Theorie des kommunikativen Handelns* versucht Habermas ihren Status der Philosophie gegenüber zu klären. Für ihn entspringt »das philosophische Denken dem Reflexivwerden der im Erkennen, im Sprechen und Handeln verkörperten Vernunft (...). Das philosophische Grundthema ist Vernunft. ... Wenn den philosophischen Lehren etwas gemeinsam ist, dann die Intention, das Sein oder die Einheit der Welt auf dem Wege einer Explikation der Erfahrungen der Vernunft im Umgang mit sich selbst zu denken«. Doch ist heute die Möglichkeit eines philosophischen Weltbildes fragwürdig geworden.

Habermas zufolge kann sich »Philosophie … heute nicht mehr auf das Ganze der Welt, der Natur, der Geschichte, der Gesellschaft im Sinne eines totalisierenden Wissens beziehen«. Damit verliert das philosophische Denken seine »Selbstgenügsamkeit«, seine »ontologische(n) Hoffnungen auf material gehaltvolle Theorien der Natur, der Geschichte, der Gesellschaft, usw.«, und auch »transzendentalphilosophische Hoffnungen auf eine apriorische Rekonstruktion der Ausstattung eines nicht-empirischen Gattungssubjekts, eines Bewußtseins überhaupt« haben sich zerschlagen; kurz: »Alle Letztbegründungsversuche, in denen die Intentionen der Ursprungsphilosophie fortleben, sind gescheitert.« Nicht nur der Fortschritt der Wissenschaften hat die Möglichkeit philosophischer Weltbilder nachhaltig in Zweifel gezogen, auch das philosophische Bewußtsein selbst ist radikal selbstkritisch geworden und hat die Ebene einer »Metaphilosophie« erreicht. Dennoch richtet die gegenwärtige Philosophie, sei es in der Logik oder in der Wissenschafts-, Sprach- und Handlungstheorie, ihr Interesse auf »die formalen Bedingungen der Rationalität des Erkennens, der sprachlichen Verständigung und des Handelns, sei es im Alltag oder auf der Ebene methodisch eingerichteter Erfahrungen bzw. systematisch eingerichteter Diskurse«. In allen diesen Bereichen, so Habermas, strebt »die Philosophie in ihren nachmetaphysischen, posthegelschen Strömungen auf den Konvergenzpunkt einer *Theorie der Rationalität*« zu (TKH 1, 15f.).

Habermas will dies Thema im Rahmen einer »rekonstruktiven« Gesellschaftstheorie aufgreifen. Doch wie kann diese »irgendeine Kompetenz für die Rationalitätsproblematik in Anspruch nehmen?« Als Antwort auf diese Frage will Habermas den Status rekonstruktiv verfahrender Theorien erhellen. Für ihn verkörpern die erwähnten philosophischen Entwicklungen keinen Zusammenbruch, sondern bieten »im Verhältnis von Philosophie und Wissenschaft« die Möglichkeit einer »neue(n) Konstellation«. Moderne Wissenschaftstheorien unterfüttern den wissenschaftlichen Fortschritt mit normativen und universalistischen Ansprüchen, die »nicht mehr durch fundamentalistische Annahmen ontologischer oder transzendentalphilosophischer Art gedeckt« sind (TKH 1, 16f.). Um diese Ansprüche geltend zu machen, bedarf es statt dessen einer formalen Explikation der Bedingungen wissenschaftlicher Rationalität, die sich mit dem *context of justification* (wie Hempels Wissenschaftstheorie) befaßt *und* einer Analyse der gesellschaftlichen Einbettung und geschichtlichen Entwicklung wissenschaftlicher Rationalität, die sich mit dem *context of discovery* befaßt (wie Kuhns Wissenschaftstheorie). Dergleichen Theorien gehören weder zum Bestand traditioneller Philosophie, noch lassen sie sich umstandslos den empirischen Einzelwissenschaften zuordnen. »Ihr Anspruch kann nur an der Evidenz von Gegenbeispielen geprüft und am Ende dadurch gestützt werden, daß sich die rekonstruktive Theorie als fähig erweist, interne Aspekte der Wissenschaftsgeschichte herauszupräparieren und, in Verbindung mit empirischen Analysen, die tatsächliche, narrativ belegte Wissenschaftsgeschichte im Kontext gesellschaftlicher Entwicklungen systematisch zu erklären.« (TKH 1, 17) Eine rekonstruktive Gesellschaftstheorie, die diesem Ansatz folgt, indem sie eine formale Explikation von Rationalität mit einer Erörterung ihrer soziohistorischen Entwicklung verbindet, muß sich nicht auf wissenschaftliche Rationalität allein beschränken, sondern könnte die moralisch-praktische wie auch ästhetisch-praktische Rationalität gleichermaßen in ihren Horizont einbeziehen. Und genau das versucht Habermas mit seiner Konstruktion eines umfassenden Rationalitätsbegriffs.

An diesem Punkt können wir erkennen, wie Habermas' frühere These, das Erbe der Philosophie gehe auf die kritische Gesellschaftstheorie über, reformuliert wird (vgl. EI, 86). Aber dieser »Übergang« von der Philosophie zur Gesellschaftstheorie hängt nun nicht mehr (wie noch in *Erkenntnis und Interesse*) von den Voraussetzungen des deutschen Idealismus ab, sondern von dem Erfolg des Versuchs, einen umfassenden, soziohistorisch fundierten Rationalitätsbegriff zu entwickeln. In der *Theorie des kommunikativen Handelns* nimmt dieser Versuch die Form einer systematischen Untersuchung der Gesellschaftstheorien von Marx bis Parsons an und schließt auch eine formale Explikation der in Sprache und Handeln verkörperten Vernunft ein, die mit einer Theorie der »gesellschaftlichen Rationalisierung« verbunden wird. Dieser Ansatz der Rekonstruktion einer kritischen Gesellschaftstheorie mittels einer Theorie der Rationalität hat zwei grundlegende Vorteile. Zunächst erfaßt eine umgreifende Theorie der in Sprache und Handeln verkörperten Vernunft die (im zweiten Kapitel diskutierte) Rationalitätsproblematik in angemessener Weise, weil sie diese ausdrücklich thematisiert. Sodann erfordert die »normative Begründung«, die Habermas in seiner Universalpragmatik für die kritische Theorie zu erreichen suchte, eine Ergänzung und Berichtigung durch eine Theorie kommunikativen Handelns, weil Gesellschaft, verstanden als »Kommunikationsgemeinschaft« »*zunächst* als Interaktions- und nicht als Argumentationsgemeinschaft, als Handeln und nicht als Diskurs« verstanden werden muß (LS, 153, n. 160).

Die Erörterung kommunikativen Handelns ermöglicht eine wichtige Neuformulierung der früheren Unterscheidung zwischen Arbeit und

Interaktion. Indem Habermas sich auf seine Version der kommunikativen Kompetenz gesellschaftlicher Handlungssubjekte bezieht, unterscheidet er zwischen »erfolgsorientierten« und »verständigungsorientierten« Handlungen sowie zwischen sozialen und nicht-sozialen Handlungssituationen. Erfolgsorientiertes Handeln nennt Habermas »instrumentell«, wenn die Handlung technische Regeln befolgt und in ihrer Einwirkung auf die physische Welt als effektiv bewertet wird (das betrifft nicht-soziale Situationen). Als »strategisch« wird dies Handeln bezeichnet, wenn es Regeln rationaler Wahl folgt und in seiner Einwirkung auf die Entscheidungen anderer Handlungssubjekte (die als potentielle Gegenspieler gelten) als effektiv bewertet wird (das betrifft soziale Situationen). Verständigungsorientiertes Handeln kann nur in sozialen Situationen stattfinden; Habermas wählt hier die Bezeichnung »kommunikatives Handeln«. Es findet dann statt, wenn der gesellschaftliche Austausch nicht über egozentrische Erfolgskalkulationen der individuell Handelnden sich herstellt, sondern mittels der gegenseitig-kooperativen Verständigung von Beteiligten. Daraus ergibt sich das folgende Schema von Handlungstypen (vgl. TKH 1, 384f.):

	Handelnder	
Handlung	erfolgsorientiert	verständigungsorientiert
— nicht-sozial	instrumentelles Handeln	
— sozial	strategisches Handeln	kommunikatives Handeln

Indem Habermas diese Unterscheidungen in Hinblick auf »Kompetenzen« und nicht auf »quasi-transzendentale Interessen« (die Grundlage der Differenz von Arbeit und Interaktion) trifft, kann er ihren Status sehr viel genauer bestimmen. Es sind nun nicht mehr einfach nur »analytische« Unterscheidungen, sondern solche, die zu treffen jedes kompetente Handlungssubjekt fähig sein sollte. Habermas konstatiert: »Ich gehe in der Tat davon aus, daß die Aktoren selbst, in jeder Phase einer Interaktion, wie immer auch nur vage und intuitiv, wissen können, ob sie gegenüber anderen Teilnehmern eine strategisch-objektivierende oder eine konsensorientierte Einstellung einnehmen. ... (A)us dem Blickwinkel des Aktors () stellen sich Erfolgs- und Verständigungsorientierung nicht als verschiedene analytische Aspekte desselben Verhaltens, sondern als Alternativen dar.« (VET, 544)

Kommunikatives Handeln ist auf interne Weise der in Sprache verkörperten Vernunft verbunden, die durch Universalpragmatik »rekonstruiert« wird. Das Ziel nämlich besteht darin, eine Verständigung zu erreichen, die auf der intersubjektiven Anerkennung der Geltungsansprüche von Wahrheit, Richtigkeit, Aufrichtigkeit und Verständlichkeit beruht, ungeachtet der Tatsache, daß die Ansprüche in der tatsächlichen Interaktion nur implizite eine Rolle zu spielen vermögen. So kann ein Handlungssubjekt sich bezüglich der kommunikativ erreichten Verständigung im Irrtum befinden. Kommunikatives Handeln beruht auf »rational motivierter« Verständigung, die sich weit eher auf vernünftige Begründungen stützt als auf Überredung und Zwang. Erzwungene Verständigung kann für das Handlungssubjekt nur dann als wahrhaftig und subjektiv annehmbar gelten, wenn der Zwang unentdeckt bleibt, d.h. wenn der/die Handelnde sich selbst täuscht (systematisch verzerrte Kommunikation) oder von anderen getäuscht (manipuliert) wird. Schließlich sind Handlungssubjekte, wie immer sie sich über ihre Motive im Irrtum befinden mögen, und dergestalt strategisch verfahren (nicht aber verständigungsorientiert) im Prinzip befähigt, die erforderliche Unterscheidung vorzunehmen, und sich auf wahrhafte und unerzwungene gegenseitige Verständigung einzulassen.

Weitere Unterscheidungen trifft Habermas innerhalb des Bereichs kommunikativen Handelns selbst. Handlungssubjekte besitzen, als Mitglieder einer Kommunikationsgemeinschaft, die Kompetenz, zwischen äußerer Natur, Gesellschaft und innerer Natur zu unterscheiden (TKH 1, 149f.). Kompetente Sprecher haben die Möglichkeit, diese verschiedenen Welten aufeinander zu beziehen, zu diesen Welten verschiedene Haltungen einzunehmen und die verschiedenen Geltungsansprüche, die innerhalb dieser Haltungen erhoben werden, zu bewerten. In der auf die äußere Welt gerichteten Kommunikation nehmen die Sprecher eine »objektivierende« Haltung ein, und ihr Geltungsanspruch bezieht sich auf eine *wahre* Darstellung von Tatsachen. In der auf Gesellschaft gerichteten Kommunikation nehmen die Sprecher eine »interagierende« Haltung ein, und ihr Geltungsanspruch bezieht sich auf die Bewertung der *Richtigkeit* von Regeln, die die Beziehungen zwischen Handlungssubjekten bestimmen. In der auf die innere Natur gerichteten Kommunikation nehmen die Sprecher eine »expressive« Haltung ein, und ihr Geltungsanspruch bezieht sich auf die *ernsthafte* (aufrichtige) Enthüllung ihrer Wünsche und Bedürfnisse. Darüber hinaus sind die Sprecher in der Lage, die Aufmerksamkeit auf die Sprache selbst zu lenken, um die in den drei Bereichen erhobenen Geltungsansprüche zu klären. Kommunikationsorientierte Interpretationen erheben einen spezifischen Geltungsanspruch, nämlich den auf *Verständlichkeit*, der für jede wirksame Kommunikation gültig ist (TKH 1, 367ff.).

Die Analyse der kommunikativen Kompetenz, die Habermas in seinem Aufsatz über Universalpragmatik durchführte, nimmt eine entscheidende Wendung, wenn sie auf soziales Handeln angewendet wird. Habermas' Kommunikationsgemeinschaft ist — auf grundlegende Weise — auch eine Gemeinschaft gesellschaftlichen Handelns, denn Sprechakte sind selbst gesellschaftlich bestimmt. Seine Theorie kommunikativen Handelns basiert also auf einer Analyse verständigungsorientierten Sprachgebrauchs, die sich auf die handlungskoordinierenden Wirkungen der in Sprechakten erhobenen Geltungsansprüche konzentriert. Vermittels dieser Geltungsansprüche können die Kommunikationsteilnehmer intersubjektive Beziehungen herstellen, die die gesellschaftlich verbindliche Anerkennung dieser Ansprüche gestatten. Dieser Mechanismus, der Verständigung, Zustimmung und Konsens erlaubt, beruht auf der »rationalen Motivation«, die in Sprechakten gemachten Angebote insoweit zu akzeptieren, als die Sprecher ihre Ansprüche mit Vernunftgründen abstützen. Anstelle von »Sanktionen oder Gratifikationen« stehen hinter den wechselseitig erhobenen Geltungsansprüchen und Handlungserwartungen »weder Waffen noch Götter, sondern potentielle Gründe« (VET, 549). Auf diese Weise ist kommunikatives Handeln — und diesen zentralen Aspekt möchte Habermas verteidigen — im Innersten mit kommunikativer Rationalität verbunden.

Kommunikative Rationalität bildet den zentralen Begriff des Versuchs, kritische Gesellschaftstheorie normativ zu begründen. Damit entfernt sich Habermas zugleich noch mehr von jenem (im ersten Kapitel diskutierten) »Fundamentalismus«, den viele Kritiker an der Theorie der Universalpragmatik und ganz besonders im Hinblick auf die »transzendentale« Vorstellung einer idealen Sprechsituation gerügt haben. Habermas behauptet nun nicht mehr, daß eine solche Situation oder ein anderer Charakterzug kommunikativer Rationalität direkt ein »Bild« oder eine »Antizipation« einer konkreten Lebensform darstellt. Die auf perfekte Weise rationale Gesellschaft ist eine Illusion. Kommunikative Rationalität stellt weder die wiederauferstandene transzendentale Deduktion eines utopisch-kritischen Maßstabes dar, von dem aus konkrete Lebensformen insgesamt beurteilt werden können, noch bildet sie das Ziel einer zu neuem Leben erweckten Geschichtsphilosophie. Kommunikative Rationalität, die formal als ein *heuristischer* Begriff verstanden werden kann, schließt den Versuch ein, universelle Charakterzüge der Kommunikation in ihrer strukturellen Entwicklung zu kennzeichnen. Dieser Versuch bleibt offen für empirisch-rekonstruktive Testverfahren und darauf gegründeter Widerlegungen. Als *soziologischer* Begriff schließt kommunikative Rationalität den Versuch ein, die tatsächliche gesellschaftliche Verkörperung und geschichtliche Entwicklung von Rationalitätsstrukturen empirisch aufzuweisen, wie auch die objektiven Möglichkeiten für die Ausweitung von Rationalität auf umfassendere Bereiche des gesellschaftlichen Lebens abzuwägen. Die kritische Stoßkraft, die normative Dimension dieses Begriffs liegt in seinem Nutzen als Interpretationshilfe, um gesellschaftliche Pathologien der Moderne aufzuspüren und Heilmittel dagegen vorzuschlagen. Der letztgültige Test für Habermas' Begriff kommunikativer Rationalität liegt in der Frage nach seiner empirischen, theoretischen und kritischen Fruchtbarkeit für Gesellschaftstheorie und Forschungsarbeit. Mit der Frage, ob der Status dieses Projekts so charakterisiert werden kann, setze ich mich später auseinander. Im Augenblick möchte ich seine Entwicklung im einzelnen diskutieren.

Habermas beginnt mit einer Analyse des Rationalitätsbegriffs. Für ihn ist Rationalität an (menschliche) Personen und ihre symbolischen Äußerungen gebunden und läßt sich auf Sprache und Handeln beziehen, wobei die in diesen beiden Bereichen verkörperte Vernunft anfänglich als »kognitiv-instrumentelle Rationalität« aufgefaßt werden kann. Aus dieser Perspektive ergeben sich zwei paradigmatische Fälle von Rationalität: 1. Eine Behauptung, in der der Sprecher eine Meinung äußert, und 2. eine zielgerichtete Handlung, mit der der Handelnde einen Zweck verfolgt. In (1) wie in (2) verkörpert sich fehlbares Wissen, die Behauptung kann ebenso »fehlschlagen« wie die Handlung. Beide können aufgrund jenes Geltungsanspruches kritisiert werden, »den die handelnden Subjekte mit ihren Äußerungen, soweit sie als Behauptungen oder als zielgerichtete Handlungen intendiert sind, notwendig verbinden«. Im Fall (1) macht der Sprecher für seine Aussage *»Wahrheit«* geltend, im Fall (2) macht der Handelnde für seine Handlung Erfolgserwartungen oder *»Wirksamkeit«* geltend. Für Habermas stehen Wahrheit und Wirksamkeit in einer internen Beziehung zueinander. *Wahrheit* bezieht sich auf Sachverhalte in der Welt, während *Wirksamkeit* auf Eingriffe in die Welt abzielt, durch die Sachverhalte hervorgebracht werden können. Im Fall (1) nimmt ein Sprecher durch seine Behauptung auf ein Geschehnis in der Welt Bezug, im Fall (2) bezieht sich der Handelnde auf etwas, das in der Welt durch sein zweckgerichtetes Handeln geschehen soll. Auf diese Weise erheben beide Ansprüche, »die kritisiert und verteidigt, d.h. *begründet* werden können« (TKH 1, 26f.). Für Habermas konstituiert sich die Rationalität des Sprechens und Handelns durch die Möglichkeit, die (selbst nur implizit) erhobenen Geltungsansprüche zu begründen. Wie er bemerkt, unterstellt diese Analyse, daß die Rationalität von Sprechen und Handeln in der Fähigkeit *objektiven* Kritisierens und Begründens liegt. Eine solche objektive Beurteilung ist dann möglich, »wenn sie anhand eines *transsubjektiven* Geltungsanspruchs vorgenommen wird, der für beliebige Beobachter und Adressaten dieselbe Bedeutung hat wie für das jeweils handelnde Subjekt selbst« (TKH 1, 27). Für Habermas erfüllen Wahrheit und Wirksamkeit diese Bedingung.

Der Vorschlag, die Rationalität von Sprach- und Handlungsäußerungen auf die Kritisierbarkeit hinsichtlich ihrer Wahrheit und Wirksamkeit zu gründen, besitzt für Habermas jedoch zwei grundsätzliche Schwächen. Zunächst bringt diese Charakterisierung »wichtige Differenzen nicht zum Ausdruck«. Sodann ist sie »zu eng, weil wir den Ausdruck 'rational' nicht nur im Zusammenhang mit Äußerungen verwenden, die wahr oder falsch, effektiv oder unwirksam sein können. Die der kommunikativen Praxis innewohnende Rationalität erstreckt sich über ein breiteres Spektrum.« (TKH 1, ebd.) Für Habermas ist der kognitiv-instrumentelle Ansatz grundsätzlich richtig, aber begrenzt. So wie sein Begriff des kommunikativen Handelns darauf abzielt, die einseitige Ausrichtung auf instrumentelles Handeln zu überwinden, so dient der Begriff der kommunikativen Rationalität der Überwindung einer einseitigen Konzentration auf den kognitiv-instrumentellen Aspekt. Der weiter gefaßte Begriff kommunikativer Rationalität knüpft an »ältere Logosvorstellungen« an und »führt Konnotationen mit sich, die letztlich zurückgehen auf die zentrale Erfahrung der zwanglos einigenden, konsensstiftenden Kraft argumentativer Rede, in der verschiedene Teilnehmer ihre zunächst nur subjektiven Auffassungen überwinden und sich dank der Gemeinsamkeit vernünftig motivierter Überzeugungen gleichzeitig der Einheit der objektiven Welt und der Intersubjektivität ihres Lebenszusammenhangs vergewissern« (TKH 1, 28). Für Habermas wird ein solcher Entwurf vor dem Hintergrund jener drei »Welten« sichtbar, die von den Sprechern ausdifferenziert und im kommunikativen Handeln einander zugeordnet werden können. In einem Interview führt Habermas aus:

»Damit sind die drei Dimensionen angedeutet, die im Begriff kommunikativer Rationalität drinstecken: das Verhältnis des erkennenden Subjektes zu einer Welt von Ereignissen bzw. Tatsachen, das Verhältnis des praktisch, in Interaktionen mit anderen verstrickten und handelnden Subjektes zu einer Welt der Sozialität, und schließlich das Verhältnis des im Feuerbachschen Sinne leidenden und leidenschaftlichen Subjektes zur eigenen inneren Natur, zu seiner Subjektivität und zur Subjektivität anderer.« (NU, 185)

In allen drei Dimensionen werden Geltungsansprüche erhoben, die der Kritik und Beurteilung zugänglich sind, und die verteidigt und rational begründet werden können. Wenn in einer dieser drei Dimensionen Geltungsansprüche bestritten werden, zeigen die Sprecher ihre Rationalität in dem Maße, in dem sie fähig sind, sich bestimmter Argumentationsweisen zur Stützung ihrer Ansprüche zu bedienen. Unter

»Argumentation« versteht Habermas »den Typus von Rede, in dem die Teilnehmer strittige Geltungsansprüche thematisieren und versuchen, diese mit Argumenten einzulösen oder zu kritisieren«. Ein Argument enthält Gründe, die mit dem Geltungsanspruch eines problematischen Ausdrucks systematisch verbunden sind. Die »'Stärke' eines Arguments bemißt sich ... an der Triftigkeit der Gründe; diese zeigt sich u.a. daran, ob ein Argument die Teilnehmer eines Diskurses überzeugen, d.h. zur Annahme des jeweiligen Geltungsanspruches bewegen kann« (TKH 1, 38). Von *Diskursen* spricht Habermas nur, »wenn der Sinn des problematischen Geltungsanspruchs die Teilnehmer konzeptuell zu der Unterstellung nötigt, daß grundsätzlich ein rational motiviertes Einverständnis erzielt werden könnte«, d.h. »wenn die Argumentation nur offen genug geführt und lange genug fortgesetzt werden könnte« (TKH 1, 71). Von *Kritik* (statt von Diskursen) ist die Rede, wenn die Beteiligten nicht voraussetzen müssen, daß ein durch Vernunft oder Gründe geprägter Konsens notwendigerweise zustandekommt (TKH 1, 70). Der Begriff der kommunikativen Rationalität kann hinsichtlich der verschiedenen Argumentationsweisen, die für die Bewertung bestimmter Geltungsansprüche geeignet sind, formal expliziert werden: es handelt sich dabei um die Ansprüche, welche in Verbindung mit den drei Bereichen kommunikativen Handelns — äußere Natur, Gesellschaft, innere Natur — erhoben werden.

In der auf die äußere Natur (bzw. die kognitiv-instrumentelle Sphäre) gerichteten Kommunikation heißt Rationalität, begründete Ansichten auszudrücken, wirksam zu handeln und fähig zu sein, aus Fehlern zu lernen. Die diesem Bereich eigene Argumentationsweise ist der *theoretische Diskurs*, in dem gegensätzliche Wahrheitsansprüche zum Thema gemacht werden können. In der auf Gesellschaft (bzw. die moralisch-praktische Sphäre) gerichteten Kommunikation besteht Rationalität im Begründen/Rechtfertigen von Handlungen unter Verweis auf geltende Normen, im einsichtigen Handeln bei Normenkonflikten und im Beurteilen von Streitfällen von einem konsensusorientierten »moralischen Gesichtspunkt« aus. Die hier vorherrschende Argumentationsweise ist der *praktische Diskurs*, in dem Ansprüche auf normative Richtigkeit thematisiert werden. In der auf die innere Natur (bzw. die Urteils- und Ausdruckssphäre) gerichteten Kommunikation bezieht sich Rationalität auf die Interpretation der wesentlich je eigenen Wünsche und Bedürfnisse (wie auch der anderer Personen). Diese Interpretation bedient sich kulturell etablierter Wertmaßstäbe und nimmt darüber hinaus eine reflexive Haltung gegenüber diesen Maßstäben selbst ein. Hier kann keine universale Zustimmung erwartet werden, von daher ist die hier geltende Argumentationsweise nicht der Diskurs, sondern, prototypisch, die *ästhetische Kritik*, in der die Angemessenheit von Wertmaßstäben thematisiert wird. Für Habermas gehören auch die im psychoanalytischen Dialog vorgebrachten Argumente in den Bereich der inneren Natur. In diesem Zusammenhang besteht Rationalität im Willen und in der Fähigkeit, sich von Illusionen zu befreien, die nicht dem faktischen Irrtum, sondern der Selbsttäuschung sich verdanken. Die hier vorherrschende Argumentationsweise ist *therapeutische Kritik*, welche der Aufklärung systematischer Selbsttäuschung dient. In der auf Sprache selbst gerichteten Kommunikation schließlich besteht Rationalität in der Überwindung von Kommunikationsstörungen durch eine Reflexion auf die Verständlichkeit und linguistische Adäquanz von symbolischen Ausdrücken. Die diesem Bereich eigene Argumentation ist der *explikative Diskurs*, in dem die Verständlichkeit und Wohlgeformtheit symbolischer Ausdrücke nicht einfach nur unterstellt, sondern explizit thematisiert wird. — Diese ganzen Unterscheidungen führen zu folgendem Schema (vgl. TKH 1, 45):

Argumentationstypen

Formen der Argumentation	Problematische Äußerungen	Kontroverse Geltungsansprüche
theoretischer Diskurs	kognitiv-instrumentell	Wahrheit von Propositionen; Wirksamkeit teleologischer Handlungen
praktischer Diskurs	moralisch-praktisch	Richtigkeit von Handlungsnormen
ästhetische Kritik	evaluativ	Angemessenheit von Wertstandards
therapeutische Kritik	expressiv	Wahrhaftigkeit von Expressionen
explikativer Diskurs		Verständlichkeit bzw. Wohlgeformtheit symbolischer Konstrukte

Für Habermas kann sich eine angemessene begriffliche Erörterung von Rationalität nicht auf die Betrachtung nur (jeweils) eines dieser Bereiche beschränken. Eine formale Explikation muß umfassend genug sein, um alle abdecken zu können. Das läuft jedoch nicht auf einen vereinheitlichten Vernunftbegriff (wie etwa bei Hegel) hinaus, vielmehr sucht Habermas eine hermeneutische Balance zwischen den verschiedenen Bereichen von Rationalität. Für ihn stellt sich die Frage, ob Individuen *im allgemeinen* rationales Verhalten zugeschrieben werden kann, d.h.

»ob man systematisch erwarten darf, daß für ihre Äußerungen gute Gründe bestehen und daß ihre Äußerungen, sei es in der kognitiven Dimension zutreffend oder erfolgreich, in der moralisch-praktischen Dimension zuverlässig oder einsichtig, in der evaluativen Dimension klug oder einleuchtend, in der expressiven Dimension aufrichtig und selbstkritisch, in der hermeneutischen Dimension verständnisvoll, oder gar in allen diesen Dimensionen 'vernünftig' sind.« (TKH 1, 72)

Wo wir in allen diesen Hinsichten über einen längeren Zeitraum hinweg einen systematischen Effekt sich abzeichnen sehen, sind wir berechtigt, von einer rationalen »Lebensführung« zu sprechen. Die für eine solche Lebensführung erforderlichen soziokulturellen Bedingungen reflektieren eine rationale *Lebensform*. Die damit verbundenen Probleme können nicht über eine rein formale Explikation des Rationalitätsbegriffs angegangen werden; hier benötigt Habermas eine Analyse der gesellschaftlichen Einbindungen und der geschichtlichen Entwicklung von Rationalität.

Mit dieser soziohistorisch orientierten Analyse will Habermas zeigen, daß die in seiner formalen Explikation ausgearbeiteten Möglichkeiten von Kommunikation einen Leitfaden an die Hand geben, mit dessen Hilfe die wissenschaftlichen, moralischen und ästhetischen Ebenen von Rationalität in verschiedenen Gesellschaften untersucht werden können. Dabei ist zu beachten, daß die formale Explikation kommunikativer Rationalität sich auf ein »*Vorverständnis* (stützt), das in modernen Bewußtseinsstellungen verankert ist«. Diese aber gehören zu einem *»okzidentalen Weltverständnis«*, mit dem »wir implizit einen Anspruch auf *Universalität* verbinden. Um den Status dieses Anspruches angemessen beurteilen zu können, muß die Begriffsanalyse in eine anthropologische und soziologische Perspektive überführt werden, die das Problem einer rationalen Lebensführung im Licht evolutionärer Sichtweisen betrachtet (TKH 1, 73). Aus solcher Perspektive kann der Universalitätsanspruch des modernen Weltverständnisses, das von Habermas in Hinsicht auf die Ausdifferenzierung der theoretischen, praktischen und ästhetischen Kommunikationsbereiche rekonstruiert wird, angemessener gewichtet werden. Eine Erörterung der Unterschiede zwischen mythischen und modernen Weltbildern, die die anthropologische Forschung aufgedeckt hat, bildet den Grundstein für die zweite Stufe der Analyse kommunikativer Rationalität.

In seiner Kontrastierung mythischer und moderner Weltbilder bezieht sich Habermas auf Lévi-Strauss und Maurice Godelier. Er geht dabei von folgender These aus: »Die Rationalität von Weltbildern bemißt sich nicht an logischen und semantischen Eigenschaften, sondern an den Grundbegriffen, die sie den Individuen für die Deutung ihrer Welt zur Verfügung stellen.« (TKH 1, 75) Um diese Grundbegriffe geht es Habermas, wenn er die relevanten Unterschiede erörtert. Zum ersten assimiliert das mythische Denken wechselseitig die Natur an die Kultur und umgekehrt. Zum zweiten kann das mythische Denken zwischen Gesellschaft, äußerer Welt und innerer Natur nicht hinreichend differenzieren. Zum dritten kann das mythische Denken zwischen Sprache und Welt, zwischen der Kommunikation und ihren Bezugsgegenständen nicht angemessen unterscheiden. Im Gegensatz dazu sind eben diese Unterscheidungen kennzeichnend für das »moderne« Denken. Jedes kompetente Mitglied einer modernen Gesellschaft besitzt die Fähigkeit, die entscheidenden Differenzierungen vorzunehmen. So gelangt Habermas aufs neue zu einem Begriff kommunikativer Rationalität, der für das moderne Weltverständnis charakteristisch ist. Er gibt jedoch zu: »Ob freilich die mutmaßliche Rationalität unseres Weltverständnisses nicht nur die partikulären Züge einer durch Wissenschaft geprägten Kultur widerspiegelt, sondern zu Recht einen Anspruch auf Universalität erhebt, ist damit noch nicht gezeigt.« (TKH 1, 85) Um dies Problem zu klären, setzt Habermas sich mit der Arbeit von Peter Winch auseinander, um gleichermaßen die Stärken und Schwächen dieser Position deutlich zu machen. »Jede Kultur«, so Habermas über Winch, »stellt in ihrer Sprache einen Bezug zur Realität her.« (TKH 1, 90) »Wahr« und »falsch«, »wirklich« und »nicht-wirklich« mögen Begriffe sein, die in allen Sprachen auftauchen, jedoch werden solche Unterscheidungen immer innerhalb eines je besonderen Sprachsystems gezogen. Um diese Begriffe zu verstehen, müssen wir also ihren Gebrauch innerhalb dieses besonderen Systems untersuchen, das seinerseits auf eine bestimmte Kultur und Lebensform verweist. Wir können nicht einfach unsere Rationalitätsmaßstäbe auf andere Kulturen übertragen, weil unsere und deren Maßstäbe in bestimmten Sprachsystemen gründen. Und jenseits der »Kultur« gibt es keine universalen Maßstäbe, auf die im Konfliktfall zurückgegriffen werden kann. Gegen diesen kulturellen Relativismus führt Habermas ins Feld: »Die Kontextabhängigkeit der Kriterien, anhand deren die Angehörigen verschiedener Kulturen zu verschiedenen Zeiten die Gültigkeit von Äußerungen differentiell beurteilen, bedeutet aber nicht, daß die der Wahl von Kriterien freilich nur intuitiv zugrunde liegenden Ideen der Wahrheit, der normativen Richtigkeit und der Wahrhaftigkeit oder Authentizität in gleichem Maße kontextabhängig sind.« (TKH 1, 88) Und weiter: »Welches Sprachsystem wir auch immer wählen, stets gehen wir intuitiv von der Voraussetzung aus, daß Wahrheit ein universaler Geltungsanspruch ist.« Und dieser erlaubt uns, andere Kulturen »unter dem Gesichtspunkt *kognitiver Angemessenheit*« zu verstehen und zu beurteilen (TKH 1, 92f.).

Doch will Habermas Rationalitätsmaßstäbe nicht auf die Frage der kognitiven Angemessenheit reduzieren. Die Rationalität eines Weltbildes hängt auch von seiner praktischen, ästhetischen, expressiven und, allgemein gesprochen, bedeutungstragenden Angemessenheit ab. Aus diesem Blickwinkel heraus betont Habermas, daß Winchs Argumente zu schwach sind, um kulturellen Relativismus wirklich begründen zu können, jedoch stark genug, um uns davor zu warnen, die wissenschaftlich-technologische Rationalität unserer Kultur auf andere Kulturen zu übertragen. Auf diese Weise macht sich Habermas Winchs Position zunutze, um jene Universalität, welche in unserem Weltverständnis in der Form grundlegender Differenzierungen (Natur/Kultur, Sprache/Welt, Wissenschaft/Moral/Kunst) ihren Ausdruck gefunden hat, gegen eine »unkritische, auf Erkenntnis und Verfügbarmachung der äußeren Natur fixierte Selbstauslegung der Moderne abzuheben«. Habermas schließt, »daß dem modernen Weltverständnis zwar allgemeine Rationalitätsstrukturen zugrunde liegen, daß aber die modernen Gesellschaften des Westens ein verzerrtes, ein an kognitiv-instrumentellen Aspekten haftendes und insofern nur partikuläres Verständnis von Rationalität fördern« (TKH 1, 102).

Wie Habermas erkennt, trägt die universalistische Position die Bürde der Beweislast, wenn sie zeigen will, in welcher Hinsicht die Rationalität des modernen Weltbildes einen Fortschritt gegenüber mythischen und traditionalen Auffassungen darstellt. Die Vertreter des Universalismus müssen wenigstens ansatzweise in der Lage sein, die systematischen Veränderungen, denen Weltbilder unterliegen, im Rückgriff auf einen »intern nachkonstruierbaren Wissenszuwachs« zu erklären. »Die universalistische Position«, folgert Habermas, »zwingt zu der ... evolutionstheoretischen Annahme, daß sich die Rationalisierung von Weltbildern über Lernprozesse vollzieht.« (TKH 1, 103) Um diese Annahme zu untermauern, wendet Habermas sich dem evolutionären Lernkonzept von Piaget zu. Dieser unterscheidet zwischen neuen Lern*inhalten* und höheren Niveaus der Lern*fähigkeit* oder des Lern*vermögens*. Letzteres nun muß die universalistische Position auf interne Weise rekonstruieren können, ohne zu voreiligen Schlüssen über die tatsächliche *Dynamik* der Entwicklung zu gelangen, und ohne vorab zu entscheiden, ob eine solche Entwicklung *kontinuierlich* oder *linear* verläuft. Nach diesen begrifflichen Klärungen wendet Habermas sich Piagets grundlegender These zu, daß höhere Niveaus der Entwicklung des kognitiven (Individual-)Bewußtseins mit einer »*Dezentrierung* eines *egozentrisch geprägten Weltverständnisses*« einhergehen. Bei dieser Dezentrierung handelt es sich um die Fähigkeit eines Kindes, »die Konstruktion eines Bezugsrahmens für die *gleichzeitige*

Abgrenzung der objektiven und der sozialen von der subjektiven Welt« zu entwickeln (TKH 1, 106).[3]

Indem Habermas den Begriff der Dezentrierung von der individuellen auf die gesellschaftliche Ebene ausdehnt, kann er sein eigenes Projekt insoweit abstützen, als er sich auf die wachsende Rationalisierung von Weltbildern bezieht. Habermas zufolge legt schon Piagets Theorie selbst eine solche Ausweitung nahe, denn 1. wird die Entwicklung der Intelligenz als nur *eine* Dimension des Dezentrierungsprozesses begriffen, 2. werden alle Übergänge zu neuen Lernniveaus als Fortschritte (in) der Dezentrierung verstanden und 3. dient die egozentrische Perspektive des Kindes als Modell für mythisches Denken. Weltbilder stellen einen kulturellen Wissensfundus dar, der Erkenntnis und Handlungsorientierung mit ermöglicht. Zugleich wird der Traditionsgehalt dadurch gesichert, daß die Weltbilder in Alltagsinterpretationen umgesetzt werden. Doch können diese kulturellen Traditionen samt ihren interpretativen Fortsetzungen in mythischen, religiösen und metaphysischen Weltbildern keinen angemessenen Ausdruck finden, weil jene grundlegenden Ausdifferenzierungen fehlen, die eine kritisch-reflexive Aneignung der Vergangenheit erlauben. Dazu nämlich bedarf es eines reflexiven Begreifens von »Welt« ebenso wie der modernen Grenzziehungen zwischen äußerer Natur, Gesellschaft und innerer Natur. Auf dieser Grundlage wird ein Zugang zur Welt durch gemeinsame interpretative Anstrengungen ermöglicht, in denen die kooperativ und reflexiv handelnden gesellschaftlichen Individuen sich über Situationsdefinitionen verständigen können, die die gemeinsame Anerkennung ermöglichen. Und genau hier dient die Ausdifferenzierung der »drei Welten« als das »gemeinsam unterstellte Koordinatensystem«, in dem die Handelnden eine Situationsdefinition dergestalt entwickeln können, »daß Einverständnis darüber erzielt wird, was die Beteiligten jeweils als Faktum oder als gültige Norm oder als subjektives Erlebnis behandeln dürfen« (TKH 1, 107).

An diesem Punkt führt Habermas den Begriff der *»Lebenswelt«* ein, den er zunächst in bezug auf den Kontext von Sprache als das bestimmt, »was die Kommunikationsteilnehmer jeweils im Rücken haben, aus de(m) heraus sie ihre Verständigungsprobleme betreiben«. Jeder tatsächliche Konsens wird aber gegen diese »eigentümlich präreflexible() Form von Hintergrundannahmen« erreicht. Die Lebenswelt ist eine Ressource für das, was in die explizite Kommunikation eingeht und dort der Kritik unterworfen werden kann. Daher bleibt die Lebenswelt selbst implizit, präreflexiv und prä-kritisch, bewahrt »den Gewißheitscharakter, den Hintergrundcharakter und den Nichthintergehbarkeitscharakter« (NU, 186; vgl. TKH 1, 107ff.). Obwohl diese Begriffsbestimmung sich eng an Husserl anlehnt, weitet Habermas die Bedeutung aus und verändert ihren Gebrauch. Als unhintergehbarer Kontext für die Koordination der drei »Welten« unterstützt die Lebenswelt gesellschaftliche, kulturell orientierte Kollektive und Gruppen, indem sie eine Ressource für Sinn- und Situationsdefinitionen bildet, die der gesellschaftlichen Reproduktion dienen. Insoweit also die Lebenswelt die Trägerin personaler, gesellschaftlicher und kultureller Tradition ist, bildet sie einen der wichtigsten Faktoren für die Reproduktion von Kultur, Gesellschaft und Persönlichkeit.

Aus dieser Perspektive kann der Begriff der Lebenswelt dem des »Systems« entgegengesetzt werden. Gesellschaftliche Systeme (insbesondere Subsysteme wie Wirtschaft und Staat) folgen funktionalen Imperativen und tragen zur Bildung von »formal organisierten Handlungssystemen, die über Steuerungsmedien laufen«, bei (NU, 189).[4] Für die Lebenswelt ist kommunikatives Handeln von zentraler Bedeutung, dagegen sind Gesellschaftssysteme durch instrumentelles Handeln bestimmt. Habermas hält es für erforderlich, moderne Gesellschaften hinsichtlich ihrer Entwicklung aus jeder der beiden Perspektiven zu betrachten. Mythisch bestimmte und — in einem geringen Ausmaß — traditional orientierte Gesellschaften beruhen auf einer unkritischen Übernahme von lebensweltlich entwickelten Bedeutungen. »Das sprachliche Weltbild wird als Weltordnung reifiziert und kann nicht als kritisierbares Deutungssystem durchschaut werden.« Innerhalb mythischer oder traditional gegründeter Systeme »können Handlungen jene kritische Zone gar nicht erreichen, in der ein kommunikativ erzieltes Einverständnis von autonomen Ja/Nein-Stellungnahmen zu kritisierbaren Geltungsansprüchen abhängt«. Eine rationale Lebensführung ist nur in dem Maße möglich, in dem die von Strukturen der Lebenswelt getragene kulturelle Tradition die folgenden Eigenschaften aufweist: 1. Die Artikulation der drei formalen Begriffe von »Welt« muß möglich sein; 2. die kulturelle Tradition muß ein reflexives Verhältnis zu sich selbst gestatten; 3. es muß eine Ausdifferenzierung der kognitiven, moralischen, evaluativen und expressiven Elemente geben, die mit der Institutionalisierung spezieller Argumentationsformen für jeden Bereich verbunden ist; und 4. muß es zu einer wenigstens partiellen Entkoppelung von Lebenswelt und gesellschaftlichem System kommen, die die Institutionalisierung zweckrationaler Handlungssysteme (vor allem Wirtschaft und Verwaltung) erlaubt (TKH 1, 108f.). Die moderne Gesellschaft ist durch diese »Rationalisierung der Lebenswelt« und durch die wachsende Ausdifferenzierung gesellschaftlicher Systeme bestimmt. Diese letzten Erörterungen führen, so Habermas, auf Webers Theorie der gesellschaftlichen Rationalisierung zurück.

Am Leitfaden der »Dezentrierung« (Piaget) weitet Habermas den Begriff kommunikativen Handelns auf das Problem rationaler Lebensführung aus, um damit »das dezentrierte Weltverständnis auf die Möglichkeit der diskursiven Einlösung kritisierbarer Geltungsansprüche« zu beziehen (TKH 1, 110). Seine Verteidigung der Modernität bemißt sich daran, inwieweit diese die Ausdifferenzierung von Geltungsansprüchen, Wertsphären und die Institutionalisierung geeigneter bereichsspezifischer Argumentationsweisen erlaubt. Hinzu kommt der (höhere) Grad der Entkoppelung von Lebenswelt und zweckrationalen Handlungssystemen, die die kritische Reflexion dessen gestattet, was früher lediglich als gegeben angesehen wurde. So wird denn der Fortschritt gattungsspezifischer Lernniveaus nicht einfach in der wissenschaftlich-technischen Überlegenheit der modernen Welt verankert, sondern in ihrem »dezentrierten« Weltbild, das jene Ausdifferenzierungen gestattet. Dieser Fortschritt vollzieht sich jedoch im »Schatten systematischer Irrtümer« in dem Maße, in dem die Modernität sich an Wissenschaft und Technologie heftet und *»die Ausgliederung der sozialen und der subjektiven Welt aus dem Bereich rational motivierter Verständigung überhaupt«* betreibt (TKH 1, 111). Habermas möchte den von der Modernität verkörperten Fortschritt von ihren Deformationen und Entstellungen abgrenzen. Das führt ihn zum Problem der »gesellschaftlichen Rationalisierung«, d.h. zu dem Prozeß, durch den Rationalität im Übergang von der traditionalen zur modernen Gesellschaft sich in dieser in zunehmendem Maße repräsentiert.

Bis hierher können wir folgendes festhalten: Habermas' Begriff kommunikativer Rationalität entfaltet sich 1. in Hinsicht auf eine begriffliche Analyse von Rationalität; 2. in der Auseinandersetzung mit der relativistischen Position, die in der Rationalitätsdiskussion der Analytischen Philosophie ausgearbeitet wurde; 3. durch einen Rekurs auf die empirischen Forschungen von Lévi-Strauss und Piaget. Doch reicht all dies noch nicht aus, um einen umfassenden Begriff von Rationalität zu entwickeln, der der relativistischen Herausforderung ohne Rückgriff auf die traditionelle Form von Philosophie begegnen kann. Habermas kommt nicht darum herum, das zentrale Problem der gesellschaftlichen Rationalisierung anzugehen, das mit der Rationalitätsproblematik vermacht ist (vgl. das zweite Kapitel). So beschäftigt sich denn ein beträchtlicher Teil der *Theorie des kommunikativen Handelns* mit dem Übergang von der traditionalen zur modernen Gesellschaft, mit dem sich Marx, Weber, Lukács, Adorno und Horkheimer auseinandergesetzt haben. Habermas schlägt hier den Bogen zu seinen früheren Arbeiten; geht es ihm doch nach wie vor um eine »normative Begründung« kritischer Theorie. Der Ansatz, sich dem Begriff kommunikativer Rationalität über Gesellschaftstheorie zu nähern, soll nicht nur die Herausforderung durch den Relativismus annehmen, sondern zugleich eine auf Marx und die Frankfurter Schule sich beziehende kritische Gesellschaftstheorie rehabilitieren. Diese Herangehensweise ist für Habermas auch deshalb bedeutungsvoll, weil sie ihm in geradezu Hegelscher Weise gestattet, sich theoretische Errungenschaften anzueignen, um sie auf einer entwickelteren Ebene neu zu formulieren. Diese Aneignung möchte ich kurz diskutieren, wobei ich mich auch auf die klassische Tradition der Gesellschaftstheorie in ihrem Bemühen um die begriffliche Fassung von Rationalität und Modernität beziehe.

Zentraler Bezugspunkt für Habermas' Interpretation und Kritik der traditionellen wie der gegenwärtigen Gesellschaftstheorie ist das Werk Max Webers, und zwar aus drei Gründen: Zum einen war Weber der erste Gesellschaftstheoretiker, der die Modernisierung der traditionalen Gesellschaft als Ergebnis eines universalhistorischen Prozesses der Rationalisierung begriff, ohne sich auf die Voraussetzungen einer Geschichtsphilosophie (à la Hegel) zu beziehen; zum anderen war er die Quelle, aus der die bedeutendsten marxistischen Theoretiker der Moderne (Lukács, Horkheimer, Adorno, Marcuse) ihre Anregungen schöpften; und zum dritten ist seine Theorie der Rationalität der Brennpunkt, aus dem eine alternative Theorie der Moderne und der gesellschaftlichen Rationalisierung entwickelt werden kann. Habermas liest Weber im Kontext der marxistischen Tradition wie zugleich — Lektüre in der Lektüre — die marxistische Tradition im Kontext von Weber; er umreißt diese Lektüre mit folgenden Worten:

»Nach Marx setzt sich die gesellschaftliche Rationalisierung unmittelbar in der Entfaltung der Produktivkräfte durch, d.h. in der Erweiterung des empirischen Wissens, der Verbesserung der Produktionstechniken und immer wirksameren Mobilisierung, Qualifizierung und Organisation von gesellschaftlich nutzbarer Arbeitskraft. Hingegen werden die Produktionsverhältnisse, also die Institutionen, die die Verteilung sozialer Macht zum Ausdruck bringen und den differentiellen Zugang zu den Produktionsmitteln regulieren, allein unter dem Rationalisierungsdruck der Produktivkräfte revolutioniert. Max Weber beurteilt den institutionellen Rahmen der kapitalistischen Wirtschaft und des modernen Staates anders: nicht als Produktionsverhältnisse, die das Rationalisierungspotential fesseln, sondern als die Subsysteme zweckrationalen Handelns, in denen sich der okzidentale Rationalismus gesellschaftlich entfaltet. Freilich befürchtet er, als Folge der Bürokratisierung, eine Verdinglichung sozialer Lebensverhältnisse, die die motivationalen Antriebe rationaler Lebensführung erstickt. Horkheimer und Adorno, später auch

Marcuse, deuten Marx aus dieser Weberschen Perspektive. Im Zeichen einer verselbständigten instrumentellen Vernunft verschmilzt die Rationalität der Naturbeherrschung mit der Irrationalität der Klassenherrschaft, stabilisieren die entfesselten Produktivkräfte die entfremdenden Produktionsverhältnisse. Die 'Dialektik der Aufklärung' tilgt die Ambivalenz, die Max Weber gegenüber Rationalisierungsprozessen noch hegte, und sie kehrt Marxens positive Einschätzung kurzerhand um. Wissenschaft und Technik, für Marx ein unzweideutig emanzipatorisches Potential, werden selbst zum Medium gesellschaftlicher Repression.« (TKH 1, 208)

Für Habermas sind alle drei oben skizzierten Positionen mit einer grundsätzlichen Schwäche behaftet. Erstens identifizieren Marx und Weber wie auch Horkheimer und Adorno gesellschaftliche Rationalisierung mit der Ausbreitung instrumenteller Rationalität. Zweitens schwebt ihnen allen eine vage Vorstellung von umfassenderer gesellschaftlicher Rationalität vor: Marx im Begriff einer »Association freier Produzenten«, Weber in den »historischen Vorbildern ethisch rationaler Lebensführung«, Adorno und Horkheimer »in der Idee eines geschwisterlichen Umgangs mit der wiederaufgerichteten Natur« (TKH 1, 209). An diesem zweiten, unscharfen, jedoch umfassenderen Begriff von Rationalität bemißt sich der Stellenwert der empirischen Prozesse gesellschaftlicher Rationalisierung, die sich im engeren Begriff niederschlagen. Doch wird — und darin liegt für Habermas die Schwäche — dieser umfassendere Begriff von Rationalität nicht auf der gleichen Ebene entwickelt und begründet wie die »Produktivkräfte«, die »Subsysteme zweckrationalen Handelns« oder die »totalitären Träger der instrumentellen Vernunft«. Genau diese Schwäche will Habermas' Theorie kommunikativer Rationalität bezeichnen und beseitigen.

Habermas beschreibt nun die Stärken und Schwächen jeder dieser Positionen sehr genau, wobei er Weber als Ausgangspunkt nimmt. Dessen Vorzug besteht darin, die Analyse der gesellschaftlichen Rationalisierung sowohl von geschichts- als auch bewußtseinsphilosophischen Voraussetzungen befreit zu haben (wobei »Bewußtseinsphilosophie« die Entwicklung der erkenntnistheoretisch fixierten Subjekt-Objekt-Problematik von Descartes bis zu und über Hegel hinaus bezeichnet). Darüber hinaus entwickelte Weber eine Theorie der Modernität, die auf der grundlegenden Unterscheidung von Wertsphären beruhte. Webers *Irrtum* aber besteht (so Habermas) darin, *Funktion, Wirkungsbereich und Ziel der Vernunft nicht weit genug gefaßt zu haben*. Die kapitalistische Rationalisierung, die Webers Forschungsgegenstand bildete, führte zu einer Konzentration auf den technisch-instrumentellen Gebrauch der Vernunft, den Weber in unangemessener Weise vereinseitigte. So erkannte er nicht, daß die kapitalistische Entwicklung die praktisch-ethische Dimension der Rationalität unterdrückte, die er selbst als »bürgerliche Ethik« analysierte. Gerade eine in den — von der kapitalistischen Entwicklung ausgeschlossenen — ethischen und ästhetischen Wertsphären sich sedimentierende Möglichkeit gesellschaftlicher Rationalisierung weist jedoch nach Habermas über Webers pessimistische Interpretation des Siegeszugs wissenschaftlich-technischer (oder formaler) Rationalität, über das Schicksal des Lebens im »eisernen Käfig« hinaus.

Der moderne Marxismus setzt bei Webers Theorie gesellschaftlicher Rationalisierung an. Habermas interpretiert Lukács' Versuch, Marx durch die Ausweitung der Fetischismustheorie auf den Begriff der Verdinglichung bürgerlichen Bewußtseins zu rekonstruieren, vor dem Hintergrund der Weberschen Perspektive, die herrschende Rationalitätsform in kapitalistischen Gesellschaften sei die der Zweckbestimmung. Diese aber führt unvermeidlicherweise zu Sinn-und Freiheitsverlusten. Lukács kritisierte diesen Prozeß unter Rückgriff auf Termini Hegels wie auch solche der Bewußtseinsphilosophie; Begriffe wie »Totalität« oder »Geschichte als Verwirklichung der Vernunft« weisen darauf hin. Lukács setzte der »objektiven Vernunft« den nur »subjektiven« Verstand entgegen, von dem das Bewußtsein in der kapitalistischen Gesellschaft beherrscht werde. Habermas erblickt in dieser Rekonstruktion der Marxschen Theorie einen Rückfall hinter die von Marx bereits erreichte Position; Lukács betreibe die Rückkehr zum klassischen deutschen Idealismus und zur spekulativen Geschichtsphilosophie.

Habermas geht davon aus, daß Lukács' Verarbeitung Weberscher Theoreme als Wegbereiter für Adorno und Horkheimer diente, um (formale) Zweckrationalität durch den Begriff der instrumentellen Vernunft zu ersetzen. Im Gegensatz zum interdisziplinär orientierten »Materialismus« der dreißiger Jahre geriet das spätere Werk von Adorno und Horkheimer (vor allem die *Dialektik der Aufklärung*) zur kritisch-revolutionären Interpretation der westlichen Philosophie und Rationalität insgesamt. Das von Lukács übernommene Verdikt der Verdinglichung erging nicht nur an den kapitalistischen Rationalisierungsprozeß, sondern betraf nun die Geschichte der Gattung insgesamt. Für Habermas bedeutete diese Kritik eine Entwertung der Einzelwissenschaften, wobei schließlich die Natur mit einer untragbaren emanzipatorischen Aufgabe belastet wurde. Außerdem führte die radikale Kritik der Philosophie zu folgendem Dilemma: Horkheimer und Adorno müssen sich auf die philosophische Tradition beziehen, um aus ihr einen kritischen Vernunftbegriff zu entwickeln; doch erweist ihre eigene Interpretation der Gattungsgeschichte die Vernunft selbst als Ideologie.

Die Ironie liegt für Habermas darin, daß Horkheimer und Adorno in ihrer Verwerfung der Bewußtseinsphilosophie dem Problem verhaftet bleiben. In subtiler Weise verfallen auch sie dem Weberschen Irrtum eines zu engen Vernunftbegriffs.

Wiewohl Habermas die von Marx und der Frankfurter Schule sich herleitende Tradition kritischer Theorie reformulieren will, verhält sich die *Theorie des kommunikativen Handelns* diesem Problemkomplex gegenüber äußerst kritisch, was aus den Einwänden gegen Marx besonders deutlich hervorgeht. Habermas zufolge kann Marx seine wissenschaftliche Analyse der quasi-gesetzmäßigen Entwicklungen kapitalistischer Wirtschaft mit einer Kritik der bürgerlichen Ideologie mittels der Arbeitswerttheorie verbinden. Diese nämlich erlaubt Marx, »*politisch-ökonomische Aussagen* über die anonymen, durch die Handlungsorientierungen der Beteiligten hindurchgreifenden funktionalen Zusammenhänge des Wirtschaftskreislaufs in *soziologisch-historische Aussagen* über die intuitiv gegenwärtigen Handlungszusammenhänge der Akteure *übersetzen* zu können«. Und eben dadurch »pflanzt Marx der Werttheorie, wie unauffällig auch immer, den *normativen Kern* des rationalen Naturrechts ein, nämlich die Idee, daß es in der bürgerlichen Gesellschaft nur so lange mit rechten Dingen zugehen würde, wie die getauschten Äquivalente nicht nur vermeintlich, sondern nach Maßgabe der verausgabten Arbeitskraft auch tatsächlich Äquivalente darstellten« (VET, 493). So hängt also Marx' Analyse des Kapitalismus in ihrer zugleich wissenschaftlichen *und* kritischen Gestalt von der Arbeitswerttheorie ab.

Habermas zeigt drei Schwächen dieser Werttheorie auf. Indem, erstens, Marx auf diese Theorie sein ganzes Augenmerk richtet, neigt er dazu, den Kapitalismus als mystifizierte Totalität von Klassenbeziehungen zu sehen. Das aber ist ein zu einfaches Modell; es kann die bedeutsamen Unterscheidungen zwischen traditionalen und modernen Formen der Lebenserfahrung nicht aufhellen. Außerdem enthält es keine angemessene Unterscheidung zwischen normal verlaufenden und entfremdeten Prozessen der Identitätsbildung. Kurz gesagt: Marx' Krisentheorie und seine Klassenanalyse müssen neu formuliert werden. Zweitens (ver)führt die Werttheorie Marx dazu, die Lebenswelt mit Kategorien zu analysieren, die eher systemischen Imperativen angemessen sind. In *Erkenntnis und Interesse* warf Habermas Marx die Reduktion von Interaktion auf Arbeit vor. Nunmehr lautet der Einwand, Marx begreife das aus der Lebenswelt entstehende kommunikative Handeln hauptsächlich unter systemfunktionalen und zweckrationalen Handlungsaspekten. Von daher, so argumentiert Habermas, kann Marx weder revolutionäres Klassenbewußtsein noch kommunikativ orientiertes Handeln im allgemeinen erklären, weil dergleichen eine klare Trennung zwischen den beiden Analyseebenen (Handlung und System) voraussetzte. Drittens schließlich zeiht Habermas Marx der Vermischung normativer und deskriptiver Ebenen, weil er die Fußtapfen von Hegels Geschichtsphilosophie nicht wirklich verlassen habe. So sagt Habermas:

»Annahmen über ein dialektisches Verhältnis von Produktivkräften und Produktionsverhältnissen sind pseudonormative Aussagen über eine ojektive Teleologie der Geschichte. ... Diese Vermischung von deskriptiven und normativen Gehalten war schon in den historisch-materialistischen Grundbegriffen angelegt gewesen.« (VET, 525f.)

Die praktischen Absichten von Marx' Theorie lassen sich jedoch retten, ohne daß man Handlung und System oder Tatsachen und Werte durcheinanderbringen muß. Doch machte dies einen klaren Bruch mit den »historisch-philosophischen« Grundannahmen erforderlich, die Marx von der Bewußtseinsphilosophie übernahm, und in denen die Theoretiker der Frankfurter Schule der ersten Generation befangen blieben. Das aber bedeutet nichts anderes als eine Wende, die von den inflationären Erwartungen der Bewußtseins- zu den herabgeschraubten Ansprüchen der Sprachphilosophie führt. In dieser Hinsicht sieht Habermas sein eigenes Projekt, die kritische Theorie in den *linguistic turn* einzubinden, als einen Versuch, »den Historischen Materialismus von seinem geschichtsphilosophischen Ballast zu befreien« (VET, 526).

Habermas' eigene Theorie gesellschaftlicher Rationalität und Modernität will auf eine große Tradition der Gesellschaftstheorie aufbauen, ohne ihren Schwächen zu verfallen. Seine grundlegende Vorgehensweise besteht darin, die von mir so bezeichnete Rationalitätsproblematik im Bereich kommunikativen Handelns und nicht in der geschichtlichen Entwicklung des westlichen Bewußtseins zu verankern. Der klassische Fehler der Gesellschaftstheorie liegt nach Habermas darin, daß die Theorie gesellschaftlicher Rationalisierung auf die Herausbildung wissenschaftlich-technischer (bzw. instrumenteller) Vernunft begrenzt wird, wobei die Erklärung dieser Entwicklung sich auf Fortschritte in den Produktivkräften oder den Subsystemen zweckrationalen Handelns beschränkt. Obwohl solche Analysen umfassendere Begriffe gesellschaftlicher Rationalität zur Voraussetzung hatten, waren sie doch nicht in der Lage, diese angemessen zu entwickeln. Dennoch müssen Marxens und Webers Einsichten in diesen Prozeß nicht verworfen werden, wenn es gelingt, sie in einem umfassenderen Rahmen angemessen zu rekonstruieren. Um einen solchen Rahmen auszuarbeiten, wendet sich Habermas den Theorien von Mead und Durkheim zu. Von diesen Positionen aus kann gesellschaftliche Rationalisierung nicht nur als wissenschaftlich-technischer, sondern auch als moralisch-praktischer Vorgang verstanden werden.

Um seine Analyse kommunikativen Handelns als normativ gesteuerten Verhaltens zu unterfüttern, bedient Habermas sich einer Interpretation von Meads Theorie symbolisch vermittelter Interaktion. Sein Ziel dabei ist, den kollektiven und sprachgebundenen Kontext gesellschaftlicher Interaktion von Zusammenhängen zweckrationalen Handelns abzugrenzen. Mittels der Lektüre von Mead möchte Habermas zeigen, daß die Tradition des amerikanischen Pragmatismus bereits eine Analyse des gesellschaftlichen Ursprungs und des gemeinschaftlichen Charakters der Kompetenz für normativ geleitetes Verhalten zur Verfügung stellt. Des weiteren interpretiert Habermas Durkheims Theorie des Sakralen und des Prozesses der Säkularisation religiöser Normen, um eine evolutionäre Perspektive für die Entwicklung dieser gesellschaftlich-normativen Dimension zu gewinnen. Damit will Habermas zeigen, auf welche Weise der Übergang von der traditionalen zur modernen Gesellschaft eine fortschreitende Säkularisierung normativ geregelten Verhaltens einschloß, der in seiner eigenen Analyse kommunikativen Handelns rekonstruiert wird. Faßt man diese beiden Lesweisen von Mead und von Durkheim zusammen, so ergibt sich das, was Rasmussen »eine Art zweischneidiger Theorie ethischen Verhaltens« nennt, die zugleich »evolutionär und verfahrenstechnisch angelegt ist« (Rasmussen 1982, 12).

Habermas benutzt diese Interpretationen, um seinem Begriff der Lebenswelt eine weitere Dimension hinzuzufügen. »Lebenswelt« kann nun als kollektiver linguistischer Zusammenhang gesehen werden, in dem, analog zu Durkheims Kollektivbewußtsein, das gesellschaftlich konstruierte »Ich« (*self* bei Mead) seine Identität erlangt. Die von Habermas so genannte »Rationalisierung der Lebenswelt« kann nun — zumindest in ihren Anfängen — als ein normaler Vorgang gesehen werden, in dem die materielle Reproduktion der Gattung auf den Ebenen von Kultur, Gesellschaft und Persönlichkeit stattfindet. Diese letzteren drei »Bestandteile der Lebenswelt«, die auf kommunikativem Handeln beruhen, können mit dem Reproduktionsprozeß auf folgende im Schema veranschaulichte Weise in Einklang gebracht werden (vgl. TKH 2, 214):

Beiträge der Reproduktionsprozesse zur Erhaltung der strukturellen Komponenten der Lebenswelt

Strukturelle Komponenten:	Kultur	Gesellschaft	Persönlichkeit
Reproduktionsprozesse:			
kulturelle Reproduktion	konsensfähige Deutungsschemata (»gültiges Wissen«)	Legitimationen	bildungswirksame Verhaltensmuster, Erziehungsziele
soziale Integration	Obligationen	legitim geordnete interpersonelle Beziehungen	soziale Zugehörigkeiten
Sozialisation	Interpretationsleistungen	Motivationen für normenkonforme Handlungen	Interaktionsfähigkeiten (»personale Identität«)

Diese individuellen Reproduktionsprozesse können nun »nach Maßgabe der *Rationalität des Wissens*, der *Solidarität der Angehörigen* und der *Zurechnungsfähigkeit der erwachsenen Persönlichkeit* bewertet werden« (TKH 2, 216). Doch solche Maßstäbe variieren in jedem Bereich je nach dem Grad der »Differenzierung der Lebenswelt« (d.h. nach dem Grad ihrer Rationalisierung). Das Ausmaß, in dem gesellschaftlich handelnde Individuen konsensfähiges Wissen, legitim geordnete Beziehungen und personale Identität benötigen, hängt vom Grad der Rationalisierung ab, der in jedem dieser Bereiche erreicht worden ist. Aus dieser lebensweltlichen Perspektive heraus manifestieren sich Störungen der materiellen Reproduktion von Gesellschaft in den Bereichen von Kultur, Gesellschaft und Persönlichkeit als Sinnverlust, Anomie und Formen der Psychopathologie. Dabei gibt es für jeden Bereich entsprechende »Entzugserscheinungen« *(withdrawal phenomena)*. Habermas faßt dies in folgendem Schema zusammen (vgl. TKH 2, 215):

Krisenerscheinungen bei Reproduktionsstörungen

Strukturelle Komponenten:	Kultur	Gesellschaft	Person	Bewertungsdimension
Störungen im Bereich der:				
kulturellen Reproduktion	Sinnverlust	Legitimationsentzug	Orientierungs- u. Erziehungskrise	Rationalität des Wissens
sozialen Integration	Verunsicherung der kollektiven Identität	Anomie	Entfremdung	Solidarität der Angehörigen
Sozialisation	Traditionsabbruch	Motivationsentzug	Psychopathologien	Zurechnungsfähigkeit der Person

Der Begriff der »Lebenswelt« wird von Habermas erweitert: er besitzt eine linguistisch-phänomenologische, eine (hinsichtlich der gesellschaftlichen Evolution) beschreibende und eine kritisch-normative Funktion. Für Habermas ist das Charakteristikum der Moderne, die »Rationalisierung der Lebenswelt« — also die Ausdifferenzierung der Wertsphären, die Säkularisierung der Normen, die Institutionalisierung der Argumentationsstrukturen etc. — eine »normale« Funktion der materiellen gesellschaftlichen Reproduktion. Diese Rationalisierung kann auch in dem Maße für »fortschrittlich« gelten, in dem durch ihren Fortgang hindurch die strukturellen Komponenten der Lebenswelt erhalten bleiben (vgl. oben, das erste der beiden Schemata). Doch verlief die Rationalisierung der Lebenswelt im Übergang von der traditionalen zu den modernen Gesellschaften nicht ohne Störungen und Krisen (vgl. oben, das zweite Schema). Um diesen Dualismus von Fortschritt einer- und krisenhafter Entwicklung andererseits zu explizieren, wollen wir zu Habermas' Unterscheidung von Lebenswelt und gesellschaftlichem System zurückkehren.

Diese Unterscheidung kann als Versuch gesehen werden, das Marxsche Modell von Basis und Überbau auf angemessene Weise umzuarbeiten (vgl. Rasmussen 1982, 12f.). In einem anderen Blickwinkel ist es eine erweiterte Verwendung von Begriffen, die von Diskussionspartnern (oder -gegnern) stammen: so prägte Luhmann den Systembegriff und Gadamer den der Lebenswelt. Habermas unterscheidet »scharf zwischen den mehr oder weniger differenzierten oder 'rationalisierten' Lebenswelten, die übers kommunikative Handeln reproduziert werden, und andererseits formal organisierten Handlungssystemen, die über Steuerungsmedien laufen« (NU, 189). Solche Steuerungsmedien sind z.B. *Geld* (das ökonomische Subsystem) und *Macht* (das staatlich-administrative Subsystem), die durch zweckrationales Handeln reproduziert werden. Insbesondere haben sich in den modernen Gesellschaften zwei Subsysteme durch die Medien von Geld und Macht herausgebildet: das kapitalistische Wirtschaftssystem und eine (in der Bedeutung von Webers »formaler Rationalität«) »rationalisierte« Staatsbürokratie. Jedes dieser Subsysteme bildet für das andere eine komplementäre Umwelt, und sie tauschen sich durch ihre jeweiligen Medien miteinander aus.

Mit dem Übergang zur kapitalistischen Produktionsweise und zum modernen Staat »kann das materielle Substrat der Lebenswelt unter Gesichtspunkten eines über funktionale Zusammenhänge stabilisierten Handlungssystems, das sich gegenüber der Lebenswelt verselbständigt hat, analysiert werden« (VET, 565). Auf der Grundlage seiner früheren Krisentheorie (vgl. die *Legitimationsprobleme im Spätkapitalismus*) führt Habermas die »ökonomische Krise« und die »Krise der Rationalität« auf Defizite in der Produktion ökonomischer Werte wie auch in der Produktion von Legitimationsentscheidungen zurück (vgl. meine Diskussion weiter oben). Doch revidiert Habermas seine frühere Erörterung der »Motivations-« und »Legitimationskrise«, indem er beiden die »Kolonialisierung der Lebenswelt« gegenüberstellt (VET, 565; TKH 2, 489-547). Dieser Begriff stellt den Versuch dar, neu zu bestimmen, was die frühere kritische Gesellschaftstheorie unter »Fetischismus« und »Verdinglichung« verstand.

Für Habermas wurzeln die ökonomischen und bürokratischen Systeme in der Lebenswelt, so wie für Marx der Überbau in der Basis verankert ist. Der fundamentale Unterschied (auf den ich noch zurückkomme) besteht darin, daß für Marx die Basis unter dem Gesichtspunkt des Produktionsparadigmas (des Zusammenhangs von Produktivkräften und Produktionsverhältnissen) begriffen werden mußte, während Habermas die Lebenswelt als kommunikativ und symbolisch strukturiert auffaßt. In dieser Hinsicht verankert die Institutionalisierung der Medien von Geld und Macht die ökonomischen und bürokratischen Handlungssysteme in der Lebenswelt. Auf diese Weise wird die symbolisch strukturierte Lebenswelt mit den funktionalen Systemimperativen der ökonomischen und staatlichen Bürokratien durch die Privathaushalte (die Familie) und das Rechtssystem verbunden und »im Rahmen bestehender Produktionsverhältnisse () den Beschränkungen der materiellen Reproduktion« unterworfen. Auf der anderen Seite sind auch die Wirtschaft (mit ihrem Beschäftigungssystem) und der Staat (mit dem System bürokratischer Herrschaft) »auf Leistungen aus der symbolischen Reproduktion Lebenswelt angewiesen, nämlich auf individuelle Fertigkeiten und Motivationen sowie auf Massenloyalität« (VET, 565). Marx' Unterscheidung von Basis und Überbau kann deterministisch mißverstanden werden (was auch der Fall gewesen ist), nämlich als Determination des Überbaus (des politischen, gesellschaftlichen und kulturellen Bereichs der Ideologie) durch die Basis (die ökonomische »Realität«). Im Gegensatz dazu impliziert die Unterscheidung von System und Lebenswelt Beziehungen der Interaktion zwischen diesen beiden Bereichen. Einerseits hängt die Lebenswelt vom System ab, und zwar sowohl hinsichtlich der materiellen Produktion (der Wirtschaft) als auch der Organisation (dem Staat). Andererseits hängt das System von der Lebenswelt ab, und zwar sowohl hinsichtlich der Reproduktion vergesellschafteter Individuen als auch der Fortschreibung von Zusammenhängen kultureller Tradition. Zwischen beiden Bereichen bestehen also vielschichtige Formen der Interdependenz und Interaktion.

Im Verlauf der Entwicklung dieser Formen unterliegt der gesellschaftliche Rationalisierungsprozeß Störungen, die als Ungleichgewichte oder Pathologien charakterisiert werden können. Eine hauptsächliche Störung, mit der Habermas sich auseinandersetzt, ist die von ihm so bezeichnete »Kolonialisierung der Lebenswelt«. Habermas unterscheidet hier (anders als in den *Legitimationsproblemen*) zwei Arten von Krisen (bzw. Störungen): einerseits solche, die durch die unveränderlichen Strukturen der Lebenswelt (d.h diejenigen, die unbedingt auf kommunikativem Handeln und Konsens basieren) bei der Aufrechterhaltung des wirtschaftlichen und politischen Systems entstehen können, zum anderen solche, die in der Reproduktion der Lebenswelt selbst sich manifestieren. Obwohl beide Arten durch Interaktion empirisch miteinander verknüpft sind, tritt Habermas für eine analytische Trennung ein, die sich folgendermaßen aufgliedert: 1. gibt es einen Motivationsentzug, der sich auf das Beschäftigungsproblem auswirkt (»Motivationskrise«) und einen Legitimationsentzug, der sich auf das wirtschaftlich-administrative Handlungssystem auswirkt (»Legitimationskrise«); und 2. gibt es die Kolonialisierung der Lebenswelt, die sich in Phänomenen des Sinnverlustes, der Anomie und der Persönlichkeitsstörungen manifestiert. Diese Krisen vom Typus (2) äußern sich in modernen Gesellschaften »als Zerstörung traditionaler Lebensformen, als Angriff auf die kommunikative Infrastruktur von Lebenswelten, als Erstarrung einer einseitig rationalisierten Alltagspraxis«, deren Ausdruck »verarmte() kulturelle() Überlieferungen und gestörte() Sozialisationsvorgänge« sind (VET, 566).

Um die Dynamik des »Kolonialisierungsprozesses« zu untersuchen, rekurriert Habermas auf Marx' Analyse des zwieschlächtigen Charakters der Arbeit in der kapitalistischen Gesellschaft. Konkret betrachtet ist Arbeit eine menschliche Aktivität, die zur Lebenswelt des Arbeiters gehört. Auf der abstrakten Ebene ist Arbeit eine durch die Imperative der kapitalistischen Produktionsweise organisierte Funktion, die zum ökonomischen System gehört. Die Institutionalisierung der Lohnarbeit und die damit verbundene Verwandlung der Arbeitskraft in eine Ware neutralisiert den lebensweltlichen Kontext der Arbeit als menschlicher Aktivität und macht sie zu einem Abstraktum. Für Habermas ist diese von Marx analysierte »Realabstraktion« ein zentrales, aber zugleich partikuläres Vorkommnis innerhalb der allgemeinen Kolonialisierungsphänomene, d.h. innerhalb der Unterordnung der Lebenswelt unter systemische Imperative. Habermas' Modell, das Wirtschaft und Staat als Subsysteme zusammenschließt, die auf den mit der Lebenswelt interagierenden (und diese kolonisierenden) Medien von Geld und Macht beruhen, soll den begrenzten Blick des orthodoxen Marxismus auf die Ökonomie und die mit ihr zusammenhängenden Krisen überwinden. Zugleich ist Habermas davon überzeugt, daß sein Modell die wichtigen Züge des Spätkapitalismus, wie etwa Wohlfahrtsstaat, Massendemokratie und »Konsumismus« besser erklären kann. Nach seiner Auffassung hat der fortgeschrittene Kapitalismus den Klassenkampf »gezähmt« und das politische Terrain »befriedet«. Die Kosten für diese Zähmung und Befriedung aber lassen sich an zwei Rückbildungen ablesen: zum einen wurde der Bürger vom aktiven politischen Teilnehmer zum passiven »Kunden« *(client)* des Staates, und zum anderen wurde der aktive Produzent zum passiven Konsumenten. Die durch Systemimperative erzwungene Aufprägung dieser abstrakten Rollen von Kunde und Konsument erreicht ihre Grenze, wenn dadurch die für die Systemreproduktion erforderlichen lebensweltlichen Prozesse der Sozialisation blockiert werden. In dieser Hinsicht ist der Begriff der »Kolonialisierung« ein Versuch, die mit den Phänomenen des Fetischismus und der Verdinglichung beschäftigte Tradition kritischer Gesellschaftstheorie in einem größeren Rahmen neu zu bestimmen, um die Stabilität des Spätkapitalismus wie auch dessen Grenzen angemessener fassen zu können.

Habermas' Auseinandersetzung mit dem Problem der gesellschaftlichen Rationalisierung, die aus der Differenzierung von System und Lebenswelt entwickelt wurde, kann nun folgendermaßen zusammengefaßt werden: Die gesellschaftliche Entwicklung (insbesondere die Transformation der traditionalen in die moderne Gesellschaft) findet als Prozeß fortschreitender Differenzierung und Rationalisierung statt. Das bedeutet, daß die sozialen Systeme immer komplexer und vielschichtiger werden, während die Lebenswelt zugleich in fortschreitendem Maße der Rationalisierung unterliegt. Die wachsende Komplexität des gesellschaftlichen Systems bildet den Anstoß für die Rationalisierungsprozesse der Lebenswelt. Neue Systementwicklungen stellen neue Lebensmöglichkeiten dar. Von diesem Modell ausgehend kann eine umfassende Theorie der Moderne entworfen werden. Die Lebenswelt — gemeinsamer kommunikativ bestimmter Kontext und Träger der Tradition — ermöglicht die materielle Reproduktion von Kultur, Gesellschaft und Persönlichkeit. Die für die Moderne charakteristische Ausdifferenzierung der Wertsphären (Wissenschaft, Moral, Kunst) kann als normale und sogar fortschrittliche Rationalisierung der Lebenswelt bestimmt werden. Diese Aspekte bilden die positiven Merkmale der gesellschaftlichen Rationalisierung, erlauben sie doch in dem Maße, in dem sie auf »normale« Weise sich vollziehen, eine kritische Aneignung der Tradition, der argumentativen Strukturen und der konsensuellen Verfahrensweisen. Aus ihr ergibt sich auch die objektive Möglichkeit einer — im Sinne der Entwicklung kommunikativer Rationalität — »rationaleren« politischen Willensbildung und einer rationaleren Lebensführung, die auf freier und gleicher, d.h. zwangloser Diskussion beruht. Dergestalt verkörpert die Rationalisierung der Lebenswelt als Ausdruck des Anwachsens kommunikativer Rationalität und der Ausweitung der Bereiche kommunikativen Handelns die helle Seite der Modernität, die für Habermas durch Marx, Weber, Lukács und die Frankfurter Schule gleichermaßen verdunkelt wurde, weil Alle den vollständigen Triumph des zweckrationalen Handelns und der (formalen) instrumentellen Vernunft betonten — ungeachtet der abweichenden Interpretationsweisen dieses »Triumphs«.

Doch sieht Habermas auch die dunkle Seite der Moderne. Unter dem selegierenden Druck der Systemimperative kapitalistischer Modernisierungsstrategien war der Weg der gesellschaftlichen Rationalisierung durch Einseitigkeiten, Verzerrungen und Krisen gekennzeichnet. Die kapitalistische Wirtschaft und der moderne bürokratische Staat privilegierten den Wertbereich der Wissenschaft, weil aus ihm sich Macht- und Kontrollfunktionen ableiten ließen. So etablierte sich in einseitiger Weise die Hegemonie der wissenschaftlich-technischen Rationalität über die anderen Wertsphären, und dadurch wurden Ursprung, Rolle und Ziel eines umfassenden Rationalitätsbegriffs überschattet. Dieser Prozeß der Rationalisierung der Lebenswelt mittels aufgezwungener Systemimperative überschreitet für Habermas dann eine kritische Schwelle, wenn der Lebenswelt innewohnende kommunikative Strukturen beschädigt werden. Diese nämlich repräsentieren Lebensbereiche, die für die materielle Reproduktion gesellschaftlichen Lebens (d.h. für die kulturelle Reproduktion, die gesellschaftliche Integration und die Bildung der autonomen Persönlichkeit durch Sozialisation) notwendig sind. Diese Lebensbereiche können nicht einfach funktionalen Systemimperativen und zweckrationalen Handlungen überantwortet werden, ohne daß gravierende Krisen und Störungen die Folge wären. Unter diesen zählt Habermas Sinnverlust, Anomie und Persönlichkeitsstörungen zu den augenfälligsten, wobei sein Rahmen weit genug gesteckt ist, um auch andere Krisenformen in Betracht zu ziehen.

Schließlich und endlich kann Habermas gesellschaftliche Rationalität weder als allumgreifende Hegelsche Vernunft noch (mit Marx) als Schicksal einer Klasse begreifen. Statt dessen muß die Rationalität als Gleichgewicht und Harmonie zwischen ihren ausdifferenzierten Sphären gefaßt werden. Diese Vorstellung findet ihren Ausdruck in einer lebensweltlich verankerten kommunikativen Rationalität; sie wird die notwendige normative Begründung für die Kritik an der einseitig entwickelten Rationalität der kapitalistischen Gesellschaft. Doch findet diese Kritik ihr Gegengewicht in den unleugbaren Vorteilen, die die Aufklärung im Zusammenhang mit der Entwicklung der modernen Gesellschaft bereitgestellt hat. Der vielleicht wichtigste Beitrag der Habermas'schen Rationalitätstheorie ist diese Verteidigung der Aufklärung, die ihrerseits auf einem »aufgeklärten Mißtrauen gegenüber Aufklärung« beruht (Schmidt 1982, 18). Und schließlich wird Habermas' Rekonstruktion der Grundlegung kritischer Gesellschaftstheorie durch eine Theorie der Rationalität abgestützt, die auf verschiedenen Ebenen entwickelt wird. Dabei handelt es sich 1. um eine begriffliche Erörterung der Rationalität, 2. um eine empirisch gehaltvolle Bestimmung des Unterschiedes zwischen traditionalen und modernen Formen gesellschaftlicher Rationalität, 3. um eine Rekonstruktion der Entwicklung rational orientierter Kompetenzen, und 4. um eine Erörterung der Prozesse gesellschaftlicher Rationalisierung, die im Zusammenhang mit der gesellschaftstheoretischen Tradition von Weber und Marx über die Frankfurter Schule bis zu Mead und Durkheim steht.

In der *Theorie des kommunikativen Handelns* unternimmt Habermas auch den kurzen und tastenden Versuch, das zweite grundlegende Problem kritischer Gesellschaftstheorie zu berühren: die Beziehung zwischen der Theorie und der Praxis, die die Theorie hervorbringen möchte. Dies Problem eines Handlungsträgers — welche gesellschaftlichen Subjekte können die kritisch-emanzipatorischen Ziele der Theorie verwirklichen? — leitet sich von den praktischen Absichten der Theorie her. Und da Habermas sich weigert, diese Intentionen völlig aufzugeben, versucht er, seine Gesellschaftstheorie mit den praktischen Auseinandersetzungen der Gegenwart zu vermitteln:

»Heute greifen Imperative, sowohl vom ökonomischen wie vom administrativen System her, in Bereiche ein, die von der Lebenswelt sozusagen nicht mehr abgegeben werden können. ... Inzwischen scheint es (...) so zu sein, daß die systemischen Imperative eingreifen in Handlungsbereiche, von denen man zeigen kann, daß sie, gemessen an der Art ihrer Aufgaben, nicht gelöst werden können, wenn sie kommunikativ strukturierten Handlungsbereichen entzogen werden. Dabei handelt es sich um Aufgaben der kulturellen Reproduktion, der sozialen Integration und der Sozialisation. Die Frontlinie zwischen Lebenswelt und System bekommt damit eine ganz neue Aktualität. Heute dringen die über die Medien Geld und Macht vermittelten Imperative von Wirtschaft und Verwaltung in Bereiche ein, die irgendwie kaputt gehen, wenn man sie vom verständigungsorientierten Handeln abkoppelt und auf solche mediengesteuerten Interaktionen umstellt. Das sind Prozesse, die nicht mehr in das Schema der Klassenanalyse passen, aber man kann zeigen, daß es einen funktionalen Zusammenhang gibt zwischen den Konflikten, die in Kern bereichen der Lebenswelt auftreten, und den Funktionsnotwendigkeiten kapitalistischer Modernisierung. Ich habe das an Beispielen aus dem Sozial-, dem Schul- und Familienrecht gezeigt, ein bißchen auch an der neuen Protestbewegung.« (NU, 189)

Ihre besondere Bedeutung gewinnen die neuen sozialen Bewegungen für Habermas in Hinblick auf das Problem des Handlungsträgers. Das letzte Kapitel der *Theorie des kommunikativen Handelns* stellt auf vorsichtige Weise einen Zusammenhang zwischen diesen Bewegungen und den von der Theorie explizierten Krisenphänomenen her, vergißt dabei aber auch nicht die emanzipatorischen Ziele der kritischen Gesellschaftstheorie. Habermas geht davon aus, daß sich die gesellschaftlichen Konflikte in den letzten zehn bis zwanzig Jahren grundlegend gewandelt haben. Es geht nicht mehr um Distributionsprobleme, die Auseinandersetzungen werden nicht mehr durch offizielle Parteien und Organisationen vermittelt und ausgetragen und können auch nicht länger durch systemkonforme Kompensationen beigelegt werden. »Die neuen Konflikte entstehen vielmehr im Bereich der kulturellen Reproduktion, der sozialen Integration und der Sozialisation; sie werden in subinstitutionellen, jedenfalls außerparlamentarischen Formen des Protests ausgetragen.« In diesen Protestformen geht es um die Frage der »Verteidigung und Restituierung gefährdeter, oder um die Durchsetzung reformierter Lebensweisen. Kurz, die neuen Konflikte entzünden sich nicht an *Verteilungsproblemen*, sondern an Fragen der *Grammatik von Lebensformen*« (TKH 2, 576). Die überkommenen Politikformen konzentrierten sich auf Fragen ökonomischer, gesellschaftlicher, innenpolitischer und militärischer Sicherheit, der »neuen Politik« geht es dagegen um Gleichheit (bzw. Gleichberechtigung), Lebensqualität, Partizipation und Menschenrechte. Die »alte Politik« wird durch Unternehmer, Arbeiter und den gewerblich orientierten Mittelstand getragen, während die »neue Politik« durch den neuen Mittelstand, die Jugend und die von der Bildung her höher qualifizierten Schichten unterstützt wird. Habermas interpretiert seine eigene Theorie im Zusammenhang mit jenen sozialen Bewegungen, die sich der neuen Politik verbunden fühlen.

Auf diese Weise entsteht durch den Gegensatz von alter und neuer Politik eine »Konfliktlinie zwischen dem Zentrum der am Produktionsprozeß *unmittelbar* beteiligten Schichten, die ein Interesse daran haben, das kapitalistische Wachstum als Grundlage des sozialstaatlichen Kompromisses zu verteidigen« und peripheren Gruppen auf der Gegenseite. In der fortgeschrittenen kapitalistischen Gesellschaft sind es genau diese Gruppen, welche gegen die selbstzerstörerischen Folgen unkontrollierten Wachstums und gegen eine technisch-instrumentelle Herrschaft opponieren, wie etwa die Friedensbewegung, Kernkraftgegner und Umweltorganisationen, Minderheiten, Bewegungen für alternative Lebensformen, fundamentalreligiöse Gruppen und schließlich die Frauenbewegung. All diese äußerst heterogenen

Bewegungen haben zumindest *eine* Gemeinsamkeit, sie lassen sich »als Widerstand gegen Tendenzen einer Kolonialisierung der Lebenswelt begreifen« (TKH 2, 577/579). Natürlich sieht Habermas deutlich, daß nicht alle diese Gruppen fortschrittlich sind oder emanzipatorische Möglichkeiten verkörpern. Er unterscheidet zwischen denen, die eine offensive Haltung einnehmen, um neue Lebens-, Kooperations-und Gemeinschaftsformen durchzusetzen, und denen, die, eher defensiv eingestellt, traditionale Besitzverhältnisse und Lebensformen verteidigen. Unter den fortschrittlich-offensiven Bewegungen gibt es wiederum solche, die auf der Ebene partikularistischer Bedürfnisse bleiben, und andere, die — von einem universalistischen Standpunkt aus — auf grundsätzliche gesellschaftliche Veränderungen bedacht sind. Zu dieser Kategorie gehört für Habermas einzig die Frauenbewegung, und zwar in dem Maße, in dem sie nicht nur die formale Gleichberechtigung erstrebt, sondern ebenso und darüber hinaus auf einen grundlegenden Wandel in der gesellschaftlichen Struktur und den konkreten Lebensbedingungen abzielt (vgl. TKH 2, 578f.). Habermas legt die »praktischen Intentionen« einer neu formulierten kritischen Theorie in die Ermutigung einer offensiven und universalistischen Haltung seitens dieser so verschiedenartigen Gruppierungen und entwirft sie auch als Hilfestellung im Kampf gegen eine einseitig orientierte kapitalistische Rationalität, die die Möglichkeit einer Gesellschaft mit unverzerrter Kommunikation und freier und gleicher Partizipation verleugnet oder verneint.

Abschließend kann gesagt werden, daß die *Theorie des kommunikativen Handelns* Habermas' ausgereifte Formulierung der kritischen Theorie darstellt. Durch ihre Auseinandersetzung mit der Rationalitätsproblematik bietet sie eine ausgefeilte Antwort auf das Problem normativer Begründung. Und indem Habermas die Blickrichtung der Theorie von der Produktion auf die Kommunikation lenkt, versucht er auch eine (wie immer vorläufige) Verbindung zwischen der Theorie und den sozialen Auseinandersetzungen auf neue Weise herzustellen. — Nachdem ich Habermas' opus magnum in einen thematischen und politischen Kontext gestellt habe, werde ich mich nun einer Kritik seiner Theorie zuwenden, die deren Grenzen und Stärken gleichermaßen deutlich machen soll. Zum Schluß möchte ich die theoretischen und praktischen Aussichten der kritischen Gesellschaftstheorie diskutieren.

Fünftes Kapitel: Zukunftsperspektiven kritischer Gesellschaftstheorie

»Die Vernunft hat immer existiert,
nur nicht immer in der vernünftigen Form.« Karl Marx

»Von geschichtlichen Unternehmungen, die vergangen sind, mag sich sagen lassen, daß die Zeit für sie nicht reif gewesen sei. In der Gegenwart verklärt die Rede von der mangelnden Reife das Einverständnis mit dem Schlechten. Für den Revolutionär ist die Zeit schon immer reif gewesen. Was im Rückblick als Vorstufe, als unreife Verhältnisse erscheint, galt ihm einmal als letzte Chance der Veränderung. Er ist mit den Verzweifelten, die ein Urteil zum Richtplatz schickt, nicht mit denen, die Zeit haben. ... Die kritische Theorie ... kehrt sich gegen das Wissen, auf das man pochen kann. Sie konfrontiert Geschichte mit der Möglichkeit, die stets konkret an ihr sichtbar wird. ... die Menschheit (wurde) nicht durch die unzeitgemäßen Unternehmungen der Umstürzler, sondern durch die zeitgemäße Weisheit der Realisten verraten.« Max Horkheimer

Meine Darstellung der Habermas'schen Kommunikationstheorie hat die verschiedenen Stufen seines Versuchs nachgezeichnet, auf die beiden grundlegenden Probleme einer kritischen Gesellschaftstheorie eine Antwort zu geben. Die Frage der normativen Begründung und die Frage des Theorie-Praxis-Verhältnisses sind im Zusammenhang mit der von mir so genannten Rationalitätsproblematik entstanden, die sich mit der Beziehung zwischen dem Vernunftbegriff und den tatsächlichen sozio-historischen Verkörperungen von Rationalität auseinandersetzt, durch welche der Kapitalismus gekennzeichnet werden kann. In der *Theorie des kommunikativen Handelns* beschäftigt sich Habermas direkt mit dieser Beziehung. Unter der Bezeichnung »Rekonstruktion kritischer Gesellschaftstheorie« bedient er sich einer Strategie, die die Rationalitätsproblematik aus dem Zusammenhang des Marxschen *Produktions-* in den Kontext des *Kommunikations*paradigmas verlagert. Habermas argumentiert, daß die Entwicklung der Rationalitätsproblematik von Marx über Lukács bis hin zur Frankfurter Schule innerhalb der Grenzen einer bloßen »Bewußtseinsphilosophie« bleibe. Alle diese Theorien beruhen implizit oder explizit auf einem philosophischen Begriff substantieller Vernunft, der bestimmte Vorstellungen von Freiheit und Autonomie miteinschließt. Diese repräsentieren die Normen, vermittels derer der tatsächliche — durch den empirisch-historischen Verlauf der kapitalistischen Entwicklung bewirkte —

Verlust von Freiheit und Autonomie kritisiert werden kann. Für Habermas kann indes ein substantieller Vernunftbegriff mitsamt der Bewußtseinsphilosophie, der er entstammt, nicht länger aufrechterhalten werden und für die normative Absicherung kritischer Gesellschaftstheorie keinen Bezugspunkt mehr darstellen. Diese muß sich vielmehr der Sprachphilosophie zuwenden, um auf ihre Weise den »linguistic turn« der zeitgenössischen Philosophie nachzuvollziehen.

In den ersten vier Kapiteln habe ich versucht, der Vielschichtigkeit und Überzeugungskraft von Habermas' Entwurf gerecht zu werden. Wie ich bereits erwähnte, benötigt eine adäquate Kritik an diesem Entwurf dessen umfassende Darstellung, damit ein Rahmen geschaffen werden kann, innerhalb dessen die grundlegenden Ansprüche dieser vielleicht umstrittensten Rehabilitierung kritischer, auf Marx zurückgreifender Gesellschaftstheorie hinterfragbar werden. In diesem abschließenden Kapitel möchte ich eine Kritik des entschiedenen Paradigmenwechsels vom Produktions- zum Kommunikationsbegriff entwickeln. Diese Kritik wie auch die Neubewertung der Probleme normativer Begründung und des Verhältnisses von Theorie und Praxis bilden für mich die entscheidende Ebene, auf der Habermas' Ansatz begegnet werden kann. Aus diesem Grunde werde ich viele Einzelprobleme, insonderheit Habermas' Interpretation und Aneignung anderer Theoretiker, übergehen und auch seine verschiedenen »Forschungsprogramme« dort beiseitesetzen, wo nur die empirische Überprüfung ihre Brauchbarkeit und Angemessenheit feststellen kann. Statt dessen konzentriere ich mich auf die Begriffe der idealen Sprechsituation, des kommunikativen Handelns und der kommunikativen Rationalität, die die verschiedenen Forschungsprogramme anleiten und miteinander verbinden. Diese Begriffe sind zugleich konstitutiv für Habermas' Kommunikationsparadigma. Des weiteren wird meine Kritik zumindest andeuten, wie ein alternativer Ansatz radikaler Theorie aussehen könnte, der sich enger an Marx anschließt. Schließlich werde ich die Möglichkeit kritischer Gesellschaftstheorie und — was mir am wichtigsten erscheint — ihre praktisch-politische Zukunft diskutieren.

Bevor ich mich aber der Kritik zuwende, möchte ich einige Stärken der Habermas'schen Theorie erwähnen, die die Bedeutung seines Ansatzes erhellen können. Von seinen frühesten Aufsätzen bis zur *Theorie des kommunikativen Handelns* zielte Habermas' Bemühen darauf ab, angesichts der allerorten diagnostizierten »Krise des Marxismus« das der marxistischen Tradition innewohnende Potential für die Befreiung der Menschen zu retten.[1] Jene Krise hatte vielfältige Ursachen, entstand aus falschen Voraussagen und enttäuschten Erwartungen, aus theoretischen Unklarheiten und nichtendenwollenden innermarxistischen Auseinandersetzungen und Spaltungen. Die Stalinisierung der Sowjetunion und der Aufstieg des bürokratischen Sozialismus, das Versagen der revolutionären Bewegungen in der fortgeschrittenen kapitalistischen Gesellschaft, der Bruch zwischen der VR China und der UdSSR, sowie der fortdauernde repressive Charakter der meisten (wenn nicht aller) marxistisch sich nennenden Regierungen erweisen sich für eine Theorie, deren ureigenste Struktur eine historische Beurteilung erfordert, als gewichtige Anomalien.[2] Darüber hinaus ist die »Krise des Marxismus« offensichtlich Bestandteil einer umfassenderen Krise der westlichen Zivilisation selbst, die in der schicksalhaften Zweideutigkeit des Aufklärungsprojekts, zu dem der Marxismus gehört, ihren Ausdruck findet. Der Versuch, die Menschheit durch fortschreitende Erkenntnis, durch die Überwindung dogmatischer Autoritäten und des blinden Glaubens an die Tradition zu befreien, wird durch die Folgen in Frage gestellt, die dieser Versuch selbst gezeitigt hat: eine geteilte Welt, der die Vernichtung droht und in der sich neue Formen der Herrschaft und Kontrolle gebildet haben, die nicht weniger mächtig sind als die alten.

Angesichts dieser umfassenden Krise stellt sich wie selbstverständlich die Frage, ob der Marxismus nicht überholt sei. Vielleicht ist er ebenso Bestandteil dieser Krise wie der Kapitalismus selbst. Seitens der Linken ist diese Behauptung von vielen bejaht und der Marxismus zugunsten einer ständig zunehmenden Vielfalt neo-kritischer, poststrukturalistischer, radikaler Avantgarde-Positionen verworfen worden.[3] Doch haben sich derlei Ansätze selbst in einem Paradox verfangen, wenn sie auf der einen Seite den revolutionären Wandel befürworten, um andererseits gegen das zu opponieren, was in vielen Teilen der Welt die einzig revolutionäre Kraft geblieben ist. Da diese »reformierten Linken« ihren Radikalismus nicht an gesellschaftliche Gruppen in ihrem eigenen Land oder anderswo anschließen können, reproduzieren sie viele der von ihnen explizit verworfenen marxistischen Anomalien, anstatt sie zu überwinden. Wie ihre konservativen Gegner von einst werden sie zu heftigen Kritikern nicht nur des Marxismus, sondern der Aufklärung selbst.

Habermas ist sich dieser Probleme und Paradoxien wohl bewußt und erkennt, daß sie zusammengenommen die Möglichkeit einer kritischen, dem klassischen Erbe verbundenen Gesellschaftstheorie in Frage stellen. Ist eine solche Theorie überhaupt noch möglich? Habermas geht dies Problem ohne Umschweife an. Sein Versuch der Neubelebung eines marxistischen Ansatzes in Verbindung mit einer subtilen

Verteidigung von Aufklärung und Modernität stellt sich machtvollen zeitgenössischen Tendenzen politisch-theoretischer Provenienz entgegen. Auf der theoretischen Ebene arbeitet Habermas gegen den Relativismus postmodernistischer Ansätze und den »Absolutismus« philosophischer Traditionalisten wie auch gegen Wiederbelebungsversuche positivistischer Denkweisen. Auf der politischen Ebene arbeitet Habermas gegen jene neokonservativen und neoradikalen Strömungen, welche von den oben erwähnten theoretischen Richtungen unterstützt werden, wendet sich aber genauso, wenn notwendig, gegen überkommene liberale und konservative Positionen.[4] Habermas' theoretische Stärke liegt im Versuch, zwischen den unannehmbaren Alternativen relativistischer und »absolutistischer« Positionen einen Mittelweg zu finden, ohne die Macht zu verkennen, die beiden Formen je zugrundeliegt. Parallel dazu liegt seine politische Stärke im Versuch, zwischen den unannehmbaren Alternativen einer neuen und »aufgeklärten« Befürwortung technokratischer Kontrolle und Stabilität um jeden Preis oder einer Rückkehr zu überholten liberalen, konservativen oder orthodox-marxistischen Positionen einen Weg zu bahnen. Diesen mittleren Weg hat Habermas mit einer Theorie geebnet, die genug Überzeugungskraft besitzt, um weitreichende Diskussionen und eine große Anhängerschaft ins Leben zu rufen. Cornelius Disco hat auf die praktischen Auswirkungen hingewiesen, indem er diese Theorie als »Ideologie der neuen Klasse« bezeichnete. Dabei versteht Disco, im Anschluß an Gouldner, unter »Ideologie« ein relativ rationales Programm der gesellschaftlichen Rekonstruktion, und unter »neuer Klasse« die wachsende Schicht der mit intellektueller und kultureller Arbeit Beschäftigten. Diese »Ideologie« konzentriert sich in ihren Bemühungen auf die »normative Kritik« und die Demokratisierung des entwickelten Kapitalismus (vgl. Disco 1979).

Der unbezweifelbare Einfluß Habermas' auf linke Intellektuelle (vor allem in der Bundesrepublik und den USA) macht die Hinterfragung seiner grundlegenden Ansprüche im Licht der marxistischen Tradition zur vordringlichen Aufgabe. Dabei verdient vor allem der Paradigmenwechsel vom Produktions- zum Kommunikationsbegriff besondere Aufmerksamkeit, da diese Verschiebung die fundamentale Strategie für die Entwicklung einer radikal-kritischen Theorie bildet. Das erfordert zunächst eine Hinwendung zum Marxschen Produktionsparadigma und zur Entstehung zweier grund- und gegensätzlicher Interpretationsschemata, die sich in der marxistischen Tradition herausgebildet haben. Wie die Probleme der normativen Begründung und des Theorie-Praxis-Verhältnisses innerhalb dieser Tradition angegangen wurden, bildet den Rahmen und die Alternative für Habermas' eigene Lösungsversuche.

Marx und das Produktionsparadigma: Eine zusammenfassende Betrachtung

Wie ich bereits erwähnte, beruht Marx' Gesellschaftstheorie auf der Voraussetzung, daß die materielle Produktion das Paradigma bildet, von dem her alle Lebensäußerungen sich begreifen lassen. Zugleich dient es dazu, den neuen Materialismus von seiner unmittelbaren philosophischen Herkunft (Hegel im besonderen und die klassische deutsche Philosophie im allgemeinen) ebenso abzugrenzen wie von älteren Formen eines eher anschauenden Materialismus. Das Produktionsparadigma ermöglichte die Synthese und Überschreitung der von Lenin bezeichneten drei Quellen, aus denen der Marxismus gespeist wurde: die klassische deutsche Philosophie, die englische politische Ökonomie und der französische Frühsozialismus (vgl. Lenin 1913). Auf diese Weise gelangte Marx (wenn auch implizit) zu einer umfassenderen Vorstellung von gesellschaftlicher Rationalität, die über Theorie und Interpretation hinaus die kritisch-praktische Tätigkeit in ihren Horizont miteinbezieht. Marx setzt gesellschaftliche Rationalität in eins mit der sich entwickelnden revolutionären Arbeiterbewegung, d.h. mit der praktischen Tätigkeit jener Assoziation von Mitgliedern einer Klasse, die durch ihre gesellschaftliche Bedingtheit ebenso definiert ist wie durch ihr Eingebundensein in die Produktion. Und nur diese Assoziation der Arbeiter kann die irrationalen Bedingungen ihrer unmittelbaren materiellen Existenz aufsprengen. Aus dieser mittels des Produktionsparadigmas vollzogenen Identifikation von gesellschaftlicher Rationalität und Arbeiterbewegung ergeben sich wenigstens zwei wichtige Konsequenzen. Erstens kann Marx die Grundproblematik der klassischen Philosophie von Descartes bis Hegel — die erkenntnistheoretisch fixierte Subjekt-Objekt-Relation — transformieren, indem er die den Menschen gemeinsame sinnhafte Erfahrungswelt nicht als Problem eines erkennenden Bewußtseins, sondern als gesellschaftlich-historisches Ergebnis materiell-praktischer Tätigkeit im Begriff der »Produktion« auffaßt. Durch die Historisierung dieser Problematik gelingt es Marx nicht nur, die kapitalistischen Produktionsbeziehungen zu *beschreiben*, sondern auch, deren Hypostasierung zu unveränderlichen Gegebenheiten durch die bürgerliche Ökonomie zu *kritisieren*. Zweitens kann Marx dadurch nicht nur ein radikales theoretisch-kritisches Modell entwerfen, anhand dessen gesellschaftliche Wirklichkeit erfaßbar wird, sondern auch eine Waffe schmieden, die für das historische Projekt einer Revolutionierung dieser Wirklichkeit brauchbar ist. Nur dieser zweite Standpunkt — die Erkenntnis der realen Möglichkeit sozialistischer Umgestaltung, der Möglichkeit einer gesellschaftlichen Organisation, die die Produzenten mit der Macht ausstattet, ihre Lebensbedingungen bewußt, willentlich und kollektiv zu entwerfen und zu gestalten —, dieser Standpunkt also gestattet es, Geschichte nicht als den unwiderstehlichen Gang einer überpersönlichen Vernunft zu betrachten, sondern als den tatsächlichen Schauplatz sozialer Kämpfe um die Möglichkeit, gesellschaftliche Rationalität als qualitativen Zuwachs von Freiheit im Leben der vergesellschafteten Individuen voranzutreiben. Aus diesem Grunde hängt Marx' Gesellschaftstheorie, obwohl sie auf dem Produktionsparadigma beruht, in grundlegender Weise vom Dreh- und Angelpunkt »Proletariat« ab, dessen konkreter Kampf die soziale Umwälzung bewerkstelligen soll. Und dieser Punkt hält das theoretische Gebäude zusammen.

Sicher sind heute Produktionsparadigma und proletarischer Klassenkampf gleichermaßen fragwürdig geworden. Wir können zwei Arten von »Anomalien« unterscheiden, mit denen die Marxsche Theorie sich konfrontiert sieht. Erstens handelt es sich dabei um Abweichungen, die durch jene historischen Ereignisse hervorgebracht wurden, welche den Voraussagen der Theorie nicht entsprechen. Zumindest drei solcher Ereignisse lassen sich aufführen: 1. Gesellschaftliche Revolutionen haben sich nicht in entwickelten kapitalistischen Gesellschaften vollzogen, sondern weit eher in »zurückgebliebenen« Gesellschaften ohne ein zahlenmäßig umfangreiches Industrieproletariat; 2. die real existierenden sozialistischen Gesellschaften haben die emanzipatorischen Ziele der Theorie nicht verwirklicht, Ausbeutung und Klassenstrukturen nicht beseitigt; 3. in entwickelten kapitalistischen Gesellschaften scheint das Proletariat erfolgreich in das System integriert worden und von daher keine wirklich revolutionäre Kraft mehr zu sein. Die zweite Art von Anomalie beruht nicht auf derlei »Zeitungsereignissen«, sondern resultiert aus der interpretativen Arbeit marxistischer Theoretiker (vgl. Gouldner 1980a, 15f.). Ich wende mich nun der grundlegenden theoretischen Anomalie in der Geschichte des marxistischen Denkens zu.

Interpretationen des Produktionsparadigmas: Wissenschaftlicher vs. kritischer Marxismus

Ohne daß man Marx' Produktionsparadigma hier noch weiter entwickeln müßte, werden jetzt bereits zwei ebenso fundamentale wie gegensätzliche Interpretationsmöglichkeiten desselben sichtbar. Einerseits kann »Produktion« im engen Sinn verstanden und auf »Arbeit« in der ökonomischen Bedeutung eines technologischen Austauschprozesses zwischen Mensch und Natur bezogen werden. Auf der anderen Seite kann »Produktion« in umfassender Weise verstanden und auf »Praxis« als Tätigkeit unbeschränkter menschlicher Selbsterzeugung ausgedehnt werden. Diese beiden Interpretationen sind in den »zwei Marxismen« (ein Ausdruck von Alvin Gouldner) ausgearbeitet worden: vom »wissenschaftlichen Marxismus« (der der ersten Interpretation folgt) und vom »kritischen Marxismus« (der die zweite Interpretation favorisiert). (Vgl. Gouldner 1980a, 32-44) Obwohl die Geschichte der marxistischen Theorie eine erstaunliche Vielfalt von »Marxismen« aufweist, die miteinander gewisse »Familienähnlichkeiten« (wie Wittgenstein sagen würde) teilen, sind diese beiden grundlegenden Richtungen in nahezu allen wichtigen theoretischen Weiterentwicklungen immer wieder aufgetaucht. In ihnen reflektieren sich tatsächliche Spannungen des Marxschen Produktionsparadigmas, die nicht einfach unter Rekurs auf die kanonischen Texte beseitigt werden können. Beide Marxismen haben vielschichtige theoretische Traditionen hervorgebracht, die, verbunden mit den historischen Schicksalen des Sozialismus und der revolutionären Bewegungen, durch ungleiche und widersprüchliche Entwicklungen gekennzeichnet sind. Sicher passen viele Einzelgänger in keines der beiden Lager. Doch ist eine analytische Unterscheidung wichtig, um die von Habermas aus der marxistischen Tradition aufgegriffene Problematik angemessen verstehen zu können. Von daher möchte ich, im Anschluß an Gouldner, diese beiden Interpretationen kurz umreißen. Zugleich dient dies der Vorbereitung für meine Kritik an Habermas' Abkehr vom Produktionsparadigma.

Wie der Name besagt, betrachtet der »wissenschaftliche Marxismus« Marx' Theorie als Begründung einer auf Geschichte und Gesellschaft bezogenen Wissenschaft, die scharf von »ideologischen« (falschen) Denkformen wie Philosophie, Religion, Mythos etc. unterschieden werden muß. Diese Wissenschaft ist in ihrem Ansatz streng deterministisch, d.h., für sie werden Geschichte und Gesellschaft von »eisernen Gesetzen« bestimmt, die nach dem Modell der Naturwissenschaften funktionieren. Die »Subjekte« dieser Gesetze »verschwinden« tendenziell hinter der Präponderanz der sozialen Strukturen. Der wissenschaftliche Marxismus geht von einem Bruch aus, auf dessen einer Seite Hegel und der junge Marx zu finden sind, während auf der Gegenseite Engels, Lenin und der reife Marx stehen. Wissenschaft ist die letztgültige Form der Rationalität, während deren »zweideutige«, »philosophische« und »idealistische« Erscheinungsweisen als »humanistisch« zugunsten eines starken Materialismus verworfen werden. Der wissenschaftliche Marxismus orientiert sich an strengen Unterscheidungen, wie sie etwa dem Basis-Überbau-Schema zugrundeliegen; er tendiert zu einem Strukturalismus, der eine kontextfreie und (damit) für alle gesellschaftlichen Strukturen gültige Erkenntnis favorisiert. Vertreter dieser Richtung wertschätzen die Technologie und sehen sich selbst als Mitglieder einer fortschrittlichen Wissenschaftskultur. (Gouldner 1980a, 36-44)

Für den »kritischen Marxismus« ist Marx' Theorie *ihrem Wesen nach* Kritik und dialektische Theorie, für die sich das Wahre und das Falsche gleichermaßen in ideologischen Denkformen präsentiert. Der kritische Marxismus ist insofern voluntaristisch, als er davon ausgeht, daß Geschichte und Gesellschaft durch den Willen und das Handeln der gesellschaftlichen Subjekte veränderbar sind, wobei diese »Subjekte« der Tendenz nach als Kollektiv den revolutionären Wandel bewirken können. Die theoretische Kritik soll sie für diesen Kampf motivieren. Kritische Marxisten gehen von einer Kontinuität der theoretischen Entwicklung aus, die von Hegel über den jungen bis zum reifen Marx reicht; für sie verläuft der Bruch eher zwischen Marx einer-, Engels und Lenin andererseits. Wissenschaft ist, weit davon entfernt, die höchste Form von Rationalität darzustellen, selbst der Kritik unterworfen, und so werden auch Technologie und technologischer Fortschritt nicht als selbstverständliche Errungenschaften hingenommen. Starre Modelle (Basis-Überbau) sollen durch holistische Begriffe (wie etwa »gesellschaftliche Totalität«) ersetzt werden. Kritische Marxisten tendieren zu einem Historizismus, der in spezifischen geschichtlichen Situationen gründende kontextabhängige Erkenntnisse sucht. Der kritische Marxismus sieht sich als Bestandteil einer fortschrittlichen humanistischen Kultur. (Gouldner 1980a, ebd.)

Unterschiedlich ist auch der jeweilige Ansatz beider Richtungen, wenn es um Politikformen geht. Der wissenschaftliche Marxismus setzt auf eine gradualistisch-evolutionäre Perspektive, die Darwin mit Marx zusammenschließt, und er arbeitet mit Geduld an den »objektiven Bedingungen« des revolutionären Wandels, gemeinhin also an der Entwicklung der Produktivkräfte. Für derlei Aufgaben sind Arbeiterparteien oder vergleichbare Organisationen zuständig. Auf diese Weise eignet sich eine wissenschaftliche Ausrichtung für an der Macht befindliche Marxisten. Die Vertreter der kritischen Richtung dagegen tendieren zu einer »katastrophischen« Sichtweise, die Marx mit radikalen Interpretationen der Hegelschen Philosophie verbindet; und mit revolutionärer Ungeduld streben sie den gesellschaftlichen Wandel an, ohne daß die erforderlichen »objektiven Bedingungen« gegeben sein müssen. Sie glauben an die Wirksamkeit von Bewußtwerdungsprozessen und an die Wichtigkeit des »ideologischen Kampfes«. Kritische Marxisten befinden sich zumeist nicht in Machtpositionen. (Gouldner 1980a, 44ff.)

Auch die politischen Beschränkungen jeder der beiden Richtungen sind so offensichtlich wie komplementär. Der wissenschaftliche Marxismus verfällt nur zu leicht einer zynischen und bürokratischen Machtpolitik, während die Vertreter der Kritik einem revolutionären Messianismus huldigen, der den Kontakt zur politischen Wirklichkeit verloren hat. Sind die einen, in ihrem Glauben an die letztlich alles determinierende Kraft der Ökonomie, »*politische* Utopisten«, die davon ausgehen, daß Machtmißbrauch unter den Bedingungen richtiger ökonomischer Verhältnisse verschwindet, so erweisen sich die anderen als »*ökonomische* Utopisten«, weil sie die Bedeutung ökonomischer Entwicklung im Sozialismus unterschätzen. (Gouldner 1980a, ebd.)

Verschieden sind schließlich auch die Antworten auf die Frage nach dem Theorie-Praxis-Verhältnis und nach der normativen Begründung der Theorie. Der wissenschaftliche Marxismus betrachtet die Theorie als Korpus wissenschaftlicher Wahrheiten, der von der Avantgarde des Proletariats, der Partei, beherrscht und verwaltet und in die proletarische Praxis, den Klassenkampf, von außen hineingetragen wird. Paradigmatisch für eine solche Position ist Lenins Auffassung, die Arbeiter könnten aus sich selbst heraus nur ein »trade-unionistisches Bewußtsein« erreichen, mithin bestehe die Aufgabe der Partei darin, ihnen ein »sozialistisches Bewußtsein« zu vermitteln, das auf der richtigen Theorie basiert (vgl. Lenin 1902). Die offensichtliche Schwäche einer solchen Theorie/Praxis-Konzeption liegt darin, daß sie einen hierarchisch-elitären Unterschied zwischen Partei und Arbeiterklasse macht, der in der Realität zu verheerenden politischen Folgen geführt hat.[5]

Der kritische Marxismus entstand (zumindest zum Teil) als Antwort auf die Fehlschläge, die die wissenschaftliche Richtung bei der Lösung dieses Problems zu verzeichnen hatte. Für ihn verkörpert Theorie praktisch-kritische wahre Erkenntnisse, die der fortschrittlich orientierte Gesellschaftskritiker aufdeckt, ohne sie einer folgsam lauschenden Arbeiterbewegung monologisch vorzutragen; vielmehr wird er die Erkenntnisse in einem Dialog vermitteln, durch den beide voneinander lernen. Die Praxis sah indes anders aus, weil die kritischen Marxisten ihren jeweiligen Adressaten unterstellten, sie seinen für einen Dialog noch nicht weit genug entwickelt. Es mußte allererst darum gehen, durch die Aussaat der kritischen Wahrheiten das Bewußtsein der

Arbeiter zu wecken. Die Schwächen dieser Konzeption habe ich (jedenfalls hinsichtlich Lukács und der Frankfurter Schule) weiter oben im Zusammenhang mit der Rationalitätsproblematik umrissen. Im Verlauf seiner Entwicklung gelangte der kritische Marxismus zur Überzeugung, die Herrschaft kapitalistischer Bewußtseinsformen bilde ein solch nahtloses Gewebe, daß ein Eintreten in den Dialog mit dem Proletariat oder anderen radikalen Gruppen den Anschein des Paradoxen erhielt. Die These vom »Verschwinden des Proletariats« ließ den Gesellschaftskritiker ohne Dialog*partner* zurück. Zudem wurde nun das Problem, wie der Kritiker selbst die allwaltende »Verzerrung des Bewußtseins« überwinden könne, vollends zum Geheimnis.

Das Problem der normativen Begründung hängt mit diesen verschiedenen Theorie-Praxis-Konzeptionen zusammen. Der wissenschaftliche Marxismus tendiert zur Trennung von Werten und Fakten (bzw. Tatsachen). Werte und Normen sind, als Bestandteile der »Ideologie« der Wissenschaft entgegengesetzt und als solche einfach »falsch«. Der einzige Wert ist der geschichtliche Fortschritt der Arbeiterbewegung selbst, und dieser kann, in seiner Unvermeidlichkeit, wissenschaftlich gültig nachgewiesen werden. Andere Standpunkte werden »von außen« kritisiert, wobei die Kritik auf der einfachen Unterscheidung von sozialistischem und bürgerlichem Bewußtsein beruht. Die offensichtliche Schwäche dieses Ansatzes liegt darin, daß er keine Begründung dafür gibt, warum man sich sozialistisches Bewußtsein aneignen sollte. Wie Gouldner bemerkt: »Auch der Tod ist unabwendbar und doch kämpfen wir gemeinhin dagegen an.« (Gouldner 1980a, 56) Der wissenschaftliche Marxismus läßt nur nicht-moralische Gründe für die Beteiligung am Kampf zu; diese aber reichen nicht aus, um die praktischen Verpflichtungen zu begründen, die in Marx' moralischem An- und Ausspruch liegen, die Welt nicht (nur) zu interpretieren, sondern zu verändern. Auch diese Tendenz, den Breich der Werte und Normen zu vernachlässigen, oder diese als »falsch« zu bezeichnen, während andere Positionen vom äußeren Standpunkt der wissenschaftlich erwiesenen Verpflichtung des Theoretikers aus kritisiert werden, hat verheerende Folgen gezeitigt. (Vgl. E.P. Thompson 1976, 763-816) Und auch hier bildete der kritische Marxismus eine Gegenbewegung, die aus den Fehlern der wissenschaftlichen Richtung entsprang. Der kritische Marxismus lehnt eine starre Trennung von Werten und Tatsachen ab. Alle Denkweisen, seien sie wissenschaftlicher, moralischer, ästhetischer oder religiöser Provenienz, sind in einem gewissen Maße »ideologisch«, d.h., sie enthalten eine soziohistorisch bedingte Kontamination »wahrer« und »falscher« Bestandteile. Von daher neigen kritische Marxisten zu einer »immanenten« Kritikform, also zu einer

Methode, die sich nur auf jene Werte beruft oder bezieht, die in einem gegebenen soziohistorischen Kontext aufgefunden werden können. Das Ziel der Kritik besteht darin, die »wahren« von den »falschen« Bestandteilen zu trennen, indem die Funktion der Begriffe als Ausdruck gesellschaftlicher Ideale mit ihrer tatsächlichen gesellschaftlichen Funktion und ihren Voraussetzungen verglichen wird. Die Schwächen dieses Ansatzes habe ich ebenfalls im Zusammenhang mit der Rationalitätsproblematik diskutiert (vgl. das zweite Kapitel).

Die Rationalitätsproblematik nahm ihren Anfang mit einem offenkundigen Widerspruch: Der von der klassischen deutschen Philosophie ausgearbeitete Vernunft*begriff*, der die Ideen von Autonomie und substantieller Freiheit verkündete, war mit den tatsächlichen Vernunft*formen*, die sich in der kapitalistischen Gesellschaft entwickelt hatten, nicht mehr zur Deckung zu bringen. Dieser Konflikt wird, mitsamt der Methode immanenter Kritik, die der kritische Marxismus ermöglicht, vom frühen Marx deutlich hervorgehoben:

> »Die Vernunft hat immer existiert, nur nicht immer in der vernünftigen Form. Der Kritiker kann also an jede Form des theoretischen und praktischen Bewußtseins anknüpfen und aus den *eigenen* Formen der existierenden Wirklichkeit die wahre Wirklichkeit als ihr Sollen und ihren Endzweck entwickeln. Was nun das wirkliche Leben betrifft, so enthält gerade der *politische Staat* ... in allen seinen *modernen* Formen die Forderungen der Vernunft. Und er bleibt dabei nicht stehen. Er unterstellt überall die Vernunft als realisiert. Er gerät aber ebenso überall in den Widerspruch seiner ideellen Bestimmung mit seinen realen Voraussetzungen.« (Marx 1971, 169)

Diese Sichtweise der immanenten Kritik, die Marx von den Linkshegelianern übernahm und radikalisierte, und deren Einfluß noch auf Lukács und die frühe Frankfurter Schule sich erstreckte, führte ihn zu einer extensiven historisch-empirischen Untersuchung der »wirklichen Voraussetzungen« des modernen Staates und der ihn bedingenden kapitalistischen Produktionsweise. Diese Produktionsweise war irrational, und das Proletariat verkörperte jene gesellschaftliche Rationalität, die befähigt war, diese irrationalen Voraussetzungen zu überwinden. Ironischerweise wurde dem Proletariat die Aufgabe zugedacht, die höchsten Werte »bürgerlicher« Philosophie: Vernunft als Freiheit, Wahrheit und Sinn der Geschichte zu verwirklichen. Der kritische Marxismus kehrte zu dieser allgemeinen Konzeption von »Kritik« zurück, und besann sich insbesondere auf die Methode der immanenten Kritik, die am deutlichsten im Frühwerk von Marx nachgewiesen werden kann. Diese Methode bedarf, wie ich zeigte, keiner wissenschaftlichen oder äußeren »transzendentalen« Maßstäbe, denn der kritische Marxismus bezieht sich — und hier liegt die einzige Parallele zur wissenschaftlichen Variante — nicht auf normative

Begründungen. Doch braucht die kritische Richtung eine solche Begründung auch nicht, so lange sie auf eine realiter sich entwickelnde gesellschaftliche Rationalität bauen kann, die durch die Offenlegung eines grundsätzlichen Widerspruchs gestärkt wird. Dieser Widerspruch ist *dem kapitalistischen System inhärent*, und Ausdruck eines Konflikts zwischen den gesellschaftlichen Idealen, die für die Legitimation des Systems benötigt werden, und den gesellschaftlichen Praxen, die für das Überleben des Systems als notwendig sich erweisen.

Die Methode der immanenten Kritik bestimmte die Theorie des frühen Lukács und der frühen Frankfurter Schule. Sie erwies sich aus zwei Gründen als unzureichend. Erstens beraubte die These vom »Verschwinden des Proletariats« als revolutionärer Kraft diese kritischen Marxisten jener Repräsentation gesellschaftlicher Rationalität, die ihre Kritik unterstützen und stärken sollte. Zweitens führte die These, daß die Legitimation des kapitalistischen Systems nicht mehr des Appells an gesellschaftliche Ideale (Normen und Werte) bedurfte, sondern sich nur noch auf einen technologisch abgesicherten Fortschritt materiellen Wohlstands berief, zum Verlust immanenter Werte, auf welche die Kritik sich hätte berufen können. Das extremste Ergebnis dieser Probleme, die von der späteren Frankfurter Schule aufgegriffen wurden, fand seinen Ausdruck in der »Dialektik der Aufklärung«. Hier wird die okzidentale Vernunft selbst mit Herrschaft identifiziert; Marxismus und Aufklärung sind aktive Teilhaber am universellen Zerfall von Freiheit und Rationalität. Damit verschwindet die immanente Kritik samt ihrem Objekt im Abgrund. (Vgl. Horkheimer/Adorno 1968) Die Frage, wie eine Kritik der Vernunft ohne die von dieser bereitgestellten Mittel verfahren könne, führte diese negative Form der totalen Kritik in ein Paradox, das Adorno zugleich begriff und begrüßte. Doch an diesem Punkt darf füglich bezweifelt werden, ob eine solche Form der kritischen Theorie auch noch kritischer *Marxismus* ist.

Kritische Theorie und kritischer Marxismus

Die erwähnten »zwei Marxismen« stellen den Versuch dar, die dem Produktionsparadigma inhärenten Widersprüche zwischen Determinismus und Spontaneismus (oder Voluntarismus), bzw. Wissenschaft und Kritik, aufzulösen. Beide Versuche sind bis zu einem gewissen Grad einseitige und verzerrende Interpretationen und können das Problem des Theorie-Praxis-Verhältnisses und der normativen Begründung nicht lösen. Es kann von daher nicht überraschen, daß die zeitgenössische radikal-kritische Theorie das Produktionsparadigma selbst zu kritisieren, zu revidieren, gar zu verwerfen sich anschickte. (Ich komme auf diesen Punkt zurück.) Zu diesen Versuchen gehört auch Habermas' Rekonstruktion der kritischen Gesellschaftstheorie, die vor dem Hintergrund des Kommunikationsparadigmas sich vollzieht. Bevor ich diesen Paradigmenwechsel (und die damit verbundene Kritik an Habermas) diskutiere, werde ich die Beziehung zwischen der kritischen Theorie und dem kritischen Marxismus — insoweit diese Relation den unmittelbaren Kontext für Habermas' Projekt bildet — untersuchen.

Die kritische Gesellschaftstheorie der Frankfurter Schule (die in erster Linie von Horkheimer, Adorno und Marcuse ausgebildet wurde) ist der vielleicht wichtigste Versuch, einen kritischen Marxismus ins Werk zu setzen. (Vgl. Held 1980; Jay 1976) In der Auseinandersetzung mit der Rationalitätsproblematik verfolgte ich diese Ausarbeitung vom interdisziplinären Marxismus Horkheimers bis zum Stadium der »totalen Kritik«, die in den vierziger Jahren unter dem Einfluß Adornos an Boden gewann. Ich will das hier nicht noch einmal aufgreifen, sondern einige allgemeine Anmerkungen zu dieser theoretischen Bewegung machen, die uns später helfen können, die Stärken und Schwächen von Habermas' Projekt zu verstehen. Zunächst sei gesagt, daß die kritische Theorie den ersten Zugang des Marxismus zum westlichen Universitätssystem darstellte. Das blieb auf die Entwicklung des kritischen Marxismus nicht ohne Einfluß. Der von Horkheimer geprägte Ausdruck »kritische Theorie« signalisierte die Verpflichtung auf einen kritischen, undogmatischen Marxismus und offenbarte zugleich eine gewisse Diskretion: der Terminus »Marxismus« wurde fallengelassen. Natürlich deutete sich hier auch eine Trennung der kritischen Theorie vom wissenschaftlichen, »orthodoxen« Marxismus (bzw. dessen Verfallsformen) an. (Vgl. Jay 1976, 21-113)

Wie dem auch sei — von Anfang an sah sich die kritische Theorie nicht nur mit den Problemen konfrontiert, die durch die historisch offenkundig gewordenen Leerstellen des Produktionsparadigmas entstanden waren, sondern es ging auch um die Frage, wie der revolutionäre Gehalt der Marxschen Theorie (die von Habermas so genannte »praktische Absicht«) auf eine Art und Weise wiederbelebt werden konnte, die gegen den Druck der akademischen und wissenschaftlichen Erkenntnisprozesse der damaligen Zeit resistent war. Das scharfe Bewußtsein dieser Problematik — d.h. der Notwendigkeit, einen Marxismus zu entwickeln, der sich im universitären System behaupten und hinsichtlich der fortschreitenden und sich verzweigenden

Wissenschaften relevante Ansprüche erheben konnte — ist für Habermas' eigene Aufarbeitung der Tradition charakteristisch, wo nicht konstitutiv.

Mein zweiter Punkt hängt mit dem ersten zusammen. Von Anfang an hielt die kritische Theorie es für erforderlich, eine marxistische Perspektive mit anderen Gesichtspunkten und mit den Ergebnissen der Psychologie und der Gesellschaftswissenschaften zu verbinden — und die unleugbar kritische, ja bisweilen feindselige Haltung gegenüber rivalisierenden Ansätzen wie Positivismus und Existentialphilosophie tat dem keinen Abbruch.[6] So versuchte sich die kritische Theorie in einer Synthese von Marx und Freud, betrieb soziologische Forschungen über Autorität und Familie, entwickelte Theorien zum fortgeschrittenen Kapitalismus (Pollock) und zum autoritären Staat (Horkheimer) und beschäftigte sich mit Problemen der Kultur. Obwohl unter der Ägide von Horkheimers interdisziplinärem Modell kritischer Theorie ein im Grundsatz marxistischer Anspruch aufrechterhalten wurde, nahm man sich die Freiheit, gleichermaßen (wenn auch implizit) auf Webers Rationalisierungstheorie, Freuds Triebtheorie und die Ergebnisse soziologischer, anthropologischer und psychologischer Forschung Bezug zu nehmen. Das Modell der »totalen Kritik« mußte eine solche positive Herangehensweise den Spezialwissenschaften und anderen theoretischen Konstrukten überlassen. Habermas kehrt (und das ist ein zweiter Charakterzug seiner Theorie) explizit zur interdisziplinären Methode der kritischen Theorie der dreißiger Jahre zurück. In dieser Hinsicht hat er allerdings die Schleusen weit geöffnet, um einer verwirrenden Vielfalt konkurrierender Ansätze Raum zu geben, die bisweilen die Identität seiner eigenen Theorie als eines marxistischen Ansatzes gefährden.

Mein dritter Punkt (der mit den vorangegangenen zusammenhängt) berührt das fortgesetzte Interesse kritischer Theorie an philosophischen und methodologischen Problemen, mit denen sie sich von Anfang an beschäftigt hat, um ihre Unabhängigkeit als theoretisch begründbares Unternehmen zu sichern und sich von der traditionellen Philosophie wie auch den Einzelwissenschaften abzugrenzen.[7] Die kritische Theorie zog aus der Geschichte des Marxismus die Lehre, daß die Vernachlässigung philosophisch-methodologischer Fragen verheerende theoretische und praktische Konsequenzen zeitigte. (Vgl. Jacoby 1971) In diesem Zusammenhang sprachen sich ihre Vertreter für eine relative Autonomie der Theorie aus. Habermas hat die Auseinandersetzung mit solchen Problemen fortgesetzt und ausgeweitet; sein gesamtes Werk ist dadurch bestimmt, und sein hauptsächlicher

Beitrag zur radikal-kritischen Theorie wie auch das diesem entgegengebrachte Interesse liegt darin begründet.

Schließlich bleibt als besonders wichtiger Punkt noch zu erwähnen, daß das Verhältnis von kritischer Theorie und politischer Praxis immer problematisch war. Sicher gibt es Ausnahmen wie etwa den frühen Horkheimer oder — in einigen Stationen seiner Laufbahn — auch Marcuse. Doch im großen und ganzen haben die kritischen Theoretiker direkte Verbindungen zwischen der Ausarbeitung der Theorie und Teilnahme an politischen Kämpfen und Auseinandersetzungen abgelehnt. Der Grund für diese Trennung kann, wie ich bereits zeigte, in der These vom Verschwinden des Proletariats als revolutionärem Subjekt gefunden werden — wobei diese These nur sehr zögernd akzeptiert wurde. Damit aber begann die immer schwieriger sich gestaltende Suche nach anderen Adressaten. Aber ein Subjekt, das den Platz des Proletariats einzunehmen fähig gewesen wäre, ließ sich nicht finden. Vor allem in den vierziger Jahren richtete sich die kritische Theorie in zunehmendem Maße an eine Handvoll Gefolgsleute, die fähig waren, die Theorie durch die triste Wirklichkeit des 20. Jahrhunderts weiterzutragen, oder man wandte sich gleich an die Menschheit im allgemeinen.[8] Die Implikationen dieses Wandels dürfen allerdings nicht überbewertet werden. Der Extrempunkt dieser Entwicklung wird dadurch markiert, daß Horkheimer und Adorno die weitere Ausarbeitung des kritischen Marxismus aufgeben. Sie ersetzen ihn durch eine politisch wirkungslose und theoretisch widersprüchliche totale Kritik der okzidentalen Vernunft, die den Verfall des Marxschen Produktionsparadigmas anprangert und dieses mitsamt der Vernunft verwirft. Auch dies Problem zieht sich durch das Werk von Habermas hindurch. Schon sehr früh steht für ihn das Proletariat als revolutionäres Subjekt nicht mehr auf der Tagesordnung, er bezieht seine Theorie auf die Menschheit als Ganzes. Doch damit setzt er eine Thematik fort, die dem kritischen Marxismus in seiner Betonung der Selbstformung der Menschengattung implizite immer zu eigen war. Ob solch ein Marxismus noch »marxistisch« ist, und, wichtiger, ob daraus eine Theorie mit praktisch-politischen Zukunftsabsichten sich entwickeln läßt, ist eine Frage, der ich mich später zuwende. Fürs erste möchte ich nur zeigen, daß der von Habermas in Angriff genommene Paradigmenwechsel zum großen Teil dem Versäumnis der kritischen Theoretiker der ersten Generation sich verdankt, einen kritischen Marxismus innerhalb der Grenzen des Marxschen Produktionsparadigmas zu entwickeln. Von daher gelangt Habermas zu der Ansicht, eine grundlegende Rekonstruktion kritischer Theorie könne nur in Beziehung auf das Problem der Kommunikation erfolgen. Nachdem ich Habermas' Werk in diesem Paradigmenwechsel verortet habe, wende ich mich einer Kritik seiner Position zu.

Produktion vs. Kommunikation: Paradigmen für eine radikale Theorie

Wie bereits erwähnt, wird die Geschichte des marxistischen Denkens durch den Zerfall des Produktionsparadigmas bestimmt. Es teilt sich, wie György Márkus beschreibt, in das »wissenschaftliche« Arbeitsmodell und den »philosophischen« Praxisbegriff (Markus 1980, 1). Das Marxsche Paradigma selbst wurde (wie ich im zweiten Kapitel zu zeigen versuchte) durch den Dreh- und Angelpunkt des Proletariats zusammengehalten. Da dieser Punkt in beiden Versionen fortfällt, kann von einem veritablen Zerfall gesprochen werden: die Theorie spaltet sich in eine wissenschaftliche und eine kritische Variante. Der wissenschaftliche Marxismus, für den Althussers Theorie ein signifikatives zeitgenössisches Modell darstellt, sieht das Proletariat im Würgegriff gesellschaftlicher Strukturen und schreibt ihm eine passive und rein theoretische Existenz zu. Das erklärt zumindest zum Teil, warum Althusser dem tatsächlichen politischen Kampf so wenig Aufmerksamkeit geschenkt hat und warum der Ausbruch dieser Kämpfe im Pariser Mai ihn unvorbereitet fand.[9] Aber auch im kritischen Marxismus und besonders in seinem hervorragendsten Beispiel, der Frankfurter Schule, »verschwindet« das Proletariat; doch diesmal als Folge einer Reihe historischer Fehlschläge und der Entwicklung einer konformistisch orientierten instrumentellen Vernunft, die das revolutionäre Potential unter sich begräbt. Mit Ausnahme von Marcuse war auch die Frankfurter Schule vom Aufruhr der sechziger Jahre überrascht worden. Es entbehrt nicht der Ironie, daß Habermas, der vielleicht einflußreichste Theoretiker unter den radikalisierten Intellektuellen jener Zeit, so weit ging, der studentischen Protestbewegung »linken Faschismus« vorzuwerfen.[10] Wie dem auch sei: der Zerfall des Produktionsparadigmas hat zu verschiedenen Ansätzen einer fundamentalen Kritik und zur offenen Revision dieses Paradigmas geführt.

In einem der interessantesten Einwände wird das Produktionsparadigma ganz und gar verworfen, weil es völlig im Kontext bürgerlichen Denkens und Handelns verbleibe. Aus dieser Perspektive können Marxens »produktivistische Ideologie« und das marxistische Fortschrittsdenken die gegenwärtige Herrschaft von Ausbeutung und Entfremdung nicht in Frage stellen, sondern nur verstärken. Eine wahrhaft radikale Theorie würde die sozialistische Umgestaltung als totalen

Bruch mit der inhumanen Kontinuität geschichtlichen »Fortschritts« entwerfen, nicht als deren Vollendung. Sozialismus ist nur denkbar *ohne* eine ausbeuterische Haltung der Natur (und den Menschen) gegenüber, d.h. dann, wenn die Menschen dem nicht-kontrollierten Dynamismus ihrer selbstinduzierten Bedürfnisse sich hingeben. Die aufklärerischen und marxistischen Versionen eines Fortschritts, der die Kontrolle und Herrschaft über die Natur (und damit implizit über den Menschen) propagiert, steht einer wahrhaft emanzipatorischen Theorie und Praxis im Wege. Von daher muß das Produktionsparadigma gesprengt und durch das Kommunikationsparadigma ersetzt werden.

Die späte Frankfurter Schule — insbesondere Horkheimer und Adorno — hatte diesen Paradigmenwechsel bereits in Angriff genommen; zumindest deuteten ihre Vorstellungen von einem geschwisterlichen Verhältnis zur Natur und einem mimetischen, nicht-instrumentellen Sprachgebrauch darauf hin. Auch Walter Benjamin hing solchen Ideen an und trug sie mit Nachdruck in seinen *Geschichtsphilosophischen Thesen* vor, in denen er sich zum Konzept einer Geschichte als Fortschritt der Produktivkräfte äußerst kritisch verhielt (Benjamin 1961). Für ihn lag das revolutionäre Potential im völligen Bruch mit der (selbst)zerstörerischen Kontinuität der Historie. Allerdings verstand Benjamin sein Werk nur als Kritik des »orthodoxen« Marxismus, die Theorie selbst zu verwerfen lag nicht in seiner Absicht. Ob diese Selbsteinschätzung richtig war oder nicht, soll hier nicht erörtert werden. Jedenfalls findet sich bei Horkheimer, Adorno und Benjamin keine explizite Formulierung des Kommunikationsparadigmas als Gegensatz zu dem der Produktion. Neuere französische Ansätze dagegen lassen sich sehr wohl in dieser Richtung interpretieren, wobei besonders Baudrillard hervorzuheben ist. Diese Entwicklung will ich kurz diskutieren.

Baudrillards *Le miroir de la production* ist der erste Versuch, das Kommunikationsparadigma explizit dem Produktionsparadigma entgegenzusetzen (Baudrillard 1975). Das Werk ist Ausdruck einer weitreichenden Tendenz neuer französischer Theorieansätze, die den Marxismus verwerfen, weil er zutiefst in eine repressive und theoretisch diskreditierte Diskursordnung verstrickt sei.[11] Baudrillards Hauptargument geht dahin, daß Marx im Produktionsdiskurs der bürgerlichen Ökonomen befangen bleibe, die er um dessentwillen angreift. Indem Marx die sozialistische Revolution mittels der Dialektik von Produktivkräften und Produktionsverhältnissen denkt, verstärkt er jenen inhumanen Standpunkt, von dem aus der Mensch nur als Arbeiter erscheint. Und wenn er die revolutionäre Bewegung lediglich als Vollendung der Produktion konzipiert, statt als völlige Umwälzung eines nur auf Produktion beruhenden Lebens, dann verkörpert seine Theorie nicht das Ende von Ausbeutung und Entfremdung, sondern ihre Totalisierung. Eine wahrhaft revolutionäre Theorie würde den Kapitalismus nicht als von ökonomischen Gesetzen bestimmte Produktionsweise, sondern als Diskursart begreifen, die, wie Baudrillard sagt, auf dem »Terrorismus des Codes« beruht (Baudrillard 1975, 130f.). Und genau darauf gründet seine Ausarbeitung einer radikalen Theorie, die ich hier nicht en détail diskutieren will, weil sie etwas außerhalb meiner Argumentationslinien liegt. Statt dessen werde ich einige Parallelen zwischen Baudrillard, der späten Frankfurter Schule und Habermas nachzeichnen.

Eine Gemeinsamkeit von Baudrillard und der Frankfurter Schule besteht darin, die »Ideologie« des entwickelten Kapitalismus als nahtloses Gewebe der Unterdrückung zu begreifen. Die vom massiven Produktionsapparat erzeugten Bedürfnisse sind in ihrer Gesamtheit falsch. »Die Bedürfnisse verlieren ihre Autonomie: sie sind kodiert.« (Baudrillard 1975, 128) Dieser Kode selbst — der vorherrschende Modus von Diskurs und diskursiver Praxis — ist so mächtig und allgegenwärtig wie die von der späten Frankfurter Schule angeprangerte instrumentelle Vernunft. Daraus aber erwächst ein Paradox, das dem von der »Dialektik der Aufklärung« gezeitigten ähnlich ist. Baudrillard behauptet: »Bei allem, was man tut, kann man nur auf das System in dessen eigenen Begrifflichkeiten antworten, nur dessen Regeln folgen, nur in dessen Zeichensystem argumentieren.« (Baudrillard 1975, 127) Wie aber ist dann Baudrillards eigene Kritik möglich? Auf welche sprachlichen Ressourcen außerhalb des Kodes selbst kann er sich berufen? Und wenn das so ist, wie kann er es dann vermeiden, genau den Kode zu reproduzieren, den er durchbrechen will? Dies Problem wird uns nicht zum ersten Mal präsentiert, und wiederum geht es um die Begründbarkeit kritischer Normen. Wenn die Verzerrung von Kommunikation als total sich erweist, dann kann auch die Kritik daran (die *als Kritik* auf Normen und Werte angewiesen ist) dem nicht entgehen. Indem Baudrillard Marxens Produktionsparadigma mitsamt allen Bindungen an radikale Theorie und Aufklärung verwirft, landet er in der gleichen theoretischen Sackgasse wie die »totale Kritik« der Frankfurter Schule.

Auch das von Baudrillards Kritik betroffene Theorie-Praxis-Verhältnis ist uns nicht neu. Da das Proletariat von einem System vereinnahmt wurde, das »falsche« Bedürfnisse erzeugt und befriedigt und alle

Versuche, aus dem System auszubrechen, dem »Terrorismus« eines monolithischen Kodes unterwirft, repräsentiert es keine revolutionäre Kraft mehr. Doch wodurch kann es ersetzt werden, damit eine radikale Theorie ihren praktisch-revolutionären Gehalt bewahrt? Baudrillards Antwort findet ihre Parallele in Marcuses Theorie aus den sechziger Jahren. Für Baudrillard gibt es ein ensemble von Gruppen »außerhalb« des Kodes: Frauen, Jugendliche, Farbige und die Alten. Sie sind »auf eine nicht-markierte Position« zurückverwiesen und ausgestoßen, besitzen mithin »keinen Ort im Kode«. (Baudrillard 1975, 134, 137) Hier greift Baudrillard auf Marx' frühestes und problematischstes Argument für die revolutionäre Rolle des Proletariats zurück: auf den Mythos einer Klasse, die »außerhalb« der Gesellschaft steht und sie eben deshalb umzustürzen vermag (vgl. MEW 1, 388-390). Der Unterschied besteht darin, daß Baudrillard diese Klasse im Plural — als Verbindung von Gruppen — definiert. Doch wie kann eine Klasse oder Gruppe, die »außerhalb« der Gesellschaft steht und, wie man wohl schlußfolgern muß, durch diesen Ausschluß zur Ohnmacht verurteilt ist, die Gesellschaft verändern? Baudrillard meint offensichtlich, dies könne durch »reine und einfache Verweigerung« geschehen (Baudrillard 1975, 141). György Márkus faßt Baudrillards Position kritisch zusammen:

»So wird der Mythos einer 'Revolution', deren Verlauf in allen Einzelheiten wissenschaftlich beschrieben und geplant ist, lediglich durch den komplementären Mythos einer 'Revolte des Augenblicks' (einer 'reinen und einfachen Verweigerung') ersetzt. Und ungeachtet dessen, wie überdrüssig man der ersteren Ideologie sein mag, gibt es doch keinen berechtigten Grund dafür, die geschichtlichen Erfahrungen mit einer Ideologie von 'Entladung, Zerstörung und Tod' und der düsteren Rebellion einer 'totalen Verantwortungslosigkeit' zu vergessen.« (Márkus 1980, 3)

Doch muß die Betonung des Kommunikationsparadigmas nicht dazu führen, daß alle Brücken zum Marxismus und zur Aufklärung abgebrochen werden, es kann sie, im Gegenteil, auch verstärken, um jene Verbindung wiederherzustellen, die durch den wissenschaftlichen Marxismus in Frage gestellt worden ist. So kann das Kommunikationsparadigma dort zur Ergänzung des Produktionsparadigmas dienen, wo Arbeit und kommunikatives Handeln als komplementäre und zugleich irreduzible Modelle gesellschaftlichen Handelns gelten. Das theoretische Problem der normativen Begründung wie auch das praktische Problem gesellschaftlichen Handelns erfordert in dieser Hinsicht eine klare Unterscheidung in bezug auf die jeweilige Logik und eine Erforschung der jeweiligen Zusammenhänge. In der Trennung von Arbeit und Interaktion hat Habermas dies Projekt in Angriff genommen. Ob er in der Ausarbeitung der kommunikativen Variante nicht allzu einseitig auf das Kommunikationsparadigma setzt und damit den Bereich der Produktion vernachlässigt, ist eine Frage, der ich mich später zuwende. Zunächst möchte ich einige Anmerkungen zu Habermas' Marxkritik machen, denen eine kritische Untersuchung seines Kommunikationsparadigmas folgt.

Zunächst stellt Habermas das kritisch-politische Potential von Marx' Produktionsparadigma dort in Frage, wo es um die Bedingungen eines entwickelten Kapitalismus geht:

»Andrerseits sind zwar die Produktivkräfte, in denen sich die in den Sub-Systemen zweckrationalen Handelns organisierten Lernvorgänge kulminieren, von Anbeginn der Motor der gesellschaftlichen Entwicklung gewesen, aber sie scheinen nicht, wie Marx angenommen hat, *unter allen Umständen* ein Potential der Befreiung zu sein und emanzipatorische Bewegungen auszulösen — jedenfalls nicht mehr, seitdem die kontinuierliche Steigerung der Produktivkräfte von einem wissenschaftlich-technischen Fortschritt abhängig geworden ist, der *auch herrschaftslegitimierende* Funktionen übernimmt.« (TWI, 92)

Auf der anderen Seite zögert Habermas, die Möglichkeit emanzipatorischen Handelns auf die bewußten Forderungen jener Gruppen zu gründen, die in der Gesellschaft selbst marginalisiert sind. Er ist sich nicht nur der politischen Unwirksamkeit einer solchen radikalen Strategie bewußt, sondern reflektiert auch die autoritären und terroristischen Gefahren, die damit vermacht sind. Möglicherweise ist der grundsätzliche Gegenstand von Habermas' Theorie die Rekonstruktion der Verbindung zwischen Sozialismus und Demokratie. Doch wenn weder die Produktivkräfte noch die bewußten Forderungen potentiell radikaler Gruppen als Subjekte einer solchen demokratisch-sozialistischen Transformation gelten können (wie Habermas selbst zugesteht), dann wird fraglich, wie kritische Theorie selbst möglich sein könnte. Habermas geht — wie ich gezeigt habe — dieses Problem auf allen denkbaren Ebenen an; er bemüht Erkenntnistheorie und Methodologie ebenso wie eine Analyse von Legitimationsproblemen im Spätkapitalismus und eine neue Kommunikationstheorie. Um die Frage nach der »Möglichkeit« kritischer Theorie zu beantworten, muß, so Habermas, notwendigerweise eine Begründung für die normative Dimension der Theorie gefunden und das Theorie-Praxis-Verhältnis wiederhergestellt werden. (Vgl. dazu das zweite und dritte Kapitel.)

Aus Habermas' Sicht war Marxens Vernachlässigung der Frage nach der Möglichkeit radikaler Theorie ein grundlegender Fehler seines Ansatzes. Marx konnte dieses Problem umgehen, indem er in »positivistischer« Weise (zumindest, was die philosophische, wo nicht gar die historisch-empirische Ebene seines Werkes betraf) technische

Entwicklung mit gesellschaftlichem Fortschritt identifizierte. Habermas geht davon aus, daß Marxens »Positivismus« sich in der Interpretation der gattungsgeschichtlichen Entwicklung äußert, die einzig als Arbeit qua instrumentellem Handeln gefaßt wird. Das von Habermas angebotene Gegengift besteht darin, die Entwicklung der Gattung auch als Kommunikation qua kommunikativem Handeln zu begreifen.

Doch ist diese Kritik am Produktionsparadigma wirklich gerechtfertigt? Ich denke, nein. Ironischerweise begibt sich Habermas hier in eine dem wissenschaftlichen Marxismus angemessene Fehlinterpretation. Marx reduziert keineswegs die Gattungsentwicklung auf die alleinige Dimension wachsender technisch-instrumenteller Naturbeherrschung; davon gehen nur die beschränktesten »wissenschaftlichen« Interpretationen aus. Die Unterscheidung zwischen Produktivkräften und Produktionsverhältnissen dient zumindest zum Teil auch dazu, die Beziehung der Menschen zur Natur von intersubjektiven Beziehungen abzugrenzen. Des weiteren unterscheidet diese Dichotomie zwischen historischen Kontinuitäten und Diskontinuitäten, um sowohl die Bedingungen des Fortschritts als auch die mit ihm einhergehenden Rück- und Winkelzüge und die katastrophischen Zusammenbrüche erforschen zu können. Marx' Produktionsparadigma erlaubt eine subtile Kennzeichnung historischer Entwicklungsformen, die zugleich die Naturbeherrschung wie auch verschiedene Weisen gesellschaftlicher Interaktion berücksichtigt. Und dies Paradigma kann — wenn es nicht auf eine rein szientistische oder kritische Interpretation reduziert wird — einen Zugang zum Problem normativer Begründung eröffnen, der eine Alternative zum Habermas'schen Ansatz bildet. Das gleiche gilt für Marx' Behandlung des Theorie-Praxis-Verhältnisses. Ich werde diese Alternativen im Anschluß an meine Kritik der Kommunikationstheorie von Habermas erörtern. Damit kann ich zugleich den Paradigmenwechsel, den die radikale Theorie vollzogen hat, kritisch bewerten.

Das Habermas'sche Kommunikationsparadigma: Eine Kritik

Anfänglich hat, wie gesagt, Habermas sein Kommunikationsparadigma als Ergänzung zum Produktionsparadigma entworfen. Jedenfalls scheint das der Hauptgesichtspunkt bei der Unterscheidung von Arbeit und Interaktion gewesen zu sein. Im Zuge der Ausarbeitung der kommunikativen Hälfte dieser Unterscheidung jedoch wird die Produktionsseite so abgeschnitten, daß man nun das Kommunikationsparadigma eher als Ersetzung denn als Ergänzung des Produktionsparadigmas begreifen muß. Meiner Ansicht nach ist die Eliminierung der Produktionsebene das Resultat einer doppelten Reduktion. Erstens begreift Habermas Produktion, insbesondere Arbeit, vorwiegend als Beziehung zwischen Mensch und Natur. Zweitens versteht er Arbeit nur als instrumentelles Handeln, mittels dessen Menschen die Natur zu beherrschen suchen. Das erste ist eine Reduktion, weil Produktion und Arbeit sowohl intersubjektive Beziehungen einschließen, wie solche zur inneren *und* äußeren Natur des Menschen. Marx' Analyse der entfremdeten Arbeit verdeutlicht, daß alle diese Dimensionen im Arbeitsprozeß präsent sind. (Vgl. MEW, EB I, 510-522) Das zweite ist eine Reduktion, weil die Menschen andere Beziehungen zur Natur als solche von Herrschaft und technologischer Kontrolle entwickeln können und dies auch tun. Sogar Marx spricht von anderen — z.B. ästhetischen — Haltungen der Natur gegenüber, die von den eng begrenzten Zielsetzungen kapitalistischer Produktion befreit werden können. (Ebd., 516f.) Habermas' Kritik am Produktionsparadigma scheint zunächst auf einer einseitig szientifischen Interpretation zu beruhen. Es ist klar, daß er den Paradigmenwechsel letzten Endes deswegen befürwortet, weil er gesellschaftliche Beziehungen als *paradigmatische* Kommunikationsbeziehungen auffaßt. Und das gibt uns die Berechtigung, von seiner »Kommunikationstheorie der Gesellschaft« und seinem »Kommunikationsparadigma« zu sprechen.

Für dies Paradigma nun sind drei Begriffe konstitutiv, die die gesamte Kommunikationstheorie zusammenhalten, besonders insoweit diese sich auf die Probleme der normativen Begründung und des Theorie-Praxis-Verhältnisses bezieht. Bei diesen Begriffen handelt es sich um die *ideale Sprechsituation*, das *kommunikative Handeln* und die *kommunikative Rationalität*. Ich werde jeden dieser Begriffe hinterfragen und die Argumente untersuchen, durch die er gestützt wird.

Habermas' ursprünglicher Versuch einer normativen Begründung kritischer Gesellschaftstheorie durch Kommunikation vollzog sich mittels des Begriffs der idealen Sprechsituation. Traditionellerweise ging es der kritischen Gesellschaftstheorie darum, ideologisch verschleierte Herrschaftsverhältnisse zu erkennen und aufzulösen, damit die Menschen ihre Geschichte mit Willen und Bewußtsein gestalten und gesellschaftliche Beziehungen eingehen könnten, die nicht auf verborgenen Machtstrukturen, sondern auf offener Diskussion gleichberechtigter Teilnehmer und auf wirklichen Konsensverfahren beruhten. Doch wie kann diese Ideologiekritik den Verdacht entkräften, selbst ideologisch zu sein? Habermas antwortet darauf, daß die kritischen Normen der Theorie den Sprachstrukturen selbst inhärieren.

Indem er Ideologie als »systematisch verzerrte Kommunikation« begreift, will er aufzeigen, was »unverzerrte Kommunikation« bedeutet. Zu diesem Zweck untersucht er die Ermöglichungsbedingungen alltagssprachlicher »Verständigung« *(understanding/agreement)*. Seine Argumentation kann auf folgende Weise rekonstruiert werden:[12]

1. Die Fähigkeit, alltagssprachlich zu kommunizieren (kommunikative Kompetenz) setzt voraus, daß es wenigstens zwei Teilnehmern möglich ist, Verständigung *(understanding/agreement)* zu erreichen.
2. »Verständigung zu erreichen« setzt voraus, daß wahrhaftige von vorgetäuschter Verständigung unterschieden werden kann.
3. »Wahrhafte Verständigung« *(understanding/agreement)* ist eine Übereinstimmung *(agreement)*, die nur der Kraft des besseren Arguments sich verdankt.
4. »Die Kraft des besseren Arguments« kann dann und nur dann sich durchsetzen, wenn die Kommunikation keinen verborgenen Zwängen unterliegt.
5. Kommunikation ist »frei von verborgenen Zwängen« dann und nur dann, wenn alle Teilnehmer die gleichen (symmetrisch verteilten) Möglichkeiten haben, Sprechakte auszuwählen und auszuführen.
6. Eine Situation, in der diese »symmetrische Erfordernis« auftritt, ist eine ideale Sprechsituation. Daraus folgt:
7. Die »ideale Sprechsituation« (als kommunikative Kennzeichnung der Ideen von Freiheit, Wahrheit und Gerechtigkeit) enthält eine »praktische Hypothese« (nämlich die, daß eine solche Situation herbeigeführt werden *sollte*), auf der die Kritik der Ideologie (als »systematisch verzerrter Kommunikation«) aufbauen kann.

Habermas geht es (obwohl dies in der frühen Formulierung des Beweisganges nicht ganz deutlich wird) um Sprache *und* Handeln, was der Begriff des kommunikativen Handelns verdeutlicht. Ich werde diesen Begriff später untersuchen. An dieser Stelle interessiert mich Habermas' Argument, insoweit es sich auf die Struktur der Sprache *(language)* richtet und damit die Ermöglichungsbedingungen für sprachliches Handeln *(speech)* involviert.

Der erste Schritt in Habermas' Beweisführung beruht auf der grundsätzlichen Bedeutung des von ihm so genannten »verständigungsorientierten Handelns« *(action oriented to reaching an understanding/agreement)*. Hierbei wird die Zweideutigkeit des Wortes »Verständigung« ausgenutzt, das als »Verstehen« *(understanding)* und als »Übereinstimmen« *(agreement)* aufgefaßt werden kann. Bevor ich mich der Frage zuwende, was die Idee, ein Verstehen/Übereinstimmen zu erreichen, für die Sprachstruktur bedeutet, möchte ich die Differenz erörtern, die durch Habermas' Formulierung verdeckt wird. Schon die Tatsache, daß es Sinn macht, zu sagen: »Ich verstehe dich, aber ich stimme mit dir nicht überein.« zeigt an, daß es einen Unterschied zwischen Verstehen und Übereinstimmen gibt. Auf der anderen Seite existiert zwischen diesen Ausdrücken eine Verbindung, denn die Formulierung: »Ich stimme mit dir überein, aber ich verstehe dich nicht.« ist sinnlos. Worin besteht diese Verbindung? Man könnte plausiblerweise sagen, daß »Übereinstimmen« »Verstehen« voraussetzt. Aber das Umgekehrte gilt klarerweise nicht. Ich kann, was mein Gegenüber mir sagt, auf der grammatischen, der semantischen und der praktischen Ebene verstehen, ohne mit ihm übereinzustimmen. Dergestalt setzt »Verstehen« *nicht* »Übereinstimmen« voraus, denn z.B. kann ich den Rassismus durchaus verstehen (im Sinne von: begreifen), ohne mit seinen Grundannahmen übereinzustimmen oder gar selbst Rassist zu sein. Selbst ein genuines Verständnis ist keine Garantie für eine tatsächliche Übereinstimmung. Indem Habermas diese beiden Fälle nicht unterscheidet, schwächt er die ersten beiden Schritte in seiner Beweisführung.

Problematisch ist auch seine Annahme, Verständnis oder Übereinstimmung zu erreichen sei ein wesentlicher Charakterzug der Sprache und also Mißverständnis und Täuschung nur abgeleitete Formen der Idee von Verständigung. Diese Annahme wird seitens der Sprachphilosophie und wohl auch der philosophischen Tradition allgemein gestützt. (Vgl. McCarthy 1980, 329f.) Sie kann nichtsdestotrotz in Frage gestellt werden. Wenn Verstehen und Übereinstimmen als Ermöglichungsbedingungen des sprachlichen Handelns zur Sprache gehören, dann gilt genau das gleiche für Mißverständnisse und Streitigkeiten *(disagreements)*. Wären letztere nämlich gar nicht möglich, blieben auch die Ausdrücke »Verstehen« und »Übereinstimmen« bedeutungslos. Wenn aber Mißverständnisse und Streitigkeiten möglich sind, dann gehören sie zur Sprachstruktur und zu den Ermöglichungsbedingungen sprachlichen Handelns. Wie Louis Mackey es ausdrückte, ist »eine einmalige Möglichkeit eine immerwährende Notwendigkeit« (Mackey 1983, 257).[13] Wenn also Verstehen und Mißverstehen, Übereinstimmung und Streitigkeit zur begrifflich-transzendentalen Sprachstruktur gehören, dann gibt es keinen Grund, die »positiven« Ausdrücke ihren »negativen« Antipoden vorzuziehen. Um Habermas' Prioritätsanspruch zu bestreiten, muß man nicht damit argumentieren, daß die »negativen« Ausdrücke ihrerseits den Vorrang besitzen. Es genügt zu zeigen, daß sie — aus den gleichen begrifflich-transzendentalen Gründen, die Habermas anführt — nicht abgeleiteter oder zweitrangiger Natur sind. Ob man diese Kritik akzeptiert oder nicht, klar bleibt, daß Habermas' Beweisführung *demonstrieren* (und nicht einfach annehmen) muß, daß Übereinstimmen und Verstehen *tatsächlich* einen Vorrang besitzen.

Habermas könnte gegen diese Kritik einwenden, daß jener Vorrang nicht begrifflich-transzendentaler, sondern empirisch-rekonstruktiver Provenienz sei. Eine solche Antwort wäre von seiner Ausweitung des Chomskyschen Forschungsprogramms abhängig; die grammatische wird durch die kommunikative Kompetenz ergänzt, die Suche nach linguistischen durch die nach pragmatischen Universalien erweitert (vgl. dazu das zweite Kapitel). Als empirisches Forschungsprogramm sollte diese Ausweitung vorurteilslos untersucht werden. Dennoch ist die Vorrangstellung, die Habermas den Strukturen von Verstehen/Übereinstimmen einräumt, für sein Projekt so grundlegend, daß es fragwürdig scheint, ob diese Annahme durch das Forschungsprogramm bestätigt werden kann. Wie kann ein empirisch-rekonstruktiver Ansatz zum Beweis derjenigen Hypothesen dienen, auf denen er beruht? Hier liegt der Verdacht eines circulus vitiosus nahe. Auf jeden Fall bedürfen die ersten beiden Stufen seiner Beweisführung einer genaueren Ausarbeitung als der bisher vorgelegten.

Selbst wenn wir Habermas zugestehen, daß Verstehen und Übereinstimmen vorrangiger Natur und dergestalt die ersten beiden Schritte seiner Beweisführung richtig sind, so kann doch der dritte Punkt kritisiert werden. Warum beruht ein wahrhaftes Verstehen/Übereinstimmen nur auf der Kraft des besseren Arguments? Könnte es nicht auch auf Liebe, Mitgefühl, Solidarität oder Sympathie sich gründen? Hier wie sonst auch bezieht sich Habermas in seiner Argumentation auf eine bestimmte Art sprachlichen Handelns — nämlich auf die theoretische Diskussion. Aus dieser ausschließlichen Konzentration auf die kritische, wissenschaftliche und philosophische Diskussion ergibt sich auch die Plausibilität der Punkte (5) und (6). Freiheit von inneren und äußeren Beschränkungen wie auch das »Symmetriegebot« gehören wenigstens idealiter zu dieser Art von Diskussion. Doch hat Habermas nicht nachgewiesen, daß sie auf grundlegende Weise zum Modus sprachlichen Handelns oder zu dessen gesamten Spektrum gehören. Es gibt viele Arten des Sprachgebrauchs, die ohne dergleichen auskommen, wie etwa »Befehlen«, »Scherzen«, »eine Geschichte erzählen« etc. Ungeachtet der wichtigen Rolle, die die theoretische Diskussion in der westlichen Tradition spielt (und die von Habermas zu Recht betont wird), muß doch gefragt werden, ob dieser Modus sprachlichen Handelns die zentrale welthistorische Bedeutung hat, die er ihm beimißt. Vielleicht hat Joan Robinson recht, wenn sie sagt, daß »der überwiegend größte Teil der Menschen auch heute noch die Unterscheidung zwischen dem, was der Fall ist und dem, was nicht der Fall ist, für unwichtig hält« (Robinson 1970, 60). Habermas versucht diesem Einwand in seiner Arbeit über kommunikative Rationalität zu begegnen; ich komme darauf noch zurück.

Schließlich und endlich kann der Übergang von (6) nach (7) hinterfragt werden. Er beruht darauf, daß bestimmte *materiale* Normen (7) wie Wahrheit, Freiheit und Gerechtigkeit von einer anscheinend rein *formalen* oder prozeduralen Erörterung der Vorbedingungen sprachlichen Handelns (1 bis 6) abgeleitet werden. So tauchen die Probleme der praktischen Philosophie Kants offensichtlich in den frühen Stadien der Kommunikationstheorie wieder auf. Später hat Habermas dies Problem erkannt und konsequenterweise den Status des Begriffs der idealen Sprechsituation abgeändert. Er glaubt nun (wie auch Wellmer) nicht mehr, daß wir mit der idealen Sprechsituation »zugleich das Ideal einer vollkommen rational gewordenen Form des Lebens formuliert haben — ein *solches* Ideal kann es nicht geben« (VET, 538f.).[14] Und im ersten Band der *Theorie des kommunikativen Handelns* heißt es: »Aber der Versuch, ein Äquivalent für das anzugeben, was einmal mit der Idee des guten Lebens gemeint war, darf nicht dazu verleiten, aus dem prozeduralen Begriff der Rationalität, mit dem uns das dezentrierte Weltverständnis der Moderne zurückgelassen hat, eine Idee des guten Lebens *abzuleiten* ...« (TKH 1, 112) Doch mit dieser enttranszendentalisierenden Wendung scheint das Argument seine kritische Kraft zu verlieren, denn nun stellt der Begriff der idealen Sprechsituation kein Ideal mehr dar, anhand dessen eine konkrete Lebensform insgesamt beurteilt werden könnte. In der Tat gibt Habermas dies auch zu und erkennt, daß es außer dem formalen Begriff der idealen Sprechsituation noch andere Möglichkeiten der normativen Begründung kritischer Gesellschaftstheorie geben muß (TKH 1, ebd.). Indem er den Versuch aufgibt, die Idee einer rationalen Lebensform in *substantiellem* Sinne zu formulieren, bleibt der Theorie, wie er sagt, »nur die Kritik an den Entstellungen, die den Lebensformen kapitalistisch modernisierter Gesellschaften auf doppelte Weise zugefügt werden: durch die Entwertung ihrer Traditionssubstanz und die Unterwerfung unter Imperative einer vereinseitigten, aufs kognitiv-instrumentelle beschränkten Rationalität« (TKH 1, 112f.). So versucht er denn, in seinem Werk über kommunikatives Handeln und kommunikative Rationalität eine Begründung für diesen eingegrenzten Kritikansatz zu formulieren, dem ich mich nun zuwende.

Ich will mich mit Habermas' Begriff des kommunikativen Handelns insgesamt nicht weiter auseinandersetzen, weil auch dort der von mir bereits kritisierte Vorrang des verständigungsorientierten Handelns eine Rolle spielt; es geht mir eher um den Handlungsbegriff selbst, um einen Handlungstyp, der darauf beruht, daß Verstehen/Übereinstimmung wechselseitig und kooperativ erzielt werden kann. Handlungssubjekte besitzen, als Teilnehmer an einer aus sprachlichen und nichtsprachlichen Handlungen bestehenden Kommunikationsgemeinschaft, die Kompetenz, zwischen einer auf Verstehen/Übereinstimmung ausgerichteten (kommunikativen) und einer auf Erfolg zielenden Handlung zu unterscheiden, wobei letztere *instrumentelles Handeln* (im nicht-gesellschaftlichen Kontext der Interaktion mit Natur) und *strategisches Handeln* (im gesellschaftlichen Kontext der Beeinflussung anderer Kommunikationsteilnehmer) umfaßt. Die erste Frage, die ich aufwerfen möchte, beschäftigt sich mit der Kompetenz, die für diese Unterscheidungen notwendig ist. Genau *weil* es interne Beschränkungen im Sprechen und Handeln gibt, und genau *weil* die innere Natur der gesellschaftlichen Subjekte »systematischer Verzerrung« ausgesetzt ist, muß fraglich erscheinen, ob die Kommunikationsteilnehmer diese Kompetenz tatsächlich besitzen, oder ob sie nicht gar durch weitere gesellschaftliche Veränderungen völlig ausgelöscht werden kann. Die Unterscheidung zwischen kommunikativem und strategischem Handeln ist in vielen Zusammenhängen äußerst schwierig zu treffen und erfordert ein subtiles Differenzierungsvermögen. Folgt man Habermas, so sind die handelnden Subjekte sich dieser Unterscheidung — wenn auch vielleicht nur vage und intuitiv — immer bewußt, denn als universelles Gattungsvermögen gehört sie zu den Kompetenzen, derer sich die Menschen immer bewußt sein *werden*. — Liegt die Argumentation hier auf der begrifflichen oder der empirischen Ebene? Oder gehört der ganze Komplex zu den (von Habermas so genannten) empirisch-rekonstruktiven Forschungsstrategien? Hier gilt das gleiche, was ich schon im Zusammenhang mit der idealen Sprechsituation kritisiert habe. Jedenfalls scheint die Ausweitung der Verständigungsproblematik auf gesellschaftliches *Handeln* noch fragwürdiger als ihre im sprachlichen Bereich angesiedelte Befrachtung mit universellen Gattungskompetenzen. Im letzten Fall konnte Habermas sich auf unsere Vorannahmen hinsichtlich der Grundmuster theoretischer Diskussion beziehen. Wenn es aber um den Handlungsbegriff geht, dient auch die theoretische Diskussion in der Moderne vorwiegend dem Zweck instrumentellen Handelns. Wenn die Menschen qua Gattung eine universelle Kompetenz besitzen, wäre es wohl plausibler anzunehmen, daß diese Kompetenz in der »Instrumentalisierung«

der Welt und der Menschen selbst besteht. — Auch an diesem Punkt bricht die generelle Spannung zwischen der transzendentalen und der geschichtlichen Perspektive, die für Habermas' Werk so charakteristisch ist, wieder auf. Einerseits soll sein Kompetenzbegriff jene von allen Kontexten abgelöste Erkenntnis ersetzen, die durch Kants begrifflich-transzendentale Argumentation repräsentiert wird. Andererseits soll die soziohistorische Einbettung von Kompetenzentwicklungen jene kontextbezogene Erkenntnis ersetzen, die durch Marx' geschichtliche und kritisch-empirische Argumentation repräsentiert wird. Aus dieser Perspektive ist die kommunikative Handlungskompetenz (die Sprache und Handeln gleichermaßen einschließt) offensichtlich das Resultat einer konkreten historischen Entwicklung und einer gesellschaftlichen Situation. Wie verhalten sich diese beiden Ansätze zueinander? Welchem gebührt der Vorrang? Dem transzendentalen, dem empirischen, oder einem dritten, der zwischen beiden liegt? Im Zusammenhang mit Habermas' Begriff kommunikativer Rationalität werde ich darauf zurückkommen, um damit meine Erörterung des Kommunkationsparadigmas zu beschließen.

Ich ging durchweg davon aus, daß Habermas eine normative Begründung für kritische Gesellschaftstheorie sucht, die weder extern (oder transzendental) noch intern (oder immanent) ist, damit sowohl relativistische wie »absolutistische« Ansätze vermieden werden können. Dieser Versuch führte, wie ich gezeigt habe, zu Spannungen zwischen den kantischen und den Marxschen Linien, die sein Projekt durchziehen. Des weiteren zeigt sich, daß die »ideale Sprechsituation« eine solche normative Begründung nicht leisten kann, und dem scheint Habermas in seinen späteren Arbeiten zuzustimmen. Stellt nun der Begriff kommunikativer Rationalität einen erneuten Versuch dar, das Problem der normativen Begründung zu lösen? Oder hat Habermas den fundamentalistischen Ansatz ganz und gar aufgegeben? In seiner Einleitung zu *The Theory of Communicative Action* scheint sich Thomas McCarthy für die zweite Alternative auszusprechen. Er behauptet, daß »der Begriff des kommunikativen Handelns Habermas weder als Zielpunkt einer Geschichtsphilosophie, noch als Fortschrittsäquivalent, noch als Maßstab für ein gutes Leben« dient (McCarthy 1984, 405, n.12). Mit anderen Worten ist kommunikative Vernunft kein immanenter und kein transzendentaler Maßstab, mithin, so scheint man schlußfolgern zu müssen, überhaupt kein normativer und kritischer Begriff, sondern rein empirischer Provenienz. Offensichtlich würde McCarthy dem zustimmen, denn er schreibt: »Habermas sucht nicht unter Rekurs auf Begriffe zu beweisen, daß das Vernünftige wirklich ist (oder sein wird) und das Wirkliche vernünftig ist (oder sein wird). Vielmehr will er die tatsächlich vorhandenen Möglichkeiten der Einbindung von Rationalitätsstrukturen in konkrete Lebensformen empirisch aufweisen.« (McCarthy 1984, 405f.)

Aber diese Interpretation kann nicht das letzte Wort sein. Der Begriff kommunikativer Rationalität besitzt deutliche normative Implikationen sowohl hinsichtlich der Idee des Fortschritts als auch der des guten Lebens. Würde Habermas den Versuch der Begründung dieser normativen Dimension fallenlassen, könnte er den ethischen Skeptizismus, der mit Webers »Göttern und Dämonen« vermacht ist, nicht mehr umgehen. Damit aber wäre sein Projekt auf eine bloße akademische Soziologie ohne praktische und politische Folg(erung)en reduziert. Ich denke, daß Habermas in seinem (bisher) letzten kommunikationstheoretischen Ansatz von einer transzendentalen Problemstellung hinsichtlich normativer Begründungen abgerückt *ist*. Doch hat er diese Problemstellung nicht völlig aufgegeben oder gar, wie McCarthy argumentiert, sein Projekt gänzlich »enttranszendentalisiert« (McCarthy 1984, 6f.). Die rationale Rekonstruktion universaler Kompetenzen ist eine an der Moderne orientierte Ersetzungsform der transzendentalistischen Linie seines Denkens. Solche rekonstruktiv-empirischen Ansätze bleiben zumindest in dem Sinne transzendental, in dem sie die Ermöglichungsbedingungen von Denken, Sprechen und Handeln untersuchen. Und sie nehmen in Habermas' Rationalitätskonzept nach wie vor eine hervorgehobene Stellung ein. Auf der anderen Seite beschäftigt sich Habermas auch mit empirisch-historischen Repräsentationsformen von Rationalität. Auf diese Weise bleibt auch hier die Spannung zwischen transzendentalen und empirisch-historischen Momenten erhalten.

Ich möchte zum Schluß noch zwei kritische Einwände gegen Habermas' Begriff der kommunikativen Rationalität erheben. Der erste richtet sich gegen die (wie auch immer abgeschwächte) Intention einer normativen Begründung kritischer Gesellschaftstheorie. In allen seinen Bemühungen um eine solche Begründung hat Habermas jeglichen Ansatz vermieden, der Normen einfach als »externe« (begrifflich-transzendentale) oder »interne« (kontextgebundene) Gegebenheiten betrachtet. Der Versuch, zwischen diesen beiden Ansätzen zu vermitteln, um relativistische wie »absolutistische« Formen zu vermeiden, führt zu jenen von mir beschriebenen Spannungen, die auch der Begriff kommunikativer Rationalität nicht auflösen kann. Auf der einen Seite ist dessen Ausrichtung auf Verstehen, Übereinstimmung und Konsens eine universale und unvermeidliche und in diesem Sinne transzendentale Vorbedingung für Kommunikation, die zur Entwicklung einer gattungsspezifischen »kommunikativen Kompetenz« gehört (vgl. RHM, 194). Andererseits ist kommunikative Rationalität in Geschichte und Gesellschaft eingelassen, doch nur zum Teil so, daß sie als Handlungsziel dienen kann. Der Begriff ist, als kritischer Maßstab, der zum Teil »transzendentale«, zum Teil »kritische« Züge aufweist — zugleich innerhalb und außerhalb von Geschichte und Gesellschaft situiert — ein vielschichtiger Ansatz für eine normative Begründung derjenigen kritischen Theorie, die Habermas für erforderlich hält. Doch am Ende verfängt er sich im gleichen Dilemma, dem er schon mit seiner Theorie der »quasi-transzendentalen Interessen« ausgesetzt war. Wenn man erst einmal die Dichotomie von »innen« und »außen« akzeptiert hat, ist ein mittlerer Weg ungangbar geworden. Die Begründung ist entweder »extern« oder »intern«, entweder in Gesellschaft und Geschichte angesiedelt oder nicht.

Dies Problem des Ansatzes »von innen« oder »von außen« wird in der Methode der Rekonstruktion kommunikativer Kompetenz reflektiert. Diese Rekonstruktion sollte, wie Habermas selbst fordert, auf eine Weise geprüft werden, die analog zu Chomskys Rekonstruktion grammatischer Kompetenz verfährt. Doch scheint Habermas' Rekonstruktion kommunikativer Kompetenz in dem Maße, in dem sie ein apriorisches Unterfangen darstellt, eher ein Beitrag zur Sprachphilosophie zu sein denn eine linguistisch orientierte Theorie im Sinne eines empirischen Forschungsprojekts. Ähnliches gilt für die »Entwicklungslogik«, die Habermas von Piaget übernommen hat. Auch hier bleibt die Ambivalenz zwischen den apriorischen und den empirischen Elementen, die durch den Begriff des »quasi-transzendentalen« bezeichnet wird, ein Charakterzug der Theorie von Habermas. Und solange er weiterhin auf eine normative Begründung setzt, die weder rein »extern« noch rein »intern«, sondern »teilweise« beides ist, kann diese Ambivalenz nicht aufgelöst und die Problematik dieser beiden Ansätze nicht befriedigend bearbeitet werden.

Der zweite Einwand richtet sich gegen den Gebrauch, den Habermas vom Begriff der kommunikativen Vernunft für eine kritische Gesellschaftstheorie macht, und bezieht sich auf das Theorie-Praxis-Problem. Diese »normative Begründung« wäre überflüssig, wenn Habermas nicht die empirische These vertreten würde, daß in der entwickelten kapitalistischen Gesellschaft Macht nicht mehr normativ legitimiert wird. Diese These ist mit einer zweiten, gleichfalls empirischen, gekoppelt, die besagt, daß gesellschaftliche Handlungssubjekte, insbesondere die Mitglieder der Arbeiterklasse, durch technologische Entwicklung abgesicherte materielle Zuwendungen akzeptierten, statt auf die Verwirklichung gesellschaftlicher Ideale zu dringen. Wie Habermas sagt, hat sich »das Proletariat, *als* Proletariat aufgelöst« (TP, 229). Beide Thesen werfen, wie eine Reihe von Aufsätzen zu dieser Problematik verdeutlicht, ernsthafte Fragen auf.[15] Ich will zwei besonders gravierende Konsequenzen nennen, die sich aus diesen Thesen für Habermas' Werk ergeben. Erstens entwirft er ein allzu harmonistisches Bild des kapitalistischen Gesellschaftssystems, in dem die mit staatlichen und ökonomischen Strukturen verbundenen Probleme fehlen.[16] Für Habermas treten nahezu alle durch den Kapitalismus hervorgerufenen Schwierigkeiten als Konflikte der Lebenswelt mit dem reibungslos funktionierenden System auf. Zudem konzentriert sich Habermas zu sehr auf die »allgemeinen« Interessen der Gattung, statt auf die Partikularinteressen, die in praktisch-politischen Zusammenhängen vorherrschend sind. Dadurch wird unsere Aufmerksamkeit von einer konkreten gesellschaftspolitischen Analyse, die die Strukturprobleme von Wirtschaft und Staat aufzugreifen in der Lage ist, abgelenkt. Zweitens verwirft Habermas die Möglichkeit einer internen Kritik zugunsten einer komplex-abstrakten Theorie, mit der die schwierige Aufgabe vermacht ist, kritische Maßstäbe zu entwickeln, die sowohl inner- wie außerhalb der soziohistorischen Wirklichkeit lokalisiert werden können.

Für eine an Marx orientierte kritische Gesellschaftstheorie, welche die historisch-gesellschaftliche Kontextgebundenheit menschlichen Denkens, Sprechens und Handelns akzeptiert, sind die »praktischen Absichten« charakteristisch, die auf Befreiung abzielen. Diese aber werden durch Habermas' Kommunikationstheorie kompromittiert. Und aus der Perspektive eben dieser Kontextgebundenheit kann der Begriff der kommunikativen Rationalität nicht gegen den Vorwurf verteidigt werden, selbst nur Ausdruck einer bestimmten Kultur, Gesellschaft und Geschichtsperiode zu sein. In dem Maße wie die kritischen Maßstäbe der Theorie auf abstrakte Weise diesen Kontext gesellschaftlicher Praxis übersteigen, können sie jene praktischen Absichten, die der kritischen Gesellschaftstheorie ihren wesentlichen Charakter verleihen, nicht wieder einfordern. Kritische Maßstäbe, die »unumgänglich« sind, müssen die von Habermas verteidigte Autonomie und Freiheit zwangsläufig untergraben. Trotz aller Vorsichtsmaßnahmen setzen die »allgemeinen und unumgänglichen« Maßstäbe sich implizit der Gefahr aus, gesellschaftlichen Handlungssubjekten aufgezwungen zu werden, die nicht die »Kompetenz« ihrer Führungspersonen besitzen. Das ist eine subtile Variante jenes Risikos, welches der gesamte »wissenschaftliche« Marxismus eingeht. Eine Gesellschaftstheorie, die auf einer kritischen Aneigung von Marx beruht, geht solches

Risiko nicht ein, weil interne Kritik nur dann erfolgreich sein kann, wenn sie den Handlungssubjekten die Bedeutung ihrer *eigenen* kritischen Maßstäbe erhellt. Diese aber müssen unzweideutig in der soziohistorischen Wirklichkeit selbst verortet werden. Mein Vorschlag wäre, kurz gefaßt, daß eine kritische Gesellschaftstheorie auf der deskriptiven Ebene sich auf neue Untersuchungen von Klassen, Macht und politischer Organisation einlassen sollte. Vielleicht könnte (und sollte) sie dann zu jener kritischen Methode zurückkehren, die einer Gesellschaftstheorie, welche die These von der soziohistorischen Kontextgebundenheit ernst nimmt, einzig angemessen ist — d.h. zur Methode der internen (bzw. immanenten) Kritik. Ich werde im folgenden (und letzten) Abschnitt auf diese Probleme zurückkommen.

Habermas und Marx: Die Zukunft radikal-kritischer Gesellschaftstheorie

Wenn meine Kritik des Kommunikationsparadigmas zutreffend ist, dann bleiben die beiden hauptsächlichen Probleme einer kritischen Gesellschaftstheorie — normative Begründbarkeit und das Theorie-Praxis-Verhältnis — ungelöst. Das bedeutet natürlich nicht, daß Habermas' gesamtes Projekt wertlos ist oder nicht zu einer radikalkritischen Theorie beitragen kann. Insbesondere liefert die *Theorie des kommunikativen Handelns* einen neuen und möglicherweise fruchtbaren Ansatz hinsichtlich der Probleme gesellschaftlicher Rationalisierung und der Frage der Moderne, der eine Unterscheidung zwischen den fortschrittlichen und den pathologisch verzerrten Aspekten unserer Lebensform gestattet. Vor allem könnte Habermas' kritischer Begriff der »Kolonialisierung der Lebenswelt« sich als nützlich erweisen, insofern er eine kommunikativ orientierte Reformulierung und Erweiterung dcs »Fetischcharakters der Warenwelt« darstellt. Des weiteren ist Habermas' Version des Kommunikationsparadigmas unzweifelhaft anderen (z.B. Baudrillards) Versuchen, dies Paradigma für eine kritische Theorie nutzbar zu machen, weit überlegen. Dennoch möchte ich zum Schluß bemerken, daß das Kommunikationsparadigma selbst keinen Fortschritt gegenüber dem Produktionsparadigma darstellt. Mit anderen Worten: die Kommunikationstheorie ist genau dann ein sinnvolles Konstrukt, wenn sie als Ergänzung, nicht als Ersetzung des Produktionsparadigmas verstanden wird.

Wie ich zeigte, stellen die von Marx entwickelten Paradigmata bereits den radikalen Bruch mit der »Bewußtseinsphilosophie« dar. Habermas' Vorwurf, Marx bleibe in diesen »veralteten« philosophischen

Strukturen befangen, trifft allenfalls auf bestimmte marxistische Interpretationen des Produktionsparadigmas zu.[17] Doch selbst in dieser Hinsicht wird der Fortschritt, den die Sprachphilosophie des 20. Jahrhunderts gegenüber der Bewußtseinsphilosophie darstellt, von Habermas überbetont. Wie Richard Rorty gezeigt hat, reproduziert die Sprachphilosophie in mancherlei Hinsicht lediglich frühere philosophische Dilemmata, indem sie sie in eine zeitgenössische Form bringt, ohne sie wirklich zu lösen. (Vgl. Rorty 1981; Bernstein 1980) Eine faszinierende Passage aus der *Deutschen Ideologie* nimmt diese Entwicklung in gewisser Weise vorweg. Ich gebe den betreffenden Abschnitt in voller Länge wieder:

»Für die Philosophen ist es eine der schwierigsten Aufgaben, aus der Welt des Gedankens in die wirkliche Welt herabzusteigen. ... Wie die Philosophen das Denken verselbständigt haben, so mußten sie die Sprache zu einem eignen Reich verselbständigen. Dies ist das Geheimnis der philosophischen Sprache, worin die Gedanken als Worte einen eigenen Inhalt haben. Das Problem, aus der Welt der Gedanken in die wirkliche Welt herabzusteigen, verwandelt sich in das Problem, aus der Sprache ins Leben herabzusteigen. — Wir haben gezeigt, daß die Verselbständigung der Gedanken und Ideen eine Folge der Verselbständigung der persönlichen Verhältnisse und Beziehungen der Individuen ist. Wir haben gezeigt, daß die ausschließliche systematische Beschäftigung mit diesen Gedanken von seiten der Ideologen und Philosophen und damit die Systematisierung dieser Gedanken eine Folge der Teilung der Arbeit ist (...). Die Philosophen hätten ihre Sprache nur in die gewöhnliche Sprache, aus der sie abstrahiert ist, aufzulösen, um sie als die verdrehte Sprache der wirklichen Welt zu erkennen und einzusehen, daß weder die Gedanken noch die Sprache für sich ein eignes Reich bilden; daß sie nur *Äußerungen* des wirklichen Lebens sind.« (MEW 3, 432f.)

Marx zeigt an dieser Stelle eine an Wittgenstein erinnernde Sensitivität für die Art und Weise, in der (Sprach- oder Bewußtseins-)Philosophen den im praktischen Lebenszusammenhang vorherrschenden Sprachgebrauch verzerren. Doch im Gegensatz zu Wittgenstein und den Wittgensteinianern bietet Marx eine einleuchtende Interpretation für die Quellen dieser Verzerrung: sie ist abstrakter Ausdruck praktischer Lebensprobleme, ohne als solcher verstanden werden zu können, weil die ausschließliche philosophische Beschäftigung mit »Gedanken« und »Ideen« (oder »Worten« und »Bedeutungen«) Resultat der gesellschaftlichen Arbeitsteilung ist. Von dieser Warte aus besteht die Lösung philosophischer Probleme nicht in ihrer Auflösung mittels einer Art linguistischer Therapie, sondern in der Transformation gesellschaftlicher Lebensformen, die die wahre Quelle dieser Probleme darstellen.

Sicher läßt sich Marx' Vorwurf, die Sprache werde zu einem von gesellschaftlicher Praxis »abgetrennten Bereich« gemacht, weniger auf Habermas als auf aktuelle philosophische Strömungen in Frankreich beziehen. Dennoch unterschätzt Habermas das Ausmaß, in dem die gegenwärtige Beschäftigung mit sprachtheoretischen Problemen *innerhalb des Produktionsparadigmas selbst* erfolgen kann, ganz erheblich. So hat etwa Frederick Will erläutert, inwieweit Marx' Auffassungen von Sprache als komplexer gesellschaftlicher Institution für die zeitgenössische Problematik von Bedeutung sind (Will 1974, 214-17). Will zeigt, auf welche Weise Marx einen breiten soziohistorischen Hintergrund ausgearbeitet hat, vor dem die linguistischen Praxen begriffen werden können. Diese Argumentation kann hier nicht im einzelnen dargestellt werden. Statt dessen möchte ich mich der Frage zuwenden, auf welche Weise normative Begründungen und das Theorie-Praxis-Verhältnis mittels einer nicht-reduktiven Interpretation des Produktionsparadigmas angegangen werden können.

Weiter oben (vgl. das zweite Kapitel) habe ich bereits versucht, eine solche Interpretation zu umreißen; ich erörterte dort den Begriff der gesellschaftlichen Rationalität, der in Marx' Theorie implizit enthalten ist. Vor dem Hintergrund dieser Erörterungen will ich einen Ansatz zum Problem der normativen Begründung untersuchen, der ebenfalls bei Marx (implizite) sich finden läßt. Marx verwirft eine »fundamentalistische« Interpretation von Werten und Normen, sei diese in bewußtseins- oder sprachphilosophischen Theorien entwickelt. Sein eigener Ansatz kann als »praktischer Kontextualismus« gekennzeichnet werden. »Gerechtigkeit« bedeutet in der antiken Sklavenhaltergesellschaft etwas anderes als in einer kapitalistischen Gesellschaft und in dieser etwas anderes als in einer sozialistischen. Aus Marx' Perspektive existiert ein solcher Gegenstand wie »Gerechtigkeit *selbst*« nicht; weder als ontologische Wesenheit, noch als transzendentale Notwendigkeit, noch als universale Kompetenz. Werte und Normen sind gesellschaftlich und historisch kontextgebunden.

Dieser Kontextualismus gestattet es Marx, ohne Ironie davon zu sprechen, daß der Arbeitslohn *innerhalb* der kapitalistischen Gesellschaft »gerecht« ist, »ungerecht« dagegen aus der Perspektive einer sozialistischen Transformation dieser Gesellschaft (vgl. MEW 23, 181ff., 557ff.). Habermas behauptet zu Unrecht, Marx pflanze »der Werttheorie ... den *normativen Kern* des rationalen Naturrechts ein, nämlich die Idee, daß es in der bürgerlichen Gesellschaft nur so lange mit rechten Dingen zugehen würde, wie die getauschten Äquivalente nicht nur vermutlich, sondern ... auch tatsächlich Äquivalente darstellten« (VET, 493).[18]

Unter kapitalistischen Bedingungen ist der Arbeitslohn *tatsächlich* »gerecht«. Die Freiheit, die Arbeitskraft an jeden kaufwilligen

Kapitalisten zu verkaufen, ist *tatsächlich* Freiheit unter kapitalistischen Bedingungen. Diese »Gerechtigkeit« und »Freiheit« aber sind vom *praktischen* Standpunkt einer möglichen sozialistischen Umgestaltung aus *tatsächlich* »Ungerechtigkeit« und »Lohnsklaverei«. Marx' Analyse des Kapitalismus war *als Kritik* nur möglich durch sein Engagement für diese praktisch-revolutionäre Haltung. Habermas besteht zu Recht darauf, daß ein solcher Standpunkt nur durch eine Geschichtstheorie begründet werden kann, die zwischen »dem, was die Menschen und Dinge sein können und dem, was sie faktisch sind« zu unterscheiden vermag (VET, 494f.). Falsch jedoch ist seine Annahme, Marx' Geschichtstheorie habe sich der gleichen teleo-logischen Notwendigkeit verschrieben wie Hegels Philosophie der Geschichte. Hegels Dialektik ist, wie ich bereits erwähnte, im Grunde eine logische Dialektik, deren innere Konsistenz aus dem Umgang mit Begriffen und deren logischen Beziehungen resultiert. Marx' Dialektik ist historischer Provenienz; ihre innere Konsistenz ergibt sich aus der Analyse gesellschaftlicher Beziehungen von Menschen.

Marx' Produktionsparadigma stellt einen kategorialen Rahmen zur Verfügung, mit dessen Hilfe eine Geschichtstheorie ausgearbeitet werden kann, die am konkreten historischen Beispiel die notwendige gesellschaftliche Objektivität von jenen »pseudo-objektiven« gesellschaftlichen Beziehungen abgrenzt, welche durch bewußtes kollektives Handeln beurteilt und verändert werden können (und sollten). Die Dialektik von Produktivkräften und Produktionsverhältnissen ermöglicht diese Unterscheidung zwischen der zunehmend entgrenzteren Interaktion mit der Natur als eines objektiv notwendigen Prozesses, und den gesellschaftlichen Beziehungen, die, indem sie den Charakter einer »Pseudo-Objektivität« annehmen, zu Hemmschuhen für diesen Prozeß werden. Auf diese Weise differenziert Marx zwischen den Achsen geschichtlicher Kontinuität und Diskontinuität, so daß Geschichte als in Konflikten, Kämpfen und Brüchen sich vollziehender Fortgang verstanden werden kann. Marx' Geschichtstheorie geht über bloße Interpretation hinaus: sie kennzeichnet und umgrenzt den Bereich radikaler Gesellschaftskritik, bestimmt die Richtung und die Aussichten kritisch-politischen Handelns und legt Kriterien für die Rationalität kritischer Verfahrensweisen wie auch für die Wünschbarkeit sozialen Wandels fest. All dies bedarf keiner Bezugnahme auf finalistische oder außerhistorische Gesichtspunkte.

Durch den Produktionsprozeß und das gesellschaftliche Leben im allgemeinen entwickeln die in den Produktionsprozeß Involvierten manifeste und latente Bedürfnisse, die unter den gegebenen gesellschaftlichen Bedingungen nicht befriedigt werden können. Die interne Kritik an den gesellschaftlichen Beziehungen, die diese Bedürfnisse hervorrufen und am Leben erhalten, ist, wie die Forderung nach der Erfüllung dieser Bedürfnisse mittels einer radikalen gesellschaftlichen Umgestaltung, in doppeltem Sinne rational und begründet. Zum einen sind Kritik und Forderung rational in der Bedeutung von »realistisch«, weil sie Ergebnis der wirklichen materiellen Lebensprozesse der Gesellschaft sind. Zweitens sind sie rational in der Bedeutung von »normativ begründet«, denn sie sind ein Beitrag zur Ausweitung menschlicher Bedürfnisse, Fähigkeiten und Möglichkeiten, d.h. zur Emanzipation konkreter gesellschaftlicher Individuen als den wahren Subjekten des Geschichtsprozesses. Der Gegenstand der revolutionären Theorie von Marx ist weder ein »regulatives Ideal«, noch ein bloßes »Sollen«, noch eine prädeterminierte Unvermeidbarkeit. Marx begründet sein normatives Engagement mit einer Tatsache: dem überflüssigen Leiden von Menschen in konkreten historischen Zusammenhängen; zugleich sieht er es als ein durch die materielle Produktion und Reproduktion des gesellschaftlichen Lebens hervorgerufenes Bedürfnis.

Der Riß zwischen »Sein« und »Sollen« wie auch die Aufspaltung der Vernunft in die verschiedenen Bereiche von Wissenschaft, Moral, Religion und Kunst werden von Habermas als legitime (und in gewisser Hinsicht fortschrittliche) wie zugleich unüberschreitbare Charakterzüge des modernen Lebens angesehen. Aus der praktisch-geschichtlichen und kontextualistischen Perspektive von Marx ist dieser Riß nur der ideologische Ausdruck einer empirisch objektivierbaren und mit Widersprüchen belasteten Form gesellschaftlichen Lebens, die überwunden werden kann. Der Bruch zwischen »Sein« und »Sollen«, zwischen »Tatsachen« und »Werten« ist spekulatives Denkproblem, das durch einen metaphysisch begründeten Rückgriff auf einen substantiellen Vernunftbegriff gelöst werden könnte. Die gegenwärtige Differenz zwischen dem, was ist, und dem, was sein sollte, ist keine theoretisch zu beantwortende Frage, sondern eine Aufgabe, die sich einem bewußten, kollektiv-praktischen Handeln stellt.

Diese Interpretation des normativen Gehalts im Marxschen Produktionsparadigma macht (wie meine frühere Erörterung des impliziten Begriffs gesellschaftlicher Rationalität) deutlich, daß für die ganze Konstruktion das Verhältnis von Marx' *Theorie* zur *Praxis* der Arbeiterbewegung konstitutiv ist. Das Proletariat hielt, als Verkörperung gesellschaftlicher Rationalität, als Klasse mit radikalen Bedürfnissen und potentiell universalen Interessen, das Gebäude zusammen, und gab ihm den praktisch-politischen Rückhalt. Aus diesem Grunde hat die These vom »Verschwinden des Proletariats« solchen Einfluß auf das ursprüngliche Paradigma gehabt und zur darauf folgenden Dekomposition in die beiden Versionen des Marxismus geführt. Und aus eben diesem Grunde suchen neue Ansätze radikal-kritischer Theorie ihre Alternativen in Kommunikations-, Text- und anderen Paradigmata. Doch besitzt in meinen Augen keine dieser Alternativen (auch nicht die von Habermas) die theoretische, kritische und politische Kraft des Marxschen Originals. Doch was ist mit den Anomalien, denen es sich ausgesetzt sieht? Wie steht es insbesondere mit dem doch offensichtlichen »Verschwinden des Proletariats«? Wenn Marx' Theorie durch diese Frage obsolet wird und zugleich kein anderer radikal-kritischer Ansatz deren praktisches Potential besitzt, ist kritische Gesellschaftstheorie dann überhaupt noch möglich? Weiter oben habe ich die Auflösung des Produktionsparadigmas nachgezeichnet, um Habermas' Projekt als eine Konsequenz dieser Auflösung und (wie ich jetzt hinzufügen kann) der Aufnahme des Marxismus in das westliche Universitätssystem darstellen zu können; eine Konsequenz, die alles andere als notwendig war. Wenn radikal sein bedeutet, »die Dinge an der Wurzel zu packen« (wie Marx sagt), dann will ich zum Schluß die These vom Verschwinden des Proletariats kurz diskutieren und die Alternative für eine radikal-kritische Theorie umreißen.

Das Proletariat war keine von Marx erträumte apriorische Konstruktion, die ein theoretisches Bedürfnis stillen sollte. Es war eine aus konkreten Individuen bestehende *Klasse*, die als solche durch deren gemeinsame Interessen, Bedürfnisse und gesellschaftliche Lebenssituation sich allmählich herauskristallisierte. E.P. Thompson hat, wie ich meine, in der *Entstehung der englischen Arbeiterklasse* gezeigt, daß »*Klasse* ... ein historisches Phänomen (ist), das eine Reihe von Ereignissen vereint, die in der Erfahrung und im Bewußtsein ungleichartig und scheinbar zusammenhanglos existieren. Ich betrachte *Klasse* nicht als eine 'Struktur' oder gar als eine 'Kategorie', sondern als etwas, das sich unter Menschen, in ihren Beziehungen, abspielt ...« (E.P. Thompson 1987, 7) Marx' eigene historische Untersuchungen verorten die wahrhaft revolutionäre Klasse im Industrieproletariat. Leider wurde diese Analyse das Opfer enthistorisierender Verdinglichung, weil es genug Marxisten gab, die die Marxsche Klassentheorie auf geschichtlich-gesellschaftliche Situationen bezogen, in denen Marx selber (aus Gründen eines praktisch-revolutionären Kontextualismus, der auf detaillierte historische Forschung setzte) sie verändert oder ausgeweitet hätte. Zumindest wären uns dadurch einige der gröberen Entstellungen marxistischer Theorie erspart geblieben. Was zählt, ist nicht Glaubenstreue, sondern die Verpflichtung auf einen praktisch-emanzipatorischen Standpunkt und eine Tradition der »handelnden Vernunft«. Thompson hat recht, wenn er bemerkt, daß *»Marx auf unserer Seite ist; wir sind nicht auf der Seite von Marx«.* (E.P. Thompson 1980, 257) Und Marx' radikaler Ansatz bleibt auch heute noch unser wichtigstes *theoretisches* Rüst- und Werkzeug. Aber wo ist heute noch das Proletariat?

Ich möchte an dieser Stelle behaupten, daß das Proletariat nicht einfach »verschwunden« ist, sondern sich eher ausgeweitet hat und fragmentarischer geworden ist. Die für Marx' politische Ökonomie bezeichnende Gleichsetzung von Kapital und »Fabrik« ist heute ganz sicher unangemessen. Der fortgeschrittene Kapitalismus hat die »Fabrik« und damit das Proletariat erweitert, und eine radikal-kritische Theorie, die marxistisch zu sein beansprucht, muß diese Erweiterung berücksichtigen. Harry Cleaver faßt diese Entwicklung folgendermaßen zusammen: »Die Reproduktion der Arbeiterklasse schließt nicht nur die Fabrik-, sondern auch die Heimarbeit und die Arbeit im Haushalt insgesamt ein. ... Die 'Fabrik', in der die Arbeiterklasse produziert, (ist) die Gesamtgesellschaft, eine gesellschaftliche Fabrik. Die Arbeiterklasse muß neu definiert werden und auch die nicht in der Fabrik beschäftigten Arbeiter mit einschließen.« (Cleaver 1979, 57) Die Neudefinition läßt uns nicht einfach nur die Fabrikarbeiter als Mitglieder der Arbeiterklasse sehen, sondern auch jene, die in der gesellschaftlichen Fabrik für das Kapital unbezahlte Arbeit leisten, wie Hausfrauen, Studenten und Landarbeiter. Der Begriff der gesellschaftlichen Fabrik erlaubt die Verwendung der theoretischen Werkzeuge des Marxismus, um neue, konkrete Analysen der Arbeiterklasse vorzunehmen, in denen die Kämpfe um Autonomie und die Gesichtspunkte von Sexismus und Rassismus berücksichtigt werden können.

Aber diese Verwendung des Marxschen Paradigmas für die Zwecke und Ziele zeitgenössischer kritischer Theorie eliminiert nicht die wichtigen theoretischen Ansätze vieler Nachfolger von Marx. Marxistische Theoretiker haben zu Analysen des Zusammenhangs von Staat und kapitalistischer Wirtschaft beigetragen (Gramsci, der frühe Horkheimer, O'Connor), die Klassentheorie weiter ausgebaut (E.P. Thompson, C.L.R. James, Mario Tronti, Dalla Costa, Harry Cleaver) und die Ideologie und Kulturindustrie der kapitalistischen Gesellschaft untersucht (Lukács, Korsch, die Frankfurter Schule, die Situationisten, Douglas Kellner).[19] Auch das Werk von Habermas trägt, wenn man es als Ergänzung und nicht als Ersetzung der Marxschen Theorie liest, zu dieser Fortsetzung radikaler kritischer Theorie bei: als Bindeglied zwischen dem Marxismus und einer Radikal-Demokratie, in der alle politischen Entscheidungen der Diskussion einer »räsonierenden Öffentlichkeit« unterworfen werden.

Diese letzten Bemerkungen scheinen nicht mehr zu sein als eine Hitliste von Theoretikern. Statt dessen jedoch möchte ich diese Aufzählung benützen, um die Richtung anzugeben, die eine radikal-kritische Theorie einschlagen sollte: erforderlich sind, wie ich denke, neue Untersuchungen zu Klasse, Staat, Wirtschaft und dem massiv angeschwollenen Kulturapparat. Solche Untersuchungen können als Grundlage für eine interne Kritik sowohl des entwickelten Kapitalismus als auch des bürokratischen Sozialismus dienen, d.h. für jene alternativen Gesellschaftsordnungen, von denen die jeweiligen Eliten glauben, die ihre sei das höchste und endgültige Stadium der Weltgeschichte. Allerdings ist diesem Glauben die Wahrheit nicht ganz abzusprechen, denn beide Ordnungen haben die Arbeit und das Leben von Millionen Menschen vergeudet, um die Macht über das Fortbestehen der Gattung insgesamt zu erreichen. Allein diese Tatsache sollte uns zeigen, daß wir zwar nicht die transzendentalen Ermöglichungsbedingungen radikal-kritischer Theorie mit Gewißheit beweisen, aber mit guten Gründen für ihre Notwendigkeit eintreten können.

Anmerkungen

Erstes Kapitel

1 Wenn Roderick von *critical theory* spricht, so verwendet er diesen Begriff (ohne es explizit auszuweisen) in einer engeren und einer weiteren Fassung. Die engere Fassung verweist auf die Methodologie der Frankfurter Schule, und zwar in jenem Sinne, in dem Horkheimer die »kritische« der »traditionellen« Theorie entgegensetzte. In der Folge wurde *Kritische Theorie* zu einer Art Synonym für »Frankfurter Schule«. Die weitere Fassung bezieht sich auf verschiedene Spielarten kritischer Gesellschaftstheorie, schließt mithin das gesamte Spektrum des Marxismus und Neomarxismus mit ein. Ich schreibe also je nach dem identifizierbaren Zusammenhang das Wörtchen »kritisch« klein oder groß. (A.d.Ü.)

2 Vgl. Goulding et al. 1980. In bezug auf die »positive« Herangehensweise vgl. Thompson/Held 1982.

3 Das Zitat war in der deutschen Fassung (VET, 475-570) nicht nachweisbar. (A.d.Ü.)

4 Vgl. Therborn 1977, van den Berg 1980, Popper 1976, Bar-Hillel 1973, Skinner 1982, Bookchin 1982, Bubner 1981, 182-94.

5 Gouldner 1980b. Für die Anwendung von Gouldners Analyse der »neuen Klasse« auf Habermas vgl. Disco 1979.

6 Auf diese Weise charakterisiert Bernstein Rortys Position. (Vgl. Bernstein 1980)

7 Diese Kritik trifft auf den amerikanischen Pragmatismus, insbesondere auf Dewey und Mead, nicht zu. Ebenso bildet das Werk von Charles Taylor innerhalb der analytischen Tradition selbst eine gewisse Ausnahme. Doch fehlen auch bei ihm aussagekräftige Verbindungen zwischen philosophischen Handlungstheorien einer- und soziologischen, ökonomischen und politischen Dimensionen menschlichen Handelns andererseits. Vgl. dazu Taylor 1964 und 1967.

8 Habermas erläutert die »praktischen Absichten« kritischer Theorie in folgenden Aufsätzen: *Literaturbericht zur philosophischen Diskussion um Marx und den Marxismus* (TP, 387-464) und *Zwischen Philosophie und Wissenschaft. Marxismus als Kritik* (TP, 228-289). Eine vollständige Bibliographie seiner Arbeiten bis 1979 findet sich in Goertzen 1980 und Goertzen/Gelder 1980.

9 Vgl. insbesondere TC und *Was heißt Universalpragmatik?* (VET, 353-440).

10 Diese Sichtweise wurde mir durch Charles B. Guignon verdeutlicht. Vgl. Guignon 1982.

11 Diesen Punkt diskutiere ich in Kellner/Roderick 1982.

12 Eine ausführliche Kritik einseitiger Habermas-Interpretatioen findet sich in Kellner/Roderick 1981.

Zweites Kapitel

1 Vgl. Kant 1784.

2 Eine Erörterung der Marxschen Unterscheidung von Produktivkräften und Produktionsverhältnissen findet sich in: McMurtry 1978, 54-99.

3 Seung 1982 (110-16) diskutiert die Unterschiede zwischen Marxens und Hegels Dialektik.

4 Vgl. dazu Jacoby 1971 und Breines 1972. Vgl. auch mein unveröffentlichtes Manuskript *Ideology in Lukács, Korsch and Gramsci*. Douglas Kellner und James Schmidt haben mir dankenswerterweise geholfen, diese theoretische Traditionslinie besser zu verstehen.
5 Zur Geschichte der Frankfurter Schule vgl. Jay 1976 und Dubiel 1978.
6 Zum Vernunftbegriff in der Kritischen Theorie vgl. Eike Gebhardt (in Arato/Gebhardt 1978, 390-96).
7 Georg Lukács 1968. Vgl. insbesondere den Aufsatz *Die Verdinglichung und das Bewußtsein des Proletariats* (ebd., 170-355).
8 Vgl. Horkheimer 1967, Marcuse 1967, Horkheimer/Adorno 1968. Eine ausgezeichnete Erörterung dieser Kritik und ihrer Problematik, der ich sehr verpflichtet bin, findet sich in Benhabib 1981.
9 Horkheimer: *Traditionelle und kritische Theorie*, in Horkheimer 1968 II (137ff.), und ders.: *Der jüngste Angriff auf die Metaphysik*, ebd. (82-136).
10 Die englische Übersetzung: *Between Philosophy and Science: Marxism as Critique* (in: Jürgen Habermas, Theory and Practice, Boston 1973, 195-252) läßt die Wendung »vier Tatsachen gegen Marx« ganz fallen. (In der von mir verwendeten Neuauflage von TP fehlt sie ebenfalls. A.d.Ü.)
11 Vgl. Adorno: *Kulturkritik und Gesellschaft*, in Adorno 1955, und McCarthy 1980, 128.
12 Vgl. McCarthy 1980, 7-28, und Held 1980, 260-67.
13 Diese Unterscheidung findet sich zuerst in: *Arbeit und Interaktion. Bemerkungen zu Hegels Jenenser »Philosophie des Geistes«*, in: TWI, 9-47.
14 Vgl. McCarthy 1980, 28-54, und EI, 348f.
15 Vgl. EI, 9, und McCarthy 1980, 110ff.
16 Habermas spricht an der betreffenden Stelle allerdings nur von »methodologischen Regeln für die Organisation von Forschungsprozessen«. (A.d.Ü.)
17 James Schmidt benutzte in einem Gespräch mit mir diesen Habermas' Position sehr gut kennzeichnenden Ausdruck.

Drittes Kapitel

1 Vgl. Adorno et al. 1969, Habermas/Luhmann 1971, Apel et al. 1971.
2 Vgl. McCarthy 1980, 128ff., und Gadamer 1971.
3 Zum Problem von Arbeit und Interaktion vgl. Therborn 1974. Zur Wahrheitstheorie vgl. McCarthy 1980.
4 Vgl. Habermas: *On Systematically Distorted Communication*, in: Inquiry, vol. 13, 1970, 205-18.
5 Habermas: *Wahrheitstheorien*, in: VET, 127-183. Für die Darstellung der idealen Sprechsituation als »kontrafaktisch« s. 181f.
6 »Einlösung« kann im Englischen entweder mit *vindication* (Rechtfertigung, Rehabilitation) oder *redemption* (Erfüllung, Erlösung) übersetzt werden. Im Kontext kritischer Theorie ist der Terminus *redemption* mit dem Werk Walter Benjamins verbunden. Vgl. dazu Habermas 1981a.
7 Habermas läßt in *Wahrheitstheorien* den Begriff der *warranted assertability* unübersetzt und merkt an, er entstamme einer »an Dewey angelehnte(n) Formulierung von R.M. Martin« (VET 160, n.34), dessen Aufsatz *Truth and its illicit Surrogates* (in: Neue Hefte für Philosophie, 1972, H. 2/3) er zitiert. Im Deutschen ließe sich *warranted assertability* (eher unschön) mit »gerechtfertigte Behauptungsfähigkeit« wiedergeben. (A.d.Ü.)

8 Vgl. dazu folgende interessante Beobachtung von Bernstein: »Obwohl auf zeitgenössischer Sprachphilosophie und theoretischer Linguistik basierend, zeigt Habermas' Argumentation einige verblüffende Parallelen zu der von Sokrates im *Phaidon* entwickelten. Auch Sokrates interessiert sich für die Bedingungen der Rede(-kunst; A.d.Ü.) und führt aus, daß eine Untersuchung der Rede an der Idee der Wahrheit orientiert ist — auch wenn die Rede auf Täuschung des Hörers abzielt. Die Untersuchung der Wahrheit führt zur Untersuchung der Bedingungen der idealen Rede — jener Art von Diskurs, die für wahre philosophische Freunde kennzeichnend ist. Es gibt sogar eine Parallele zu den vier Geltungsansprüchen, die Habermas namhaft macht; wenn Sokrates die Erfordernisse der Rede untersucht, unterstreicht er die Bedeutung aller dieser Aspekte. Sokrates' Argumentation will zeigen, daß alle Rede — auch die auf Täuschung bedachte des Lysias — die ideale Rede voraussetzt und antizipiert. Und so wie Habermas' Argumentation ihn dazu führt, das reziproke Verhältnis von idealer Rede, die wesentlich dialogisch ist, und idealer Lebensform anzuerkennen, so wird es auch für Sokrates zum obersten praktischen Problem, eine Polis zu errichten oder wiederzuerrichten, in der diese ideale Rede verwirklicht werden kann.« (Bernstein 1979, n. 48, 35f.)

9 Habermas verweist in diesem Zusammenhang auf W.P. Alston: *Meaning and Use* (in: Rosenberg/Travis [eds.]: Readings in the Philosophy of Language, Englewood Cliffs 1971, 403-19). (A.d.Ü.)

10 Vgl. VET, 427 und 440. Roderick faßt zwei Schemata zu einem zusammen; die letzte Spalte ist seine eigene Hinzufügung. (A.d.Ü.)

11 Habermas, Communication and the Evolution of Society, Boston 1979, 209. (Das Zitat ließ sich in einer deutschen Ausgabe nicht nachweisen, A.d.Ü.)

12 Vgl. John B. Thompson: *Universal Pragmatics*, in Thompson/Held 1982, 127f. Thompson hebt hervor, daß die von Habermas gewöhnlicherweise zitierte Aufsatzsammlung *Universals of Language* (hg. von Greenburg, Cambridge 1963) ebenso heftig wie überzeugend kritisiert worden ist.

13 Vgl. etwa Michael Schmid: *Habermas's Theory of Social Evolution*, in Thompson/Held 1982, 162-80, und Arnason 1979.

14 Thomas McCarthy diskutiert diese Forschungsprojekte in seinem Aufsatz *Rationality and Relativism*, in Thompson/Held 1982, 69-75.

15 Vgl. etwa Habermas' Kommentare zur historischen Kontextgebundenheit soziologischer Begriffe, in: Logik, 121f.

Viertes Kapitel

1 Soweit ich weiß, sind auf Englisch zwei Rezensionen der TKH erschienen: Rasmussen 1982 und ein Beitrag von Johannes Berger, übersetzt und veröffentlicht in Telos, vol. 57 (1983), 194-205.

2 Vgl. Habermas: *Dialektik der Rationalisierung*. Ein Interview mit Jürgen Habermas von Axel Honneth, Eberhard Knödler-Bunte und Arno Widmann, in NU, 167-208. Des weiteren: *Aufgaben einer kritischen Gesellschaftstheorie*, in TKH 2, 548-94, und *Replik auf Einwände*, in VET, 475-570.

3 McCarthy übersetzt »Dezentrierung« mit *decentration*; normalerweise wird Piagets Begriff im Englischen mit *decentring* wiedergegeben. Zu Piagets Bestimmung dieses Begriffs vgl. Piaget/Inhelder 1969, 94-98.

4 Zur Unterscheidung von »Lebenswelt« und »System« vgl. TKH 2, 173-293. Eine Zusammenfassung findet sich in VET, 561-70.

Fünftes Kapitel

1 Zur »Krise des Marxismus« vgl. Gouldner 1980a, 26-29.
2 Für Ansätze, diese Anomalien aus einer marxistischen Perspektive zu diskutieren, vgl. Marcuse 1964, Pollock 1975, Debord 1974, E.P. Thompson 1980.
3 Vgl. etwa Baudrillard 1975. Ein Kommentar zu diesen »postmodernen« Perspektiven findet sich in Habermas 1981b.
4 Vgl. dazu Steinfels 1979. Zum postmodernen Liberalismus vgl. Rorty 1983.
5 Die frühen Warnungen von Rosa Luxemburg sind leider nicht genügend beachtet worden.
6 Zum »Existentialismus« vgl. Adorno 1964; zum »Positivismus« vgl. Horkheimer 1967.
7 Zu den Problemen der »Begründung« und »Abgrenzung« vgl. Horkheimer: *Traditionelle und kritische Theorie*, in Horkheimer 1968 II, 137ff., sowie Marcuse: *Philosophie und kritische Theorie*, in Marcuse 1965a.
8 Vgl. Horkheimer/Adorno 1968: *Vorwort zur Neuausgabe* und *Einleitung*; sowie Held 1980, 36-39 und 254-55.
9 Vgl. Descombes 1981, 157f. Eine detaillierte Darstellung findet sich in Rancière 1974.
10 In Habermas 1977 findet sich eine Bemerkung zu diesem Zusammenhang. Eine Darstellung von Habermas' Reaktion auf die »Ausbrüche« der sechziger Jahre gibt Ahlers 1975.
11 Diese Tendenz wird u.a. bei Foucault und Lyotard deutlich.
12 Vgl. John B. Thompson: *Universal Pragmatics*, a.a.O., 128f.
13 Für dieses Argument und für mein Verständnis von Sprachphilosophie im allgemeinen bin ich Louis Mackey zu Dank verpflichtet.
14 Wellmer 1979, zitiert von Habermas in VET, 538ff.
15 Vgl. Burawoy/Skocpol 1982, insbesondere den Aufsatz von Wright und Singelmann: *Proletarianization in the Changing American Class Structure*, 176-209; ferner E.P. Thompson 1980 und 1987, Cleaver 1979 und Hibbs 1976. Vgl. ebenfalls Bookchin 1982, 92-95.
16 Vgl. die Rezension der TKH von J. Berger, a.a.O., 198-205.
17 So könnte Habermas' Vorwurf mit einiger Plausibilität etwa gegen den Lukács von »Geschichte und Klassenbewußtsein« gerichtet werden. Doch selbst hier wäre eine gründlichere Untersuchung als die von Habermas bisher geleistete erforderlich.
18 Eine ausgezeichnete Verteidigung der Marxschen Arbeitswerttheorie findet sich bei Cleaver 1979 und Wartofsky 1983.
19 In Ergänzung zu bereits genannten Arbeiten vgl. Gramsci 1971, Korsch 1966, Kellner 1964, 1977, 1979, Knabb 1981, O'Connor 1973, C.L.R. James 1950, Tronti 1972, Dalla Costa/James 1972.

Bibliographie

Anmerkung zur Zitierweise: Die im Text häufiger angeführten Werke von Habermas werden gemäß den unten folgenden Siglen zitiert. Zitate von Karl Marx werden, wo nicht anders angegeben, nach der einschlägigen MEW-Ausgabe ausgewiesen (Karl Marx, Friedrich Engels: Werke. Berlin/DDR 1956ff.). Alle übrigen Werke und Aufsätze sind durch Autorennamen und Jahreszahl des Erscheinungsatums kenntlich gemacht.

1. Im Text häufiger angeführte Werke von Habermas

SÖ: Strukturwandel der Öffentlichkeit. Untersuchungen zu einer Kategorie der bürgerlichen Gesellschaft. Darmstadt und Neuwied 1962 (5. Aufl. Sammlung Luchterhand Bd. 25. Darmstadt und Neuwied 1971)

Logik: Zur Logik der Sozialwissenschaften. In: Philosophische Rundschau. Bd. 14. Tübingen 1967

TWI: Technik und Wissenschaft als »Ideologie«. Frankfurt/M. 1968

TC: Towards a Theory of Communicative Competence. In: Inquiry (1970), vol. 13, 360-76

TP: Theorie und Praxis. Sozialphilosophische Studien. Frankfurt/M. 1971 (4., durchgesehene, erweiterte und neu eingeleitete Ausgabe der 1. Aufl. Darmtadt und Neuwied 1963)

EI: Erkenntnis und Interesse. Mit einem neuen Nachwort. Frankfurt/M. 1973 (1. ufl. Frankfurt/M. 1968)

LS: Legitimationsprobleme im Spätkapitalismus. Frankfurt/M. 1973

RHM: Zur Rekonstruktion des Historischen Materialismus. Frankfurt/M. 1976

TKH 1/2: Theorie des kommunikativen Handelns. Frankfurt/M. 1981
Band 1: Handlungsrationalität und gesellschaftliche Rationalisierung
Band 2: Zur Kritik der funktionalistischen Vernunft

VET: Vorstudien und Ergänzungen zur Theorie des kommunikativen Handelns. Frankfurt/M. 1984 (Die Aufsätze »Wahrheitstheorien«, VET 127-83; »Was heißt Universalpragmatik«, VET 353-440, und »Replik auf Einwände«, VET 475-570, werden nach dieser Ausgabe zitiert.)

NU: Die neue Unübersichtlichkeit. Kleine politische Schriften V. Frankfurt/M. 1985

2. Weitere Literatur

Theodor W. Adorno, 1955: Prismen. Kulturkritik und Gesellschaft. Frankfurt/M.

Theodor W. Adorno, 1964: Jargon der Eigentlichkeit. Zur deutschen Ideologie. Frankfurt/M.

Theodor W. Adorno, 1966: Negative Dialektik. Frankfurt/M.

Theodor W. Adorno et al., 1969: Der Positivismusstreit in der deutschen Soziologie. Neuwied und Berlin

Rolf Ahlers, 1975: How Critical is Critical Theory? In: Cultural Hermeneutics, vol. 3, 119-36

Karl-Otto Apel, 1972: The a priori of Communication and the Foundation of the Humanities. In: Man and World, no. 5

Karl-Otto Apel, 1974: Wissenschaft als Emanzipation? Eine kritische Würdigung der Wissenschaftskonzeption der »Kritischen Theorie«. In: W. Dallmayr, 318-48

Karl-Otto Apel et al., 1971: Hermeneutik und Ideologiekritik. Frankfurt/M.

J.P. Arnason, 1979: J. Habermas, *Zur Rekonstruktion des Historischen Materialismus*. In: Telos, vol. 39, 201-18

J.L. Austin, 1976: Zur Theorie der Sprechakte. Deutsche Bearbeitung von Eike von Savigny. Stuttgart (Engl. Ausg.: *How To Do Things With Words*. Cambridge 1962)

A. Arato and E. Gebhardt (eds), 1978: The Essential Frankfurt School Reader. New York

Yeshua Bar-Hillel, 1973: On Habermas's Hermeneutic Philosophy of Language. In: Synthese, vol. 26, 1-12

Jean Baudrillard, 1975: The Mirror of Production. St. Louis

Sheyla Benhabib, 1981: Modernity and the Aporias of Critical Theory. In: Telos, vol. 49, 39-59

Walter Benjamin, 1961: Geschichtsphilosophische Thesen. In: Illuminationen (Ausgewählte Schriften I). Frankfurt/M., 62ff.

Richard J. Bernstein, 1979: Restrukturierung der Gesellschaftstheorie. Frankfurt/M. (Am. Ausg.: *The Restructuring of Social and Political Theory*. New York 1976)

Richard J. Bernstein, 1980: Philosophy and the Conversation of Mankind. In: The Review of Metaphysics, vol. 33

R.J. Bernstein and Kenley Dove, 1980: Comment on the Relationship of Habermas's Views to Hegel. In: Verene 1980, 233-46

Dietrich Böhler, 1974: Zur Geltung des emanzipatorischen Interesses. In: W. Dallmayr, 351-61

Murray Bookchin, 1982: Finding the Subject: Notes on Whitebook and »Habermas LTD«. In: Telos, vol. 52, 78-98

Paul Breines, 1972: Praxis and its Theorists: The Impact of Lukács and Korsch in the 1920s. In: Telos, vol. 11, 67-103

Rüdiger Bubner, 1981: Modern German Philosophy. Cambridge

Nikolai Bucharin und Abram Deborin, 1969: Kontroversen über mechanischen und dialektischen Materialismus. Einleitung von Oskar Negt. Frankfurt/M.

Susan Buck-Morss, 1977: The Origin of Negative Dialectics. New York

M. Burawoy and T. Skocpol (eds), 1982: Marxist Inquiries. Chicago

Harry Cleaver, 1979: Reading Capital Politically. Austin

L.J. Cohen, 1964: Do Illocutionary Forces Exist? In: Philosophical Quarterly, vol. 14, 118-37

Mariarosa Dalla Costa and Selma James, 1972: The Power of Women and the Subversion of the Community. Bristol

Fred R. Dallmayr, 1972: Critical Theory Criticised: Habermas's *Knowledge and Human Interests* and its Aftermath. In: Philosophy of the Social Sciences, vol.2, 211-219

Winfried Dallmayr, 1974: Materialien zu Habermas' *Erkenntnis und Interesse*. Hg. von W.D. Frankfurt/M.

Guy Debord, 1974: Die Gesellschaft des Spektakels. Düsseldorf (2. Aufl.)

Vincent Descombes, 1981: Das Selbe und das Andere. Fünfundvierzig Jahre Philosophie in Frankreich, 1933-1978. Frankfurt/M.

Cornelius Disco, 1979: Critical Theory as Ideology of the New Class. In: Theory and Society, vol. 8, 159-214

Helmut Dubiel, 1978: Wissenschaftsorganisation und politische Erfahrung. Frankfurt/M.

Hans Georg Gadamer, 1971: Replik. In: Apel et al., 283-317

H.H. Gerth and C. Wright Mills (eds), 1946: From Max Weber: Essays in Sociology. New York
Raymond Geuss, 1981: The Idea of a Critical Theory. Cambridge
Hans Joachim Giegel, 1971: Reflexion und Emanzipation. In: Apel et al., 244-282
René Goertzen, 1980: Bibliographie der Schriften von Jürgen Habermas 1952-1979. In: McCarthy, 523-551
René Goertzen and Frederik van Gelder, 1979: Jürgen Habermas: The Complete Oeuvre. A Bibliography of Primary Literature, Translations and Reviews. In: Human Studies, vol. 2, 285-300
James W. Goulding, Susan L. Kline, Cary J. Nederman, 1980: Jürgen Habermas: An International Bibliography. Political Theory, vol. 8, 259-85
Alvin W. Gouldner, 1976: The Idea of Ideology and Technology. New York
Alvin W. Gouldner, 1980a: The Two Marxisms. New York
Alvin W. Gouldner, 1980b: Die Intelligenz als neue Klasse. 16 Thesen zur Zukunft der Intellektuellen und der technischen Intelligenz. Frankfurt/M. und New York (Am. Ausg.: *The Future of Intellectuals and the Rise of the New Class*. New York 1979)
Antonio Gramsci, 1971: Selections from the Prison Notebooks. New York
Charles B. Guignon, 1982: Saving the Differences: Gadamer and Rorty. In: Philosophy of Science Association, vol. 2
Jürgen Habermas, 1977: Probe für Volksjustiz. Zu den Anklagen gegen die Intellektuellen. In: Der Spiegel, 10.8.77, 32
Jürgen Habermas, 1980: Response to the Commentary of Bernstein and Dove. In: Verene 1980, 247-8
Jürgen Habermas, 1981a: Bewußtmachende oder rettende Kritik. In: ders.: Politisch-philosophische Profile. Frankfurt/M., 336ff.
Jürgen Habermas, 1981b: Modernity versus Postmodernity. In: New German Critique, vol. 22, 3-14
Jürgen Habermas und Niklas Luhmann, 1971: Theorie der Gesellschaft oder Sozialtechnologie — Was leistet die Systemforschung? Frankfurt/M.
David Held, 1980: Introduction to Critical Theory. Berkeley
Douglas Hibbs, 1976: Economic Interest and the Politics of Macroeconomic Policy. Cambridge
Max Horkheimer, 1967: Zur Kritik der instrumentellen Vernunft. Aus den Vorträgen und Aufzeichnungen seit Kriegsende. Hg. von Alfred Schmidt. Frankfurt/M.
Max Horkheimer, 1968: Kritische Theorie. Band I und II. Frankfurt/M.
Max Horkheimer und Theodor W. Adorno, 1968: Dialektik der Aufklärung. Frankfurt/M. (Erste Aufl. Amsterdam 1947)
Russell Jacoby, 1971: Towards a Critique of Automatic Marxism: The Politics of Philosophy from Lukács to the Frankfurt School. In: Telos, vol. 10, 119-46
C.L.R. James, 1950: State Capitalism and World Revolution. Detroit
Martin Jay, 1976: Dialektische Phantasie. Die Geschichte der Frankfurter Schule und des Instituts für Sozialforschung 1923-1950. Frankfurt/M. (Am. Ausg.: *The Dialectical Imagination*. Boston 1973)
Immanuel Kant, 1784: Was ist Aufklärung? In: Kant, Werke in sechs Bänden, ed. Weischedel. Wiesbaden 1956, Bd. VI, 51ff.
Douglas Kellner, 1964: Herbert Marcuse and the Crisis of Marxism. London
Douglas Kellner, 1977: Karl Korsch: Revolutionary Theory. Austin
Douglas Kellner, 1979: TV, Ideology and Emancipatory Popular Culture. In: Socialist Review, vol. 45

Douglas Kellner and Rick Roderick, 1981: Recent Literature on Critical Theory. In: New German Critique, vol. 23, 159-66

Douglas Kellner and Rick Roderick, 1982: Social Practice as Explanandum: McCarthy on Habermas. In: Man and World, vol. 15, 417-26

Ken Knabb (ed.), 1981: Situationist International Anthology. Berkeley

Karl Korsch, 1966: Marxismus und Philosophie. Hg. und eingeleitet von Erich Gerlach. Frankfurt/M., Wien

Garbis Kortian, 1980: Metacritique. Cambridge

W.I. Lenin, 1902: Was tun? In: LW 5 (= Lenin: Werke. Berlin/DDR 1953ff.), 355-549

W.I. Lenin, 1913: Drei Quellen und Bestandteile des Marxismus. In: LW 19, 3-9

Georg Lukács, 1968: Geschichte und Klassenbewußtsein. Werke Band 2. Frühschriften II. Darmstadt und Neuwied

Steven Lukes, 1982: Of Gods and Demons: Habermas and Practical Reason. In: Thompson/Held, 134-48

John Lyons, 1977: Semantics (2 vols.). Cambridge (Dt. Ausg.: *Semantik*. Bd. 1. München 1980)

Alasdair MacIntyre, 1966: A Short History of Ethics. New York

Louis Mackey, 1983: Slouching Toward Bethlehem: Deconstructive Strategies in Theology. In: Anglican Theological Review, vol. 65

Herbert Marcuse, 1962: Vernunft und Revolution. Darmstadt und Neuwied (Am. Ausg.: *Reason and Revolution*. Boston 1960)

Herbert Marcuse, 1964: Die Gesellschaftslehre des sowjetischen Marxismus. Neuwied und Berlin (Am. Ausg.: *Soviet Marxism: A Critical Analysis*. Boston 1958)

Herbert Marcuse, 1965a: Kultur und Gesellschaft 1. Frankfurt/M.

Herbert Marcuse, 1965b: Kultur und Gesellschaft 2. Frankfurt/M.

Herbert Marcuse, 1967: Der eindimensionale Mensch. Darmstadt und Neuwied (Am. Ausg.: *One-Dimensional Man*. Boston 1964)

György Márkus, 1979: Practical-Social Rationality in Marx: A Dialectical Critique. In: Dialectical Anthropology, vol. 4

Karl Marx, 1971: Die Frühschriften. Hg. von Siegfried Landshut. Stuttgart

Thomas McCarthy, 1980: Kritik der Verständigungsverhältnisse. Zur Theorie von Jürgen Habermas. Frankfurt/M. (Am. Ausg.: *The Critical Theory of Jürgen Habermas*. Cambridge, Mass. 1978)

Thomas McCarthy, 1984: Translator's Introduction. In: Jürgen Habermas, The Theory of Communicative Action, vol. 1, 5-37

John McMurtry, 1978: The Structure of Marx's World-View. Princeton

James O'Connor, 1973: The Fiscal Crisis of the State. New York

Jean Piaget und Bärbel Inhelder, 1969: The Psychology of the Child. New York

Friedrich Pollock, 1975: Stadien des Kapitalismus. Hg. von Helmut Dubiel. München

Karl Popper, 1976: Reason or Revolution? In: The Positivist Dispute in German Sociology. London 1976 (In Adorno et al. 1969 nicht enthalten, d.Ü.)

Jacques Rancière, 1974: Le leçon d'Althusser. Paris

D.M. Rasmussen, 1982: Communicative Action and Philosophy: Reflections on Habermas's *Theorie des kommunikativen Handelns*. In: Philosophy and Social Criticism, vol. 9, 3-28

Joan Robinson, 1970: Freedom and Necessity. New York

Richard Rorty (ed.), 1967: The Linguistic Turn. Chicago

Richard Rorty, 1980: Pragmatism, Relativism and Irrationalism. In: Proceedings and Addresses of the American Philosophical Association, vol. 53

Richard Rorty, 1981: Der Spiegel der Natur. Eine Kritik der Philosophie. Frankfurt/M. (Am. Ausg.: *Philosophy and the Mirror of Nature.* Princeton 1970)
Richard Rorty, 1983: Postmodernist Bourgeois Liberalism. In: The Journal of Philosophy, vol. 80, 583-9
James Schmidt, 1982: Jürgen Habermas and the Difficulties of Enlightenment. In: Social Research, vol. 49
Trent Schroyer, 1973: The Critique of Domination: The Origins and Development of Critical Theory. New York
John Searle, 1971: Sprechakte. Frankfurt/M. (Engl. Ausg.: *Speech Acts.* Cambridge 1969)
John Searle, 1974: Chomsky's Revolution in Linguistics. In: On Noam Chomsky: Critical Essays. Garden City, New York, 2-33
John Searle, 1981: Intentionality and Method. In: The Journal of Philosophy, vol. 78
T.K. Seung, 1982: Structuralism and Hermeneutics. New York
Quentin Skinner, 1982: Habermas's Reformation. In: The New York Review of Books (7. Okt.)
Peter Steinfels, 1979: The Neoconservatives. New York
P.F. Strawson, 1971: Logico-Linguistic Papers. New York
Charles Taylor, 1964: The Explanation of Behavior. New York
Charles Taylor, 1967: Relations Between Cause and Action. In: Proceedings of the Seventh Inter-American Congress of Philosophy
Göran Therborn, 1974: Jürgen Habermas: Ein neuer Eklektiker. In: W. Dallmayr, 244-267
Göran Therborn, 1977: The Frankfurt School. In: Western Marxism: A Critical Reader. London
Michael Theunissen, 1969: Gesellschaft und Geschichte. Zur Kritik der Kritischen Theorie. Berlin
E.P. Thompson, 1976: William Morris. New York
E.P. Thompson, 1980: Das Elend der Theorie. Zur Produktion geschichtlicher Erfahrung. Frankfurt/M., New York
E.P. Thompson, 1987: Die Entstehung der englischen Arbeiterklasse. 2 Bde. Frankfurt/M.
John B. Thompson and David Held (eds), 1982: Habermas: Critical Debates. Cambridge, Mass.
Mario Tronti, 1972: Social Capital. In: Telos, vol. 14, 25-62
Axel van den Berg, 1980: Critical Theory: Is There Still Hope? In: American Journal of Sociology, vol. 86, 449-78
D.P. Verene (ed.), 1980: Hegel's Social and Political Theory. New Jersey
M.W. Wartofsky, 1983: Is Marx's Labour Theory of Value Excess Metaphysical Baggage? In: The Journal of Philosophy, vol. 80, 719-30
Max Weber, 1920: Die protestantische Ethik und der Geist des Kapitalismus. In: Gesammelte Aufsätze zur Religionssoziologie I. Tübingen (1920), 17-206
Albrecht Wellmer, 1979: Thesen über Vernunft, Emanzipation und Utopie (Unveröff. Manuskript)
Joel Whitebook, 1979: The Problem of Nature in Habermas. In: Telos, vol. 40
Frederick Will, 1974: Induction and Justification. Ithaca

Personenregister